目次

02	建築と日常　偶然足を踏み入れた小学校で懐かしい思い出に浸るの巻　（2009年）
03	2011-2012年の都市・建築・言葉　アンケート　（2011年）
04	言っていることとやっていることの一致　長谷川豪講演会「スタディとリアル」レポート　（2012年）
06	《代田の町家》の危機　（2013年）
07	熟成する空間　（2013年）
07	プロとアマの間　（2013年）
08	書評：多木浩二著『映像の歴史哲学』　（2013年）
09	建築を評価することの困難　SDレビュー2014展評　（2014年）
10	書評：柴崎友香著『パノララ』　（2015年）
10	映画評：石山友美監督『だれも知らない建築のはなし』　（2015年）
11	「そうだったのか建築用語」キーワード解説　（2015年）
12	建築と文化をめぐる短い考察　映画評：ヴィム・ヴェンダース製作総指揮『もしも建物が話せたら』　（2016年）
13	思い出すことは何か　香山壽夫著『建築のポートレート』編集者あとがき　（2017年）
14	谷口吉郎の教養と常識　書評：谷口吉郎著『雪あかり日記／せせらぎ日記』　（2018年）
18	『建築と日常』編集者日記　よりぬき2009年8月〜2018年10月

表紙写真：東武ワールドスクウェア
栃木県日光市鬼怒川温泉大原209-1
TEL 0288-77-1055（予約センター）
http://www.tobuws.co.jp/
2018年9月28日撮影

裏表紙写真：東京駅丸の内駅舎
2017年9月9日撮影

はしがき

　この号外では『建築と日常』創刊の2009年以降、僕が本誌以外のところで書いてきた文章をまとめている。その意味で、創刊以来の写真をまとめた去年の号外『建築と日常の写真』と対をなすようなものだ。前半はさまざまな媒体に寄稿ないし投稿した文章のうち14編を収録し、後半は9年あまり続けているブログ「『建築と日常』編集者日記」（http://d.hatena.ne.jp/richeamateur/）の記事2000件超から200日分、およそ15万字をよりぬいて掲載した。ブログに関しては、自分にとって意味のある文でも長くややこしかったり、画像や動画や引用文、あるいは外部のリンク先に依存する度合いが高かったりした場合は、あまりこだわらずに削っていった。だから決して全体をバランスよくまとめているわけではないのだが、インターネット上で9年分すべてを通覧するよりは、まだしも文の有り様は捉えやすくなっているのではないかと思う。このブログは、日々書き続けることで本誌やその他の仕事に対する思考の重要な土壌として機能することになっただけでなく、僕にとって『建築と日常』以前に無意識的に規定されていた建築専門誌の文体を、より個人的・日常的なほうに解きほぐす役割もはたしたと思う。

　小学校高学年の頃、担任の先生に「長島は作文は今いちだな」と言われたことがある。そこには「他の科目はそこそこできるのに」という含意があったはずだし、そう言われてショックを受けたつもりもないのだけれど、どういうわけかその言葉が記憶に残っている。実際、作文にはずっと苦手意識があった。なぜ苦手だったのか、あくまで現時点で振り返ってみると、少なくとも大学の何年生かまで、自分のなかで文章に書いて外に出すべきものなど何もなかったというのが決定的な理由に思われる。作文には算数のような客観的な確かさもない。こどもの頃の僕はその投げだされた感じに、どうしてよいのか分からず戸惑っていた気がする（かと言ってもし義務教育でたびたび作文を課された経験がなければ、後年自発的に文章を書いてみることもなかったかもしれない）。それが今やずうずうしくも自分の文集を自分で出版するというのだから、人間先のことは分からない。

　しかしいずれにせよ、文章を書くとき、その行為に自分なりの必然性が感じられるかどうかは、僕にとって放棄することができない尺度であり続けている。これは必ずしもプロの書き手とは言い切れない僕の中途半端な立ち位置とも関係することかもしれない。たとえ凡庸に見えても、自分の実感の範囲を出るようなことはなるべく書きたくない。と同時に、多少理屈っぽくなったとしても、客観的かつ正確な文を書きたいと思う。おそらくそういう意識が僕の書く文章を基礎づけている。

『建築と日常』号外
建築と日常の文章

［発行日］2018年11月25日
［文章・写真・編集・発行］長島明夫｜richeamateur@gmail.com
［印刷・製本］株式会社グラフィック
［雑誌ロゴ］大橋 修（thumb M）
［ホームページ］http://kentikutonitijou.web.fc2.com/
Printed in Japan　ISBN978-4-9906610-5-2

2009 年 5 月

建築と日常

偶然足を踏み入れた小学校で懐かしい思い出に浸るの巻

『nobody』issue 30

友がみなわれよりえらく見ゆる日よ
花を買ひ来て
妻としたしむ

（石川啄木『一握の砂』1910 年）

1

携帯電話にはあまり興味がなくて、ずっと前に加入した時の料金コースのまま何年もほったらかしにしていたら、当時は確かに割安だったはずが、いつしかそのコースは他より割高になっていた。変化しないこと、動かないことで勝手に損がかさんでいくようなシステムにはなるべく与していたくない。このところよく預金通帳を確認する。

大学を出てから 5 年半ほど勤めていた出版社を去年の 11 月に辞めた。それなりに能動的に辞意を表明したつもりにもかかわらず、たまたま時期が例の世界不況と重なってしまい、マスコミはハケンギリだのナイテイトリケシだの騒がしくて、だんだんとこちらまで気分が落ち込んでくるのだった。大学の建築学科で共に学んだ友人たちも、ちょうど 30 を過ぎてそれぞれの設計事務所から独立する頃合いだとはいえ、将来への不安をもっともらしく口にする彼らと話をしていても素直に悩みを吐露しあう気にはなれず、ふん、どうせ設計の仕事なんて人類が続く限りいくらでもあるだろうと心の中でつぶやいてみせる。出版関係者にはまったく受難の季節である──旧友への思いやりにまるで欠けたこの態度にも、出版不況をことさら叫ぶジャーナリズムの影響を見ることができるかもしれない。

ともかく、個人で設計事務所を運営していこうとする友人たちの未来が必ずしも明るくないのは事実にせよ、他方、スーパーゼネコンや大手広告代理店、外資系コンサルなどに職を求めた学友らとは顔を合わせるのも心労で、やれ年収が大台に乗っただとか、ドイツ製の高級車を中古ながら手に入れたとか、ただそういう類の噂話が耳に届いてくるばかりである。学生時代は横一線、いや確かにこちらのほうが優秀と言われたはずなのに、この現状の差はなんたることか。100 年に一度の経済危機というけれど、100 年前の啄木もいまの僕と同じ気持ちだったろうか。200 年前、300 年前の人はどうだろう。

2

仕事の相談で四谷のオフィスに K 氏を訪ねた。昼時だったので、どこかで食事でも取りながらということになり、建物の外へ出た。申し訳ないけどちょっと寄るところがあって、という K 氏が先を歩いていく。ほどなく着いたのは、近所の小学校だった。といっても数年前の統廃合によって閉校になった校舎で、現在は区の関連団体の管理のもと、使われなくなった教室や体育館を一般に貸し出しているらしい。K 氏もしばしば利用するという。その予約関係の用事が済むまで、こちらは鉄筋コンクリートの古びた校舎をぼんやりと眺めていた。

自然と子どもの頃を思い出す。小学校の同級生たちはいまどこでどうしているのか。ほとんど知らない。小学生である彼らの顔を思い浮かべてみると、会わなくなってから重ねられているはずの年齢も、不思議とその顔つきに反映されているようで、町で見かける子どもの幼さは感じられない。当時頼もしかった友だちはいまも小学生にして頼もしく、当時魅力的だった女の子はいまも小学生にして魅力的だ。卒業式の日にクラスの人気者が言っていた「大人になると泣けなくなるから、こういう時に泣いといたほうがいいらしいぜ」といういかにも子どもじみた生意気な言葉さえ、30 歳の僕に

ある真実味をもって思い起こされる。彼らに対しては客観的でいられない。

ふとしたことで小学校を訪れると、たとえそこが自分の母校でもなく、未知の場所だったとしても、自分の経験に照らし合わせた懐かしさを感じてしまう。天井高や部屋の骨格、机や椅子などさまざまなもののスケールの小ささに、個人的な時間の隔たりを強く印象づけられつつ、にもかかわらずその空間は瞬時に 20 年以上の過去に引き戻す。

見知らぬはずの小学校があたかも記憶の再生装置として機能するのは、その建築の形式性の作用にほかならない。戦後、全国各地に広がった白く四角い鉄筋コンクリート造の形式。日本中どこにでもあるあの無個性な、モダニズムの抽象性、均質性が、時間と空間を超えて、それを経験した人々の記憶を呼び起こす。

3

その日偶然訪れた旧四谷第三小学校の校舎は、昭和 55 年（1980）に改築されたものだった。それ以前、同じ場所に建っていた古い校舎も、同じく RC 造のモダニズムの建築である。竣工は昭和 4 年（1929）。当時の東京市に、現在まで続く形式の小学校建築が次々と建設された時期だった [*1]。

小学校という近代に生まれたビルディング・タイプの始まりは、日本において明治 5 年（1872）の学制発布に遡る。校舎には当初、江戸時代の寺子屋や藩校、寺院などが用いられることが多く、新築されたものでも和風の寺子屋形式か擬洋風建築が主だったが、明治 19 年（1886）「小学校令」、明治 23 年（1890）「改正小学校令」の制定をきっかけに、校舎の標準化、定式化が本格的に進む。そしてその流れを決定的にしたのは、明治 28 年（1895）の「学校建築図説明及設計大要」の公布だった。そこでは校舎の形式、配置、間取り、教室形状について具体的に記され、設計の模範例や仮想設計図が示されていた。衛生面を最重要視し、それまでの典型だった中廊下式に代わって片廊下式が推奨され、また、各教室を南に向けるため平面形状の対称性も崩して、校舎は敷地の北あるいは西隅に配置すべきとされた。想定されていたのは木造の校舎だったが、ここにおいて、戦後の RC 造校舎にまで繋がる平面形式の大枠が提示されている。

ではその RC 造はといえば、大正 9 年（1920）頃に神戸市や大阪市、横浜市で小学校の校舎に用いられ始め、東京市でも大正 11 年（1922）に最初の校舎が竣工した。そして翌大正 12 年（1923）、関東大震災によって大きな被害を受けた東京市内の小学校は、その復興をきっかけとして、耐震性に優れ、都会の狭い敷地でも高層化が可能な RC 造を次々と採用していく。震災では 117 の市立小学校が被災したが、そのすべてを含む 171 校が、昭和 13 年（1938）、日中戦争による資材統制を受けるまでに建てられた。この数字は当時の東京市立小学校のおよそ 84%に当たる [*2]。

設計の標準化は、東京市によるこの一連の RC 造校舎建設においても進んでいた。震災以前、東京市立の小学校の建設は各区で民間に委託するのが一般的だったが、震災によって大量の校舎の建設が急務となったため、設計は東京市の営繕組織が一括して担うようになり、また統一的な設計規格が作成された。この設計規格は、機能主義的に平面各部の寸法、階高、窓面積などの水準を定めたもので、プランニングや構造計画の基準になるユニットを設定して設計を進める方法が指定されていた。モダニズムの学校建築として有名なバウハウスのデッサウ校舎は 1926 年の竣工だが、例えば「校舎並にその内外の設備に就いて、何よりもその使途の点に重点を置き、苟しくも、外形から出発する事を避ける」[*3] と書かれるこの設計規格にも、当時国際的に最先端だったモダニズムの思想が色濃くうかがえる [*4]。こうした規格に従って、東京市内に数多くの小学校建築が建てられたわけである。

4

この震災復興と小学校建築の標準化の構図は、その後の戦後復興で、日本全国に規模を拡大して繰り返される。昭和 24 年（1949）、文部省の

委託を受けた建築学会は、翌年に「鋼筋コンクリート造校舎の建築工事」、いわゆるRC造校舎標準設計を発表。これが1920年代に始まるRC造校舎の普及と標準化を決定づけた。

現代の多くの日本人の小学校体験は、こうした基盤の上に成り立っている。各地に建設された小学校では、いつしか初期のモダニズムの思想は忘れられ、形式は形骸化していったかもしれない。「悪しき標準化」に対する後世の建築的、教育的な批判は正論だろう。とはいうものの、それを少年期の日常として経験してしまった以上、僕にはその建築が悪いものだったと裁定することはできない。むしろそこでの経験は時を経て美化され続け、寄る辺ないこの日常を支えるものとして何にも代え難い。

古き良き少年時代の記憶は、全国に配置された小学校建築を訪れることによって自在に甦る。その画一的な建築様式が追想を可能にさせる。そしてこれはなにも僕一人に限ったことではないはずだ。同級生だった頼もしい友だちも、魅力的な女の子も、クラスの人気者も、それぞれ大人になってまたどこか別の小学校を訪れ、当時僕らが共有した時間を思い出しているかもしれない、そう僕は思い浮かべるし、彼らのほうでも、僕が当時を思い出していることを思い浮かべているかもしれない。日本という共同体で20世紀に次々と建てられ経験された小学校建築の様式は、それを経験した人たちにおいてまた想像の共同体をかたちづくる。

5

東京市四谷第三尋常小学校は明治37年（1904）に開校、6月に木造2階建ての新築校舎が完成する。昭和4年（1929）にはRC造3階建ての校舎が完成。太平洋戦争中、児童は山梨県に集団疎開し、校舎は軍に使われた。敗戦直後の3ヶ月間はアメリカ軍の野戦病院として接収され、昭和21年（1946）から31年（1956）までの10年間を大蔵省の庁舎として貸与。その後、校舎の修理を経て小学校としての役割を再開。昭和55年（1980）、現在も残るRC造4階建ての校舎に改築。平成19年（2007）、四谷地区での児童数の減少を理由に閉校。児童数は、設立の明治37年（1904）が464名、ピークである昭和33年（1958）が697名、閉校直前の平成18年（2006）が201名だった。

この小学校がたどった数奇な道のりは、おそらく東京の中心部というその立地のよさに起因するところが大きいだろう。そしてまた、ここに限らず小学校とは、地理的にも機能的にもその地区の中心的な施設として計画され、存在する。だからこそ、明治以来の役割から外されたこの場所はいま、機能性と経済性が緊密に張り巡らされた都市の中で、よりいっそうの違和感を漂わせている。

都会の小学校らしくきれいに整備された小さな校庭は、いま無骨なフェンスが張り巡らされ、数多くのバイクと自転車が整然と並ぶ。新宿区内の放置車両が運び込まれているらしい。学校でもなく、公園でもなく、駐輪場でもない。その空白の場所に、所有者を持たず機能が引き剥がされた二輪の物体が集められる。そしてある日、同じようにしてひとりの失業者が引き寄せられる……。こう書くといかにも図式的なセンチメンタリズムだが、実際の話、職を失った僕は一体どう名乗ることができるのか、日々の社会生活で考えさせられる場面が多々ある。

長期的な見通しとして、辺り一帯で再開発の計画があるようだ。いずれこの場所も新しいシステムに帰属する。

[*1] 本文中の記述において、日本の小学校建築の歴史については長沢悟「学校の概要と建物の変遷」（『新建築学大系29 学校の設計』彰国社、1983年）、東京市立小学校については藤岡洋保「東京市立小学校鉄筋コンクリート造校舎の外部意匠に関する研究」（博士論文、東京工業大学、1980年）に多くを負っている。また、四谷第三小学校については『新宿区教育百年史』（東京都新宿区教育委員会、1976年）のほか、『新宿区史 資料編』（新宿区総務部総務課、1998年）、『平成18年度 新宿区学校教育要覧』（新宿区教育委員会、2006年）などを参照した。
[*2] 昭和7年（1932）に市域が拡張されているが、その旧市域において。新市域では主に木造の校舎が建設された。
[*3] 古茂田甲午郎『東京市の小学校建築』建築学会パンフレット第1輯第6号、1927年、p.15
[*4] 実際この設計規格に基づいて建てられた小学校は、同時代的にも日本における近代建築の先駆的な例として高く評価された。ちなみに、[*1]に挙げた藤岡論文では、その評価の要因となった「白を基調とする無装飾の平滑な壁面と矩形窓で構成された外部意匠」の設計において、客観的な合理性よりも、あくまで外見上の明朗性（近代性）が志向されていたことを指摘している。

現在の四谷第三小学校跡地。校舎は昭和55年に改築されたもの。四谷第三幼稚園（閉園）が併設されていた。

昭和4年竣工の四谷第三尋常小学校校舎（出典＝『東京市教育施設復興図集』東京市役所、1932年）

2011年12月

2011-2012年の都市・建築・言葉

アンケート

10+1 web site｜201202
(http://10plus1.jp/monthly/2012/02/enq-2012.php)

Q

[1] 3.11の東日本大震災の経験から、この震災について、ご自身が現在も継続的に考えていること、あるいは被災に対する印象的な実践、または注目している計画・ヴィジョン――他者のそれも含めて――についてコメントをお願いします。
[2] 2011年で印象に残った、都市や建築を語るうえでの人・建築作品・言葉・発言・書物・映像・メディア・出来事などを挙げ、それについてコメントしてください。
[3] 2012年に関心のあるプロジェクト――作品・計画・展覧会・書物・シンポジウム・イベントなどをお答えください。

A1

放射能汚染や電力不足といったことを別にすれば、私自身や私の家族、近い親類に、この震災による直接的な被害はなかった。しかしそうした認識が得られたのは、地震が起きてからしばらく経った後でのことだ。少

なくとも 3 月 11 日から数日間は、余震や東京電力の爆発事故が自分に直接的な被害をもたらすだろうことを予感していた。その間は寝るときも洋服を着て、ポケットには財布や携帯電話を入れていたし、咄嗟に持ち出せる最低限の荷物をリュックサックにまとめてもいた。私は自分が住む場所と、そこにあり、その場所を構成する、私個人にとっての歴史的な持ち物とを失うことを想像していた。この経験は今回の震災において比較的取るに足らないものだろうが、建築関係の出版編集に携わる私の意識を変えることにはなり、この 12 月に刊行した『建築と日常』No.2 では「建築の持ち主」という特集を組んだ。そこでは建築と所有について考えている。

現代の社会で建築や都市に関しての専門的な立場にいる人ならば、建築の私的な側面よりも公共的な側面の重要性を強調することに必要を感じる場面が多いのではないかと思う。つまり都市の開発において、あるいは建物の保存において、その建築はけっして所有者だけの物ではなく、公共的・社会的な存在であると言うことが有効な場面である。基本的に『建築と日常』誌もそのようなスタンスで編集してきたのだが、しかし震災で多くの人たちが自らの建築を失ったなか、あらためて建築を私有することの意味や価値を考えてみる必要があると思われた。それは特集を終えた今もなお、継続的に考えるべき問題であることを実感している。特集内で 12 ページにわたり「近現代日本の建築と所有」という実にとりとめない年表を作ってみたのだが、そのとりとめなさが示すように、問題は心的な内容から政治的・経済的な内容まで広くかつ深い。

ところで、私は東日本大震災を指して 3.11 と呼ぶことには、ほとんどなんの利点もないと考えている。3.11 という呼び方がまずインターネット上で散見されるようになったのは、おそらく地震から 2 週間ほど経ってからのことだと思う。そこにタイムラグが生まれた理由のひとつは、人々がそれぞれ固有に経験したどうしようもなく暴力的な出来事に対して、それを上空飛行的な視点から抽象化し、名づけることに後ろめたさがあったからではないだろうか。正直なところ最近は 3.11 という呼び方にもずいぶん慣れてしまったし、震災に対して誠実な活動をする人たちがその呼び方をしていたとしても、わざわざそのことを指摘して水を差すのはどうかと思う。しかし 3 月に 3.11 という言葉が目につきだした頃には、論理的というより先に感覚的に、間違っているという気がした。

東日本大震災が 3.11 と呼ばれるに至った背景には、言うまでもなく 2001 年のアメリカ合衆国における同時多発テロ―― 9.11 の存在があるだろう。しかし私にはそのふたつの出来事の共通点は、想定外の大惨事で多くの人が命を落としたというくらいしか思い当たらない。そしてそのような出来事は世界中でほかにいくらでもあるはずだ。たとえば阪神・淡路大震災は 1.17 とは呼ばれない。それは阪神・淡路大震災が東日本大震災と比べて被害の規模が小さく、日付で呼ばれるほどの画期的な出来事ではないからだろうか。私にはそうは思えない。むしろ東日本大震災は、たまたまある月の 11 日に起きたから 3.11 と呼ばれているのだと思う（しかし、もし 11 月か 12 月の 11 日に起きていたなら、11.11 や 12.11 では語呂が悪いので、そうは呼ばれなかったかもしれない）。3.11 という呼び方は、それが 10 日でも 12 日でもなく、11 日に起きてよかったという無意識さえ感じさせる。そしてそのような安易あるいは無自覚な物語化には、震災とはまた異なる暴力性があると思えてならない。たとえ私個人の取るに足らない経験に限ったとしても、はたしてあの数日間の不安でいたたまれない気持ちは、10 年前、テロリストたちがアメリカ合衆国に恨みを持ち、飛行機で超高層ビルに突っ込んだこととと、なんの関係があるのだろうか。

けっして名づけることができない、名づけようとしてもつねにその言葉からはみ出してしまう、そんな誰かの固有の出来事を、別の誰かが名を与え、一般化し、共有すること。ここにも所有の問題があるのかもしれない。

A2
多木浩二氏の逝去（4 月 13 日）
　多木浩二氏は建築への旺盛な関心に対して、建築界で一定の位置を占めようとする意志がほとんどなかったため、というよりも自らの自由な活動のために、建築の領域に限らず「界」というものから意識的に距離をおいていたと言えるのかもしれないが、その活動の重要性に比べて建築界での受容の範囲は限られているように思える。孤独を貫く氏の知識人としての強固な姿勢は、ある程度世代的なものでもある一方、いつの時代にも存在する少数の信念としても受け取ることができるだろう。多木氏の著作の内容とその生き方とは不可分であり、建築や都市は、そうして自らの生をかけるに足る、あるいはかけることが求められる、抜き差しならない対象だったのだと思う。

古谷利裕氏の写真
　2011 年は、画家の古谷利裕氏が日々の散歩のなか、携帯電話のカメラ機能で積極的に写真を撮り始めた年でもあった。それらの写真は古谷氏のブログ「偽日記@はてな」（http://d.hatena.ne.jp/furuyatoshihiro/）で不定期に公開されている。なにしろケータイカメラなので、一見して誰もが美しいと感じる写真ではないのだが、その画質的な貧しさやパンフォーカスの制約もおそらく作用して、抽象であり具体であるような、まさに抽象画の画家が撮った写真だと思いたくなる固有の質を獲得している。それは古谷氏自身がブログで書いているように（たとえば 8 月 5 日、9 月 2 日、10 月 3 日、12 月 5 日の記述）、〈関係としての空間〉がそこで捉えられているということなのだろう。そこに写る場所を私は知らないし、地形も家も、人も木々も陽の光も知らない。にもかかわらずそれらの写真が真に迫るのは、そうした事物同士による関係が抽象化されて、そこに示されているからではないだろうか。抽象化された関係は、私のなかで私がこれまで経験してきた事物同士の関係と重なり、響きあう。

出典＝偽日記@はてな　http://d.hatena.ne.jp/furuyatoshihiro/20111003

A3
石上純也建築設計事務所《グループホーム》
多木浩二『生きられた家――経験と象徴』（岩波現代文庫、2001 年）の増刷

2012 年 3 月
言っていることとやっていることの一致
長谷川豪講演会「スタディとリアル」レポート

TOTO ギャラリー・間ホームページ
（https://jp.toto.com/gallerma/ex120114/lctr_rpt.htm）

　講演ではこれまでに発表された長谷川さんの 11 作品すべてが 2 時間

以上かけてじっくりと語られた。それらの作品はみな展覧会で、ほとんどが模型として展示されているが、そこでは各作品の在り方に対してそれぞれ特徴的な展示の仕方が考えられており、この講演の内容を踏まえて鑑賞することで、より深い作品の理解が得られるのではないかと思う。すべての作品が網羅された作品集『Go Hasegawa Works』（TOTO出版、2012年）も併せてめくってみるなら言うことなしである。講演は動画（https://www.youtube.com/watch?v=UixHjb2D6x8）として、この同じサイト内で公開されているので、当日聴講されなかった方はそこでご覧いただくとして、この小文では講演の内容よりもその語り口のようなものについて、感じたことをすこし書いておきたい。

前半、長谷川さんが《五反田の住宅》の説明をするなか、「建物をふたつに分けて真ん中に螺旋階段を差し込むなんていうと非常に大げさに聞こえるかもしれませんが、やってるのは言ってみればスキップフロア形式ですね」という言い回しに聞き覚えがあった。おそらく過去の数々のレクチャーでも、同じフレーズがくり返されてきたのだろう。私が長谷川さんの自作解説をはじめて聴いたのは2007年の10月のことで、刺激的な内容に興奮したのを覚えている。当時の手帳には落ち着きのない字で次のように書かれていた。「明快なストーリーがありつつ、建築界での批評性と現実的な生活体験を与える質が乖離していないように見える。二面性があっての両立という感じではなくて、ひとつの物差しで無理なく測れるような」。

この印象はきっと今回の講演会および展覧会の「スタディとリアル」というテーマとも重なるところがあるだろう。建築の設計において、さまざまな現実の条件や状況から向き合うべきいくつかの問題を浮かび上がらせ、それらを動的に検討しながら1本のストーリーを導き、かたちに昇華させる。なにしろ長谷川さんの言葉は明快である。ご本人は悩むことや分からない状態を持続することの大切さも言っているが、その言葉自体明快である。想像するに、その明快さは誰かになにかを伝える、表現することに対しての責任感から来るのかもしれない。自らのなまなましい情念を表出させることをよしとせず、そことは一線を画した公に共有可能な言葉を発すること。それは長谷川さんの人間としての公正さにも通じる。

長谷川さんとは友人としてプライベートな場で話をすることもあるのだけれど、そうしたときでも、たとえば事務所の経営状況だとか、親の老後の問題だとか、同年代の人間がお酒を飲みながらつい口にしてしまいそうな、べったりした内輪の話を長谷川さんが積極的に話すことはほとんどない。かといってそれが他人行儀に感じられるかというと決してそんなことはなく、そこにいるのは建築や建築を語る言葉から察せられるのと同じ、爽やかな長谷川さんなのである。その姿は日頃なにかと公私を混同しがちな私にとって無言の戒めともなるのだが、それはともかく、こうした長谷川さんの公正な態度や公私の明瞭な線引きは、創作のより深いレベルでも見受けられるように思う。

講演では2006年のデビュー作から「未完成の」と言うべき最新作まで、11の作品が時系列で語られた。時系列という形式は一見ニュートラルであり、また実際そのように無自覚的・消去法的に用いられることが多いと思うけれど、今回の講演では長谷川さんも冒頭すこし触れていたように、それはある程度積極的に選択されている。つまり時系列で語ることは、あるストーリーを語ることであり、それぞれの作品を相対化してそのストーリーに位置づけるということである。もちろん建築家が自作を時系列で語ることは珍しいことではない。たとえば長谷川さんに近いところで、師匠筋の篠原一男や坂本一成はそれが特徴的な建築家だろう。とはいえ篠原一男の作品はそもそも時系列でしか語りえないくらいの強い時代区分がされているし（第1の様式〜第4の様式）、坂本一成が自作を時系列で対象化して語るようになったのは、建築をつくり始めてそれなりの年月を経てからのことだと思う。それに比べて長谷川さんは、作品の質においてもそれほど明らかな年代的展開があるわけではなく、その前提になる建築家としての経歴も短い。

講演では11の作品が時系列で順番に語られるとともに、そのなかでさら

《石巻の鐘楼》TOTOギャラリー・間、2012年1月13日撮影

に（1）《森のなかの住宅》《桜台の住宅》《五反田の住宅》、（2）《狛江の住宅》《練馬のアパートメント》、（3）《森のピロティ》《浅草の町家》、（4）《駒沢の住宅》《経堂の住宅》、（5）《日本デザインセンター》、（6）《石巻の鐘楼》と、グループに分節され、それらのセットで作品が意味づけられた。しかしこの年代ごとの分節と意味づけは、それぞれ面白い視点が提示されているとは思うものの、作品にとってそれほど必然性がある切り口だとは考えにくい。おそらく長谷川さん自身も絶対的な区分だとは認識していないのではないか。であるならなぜ、と疑問に思いたくなるのは、このような自分語りにはひとつの危うさが伴うからである。自作を時系列のストーリーに乗せること、言い換えると自分の作品歴に過去から現在へ1本の軸を描くことは、同時に未来への道すじを示すことにもなるだろうが、それはまた自らの未来を拘束することにもなりかねない。これからつくられる作品はつねに現在の自分を超えていく存在であるべきだろうが、その在り方を現在の自分が想定するのは困難なのである。ところが長谷川さんはいつものように明快に思い切りよく言葉を発していく。

この行為の理由を考えてみると、まずは上で書いたように、公に表現することに対しての責任感、つまり聴衆になるべく有益で共有可能な内容を伝えようとするということが挙げられると思う。そしてもうひとつ、そうした公共的な言葉が長谷川さん自身にとっても同様に有益で共有可能であること、いわば自分に向けての批評として作用させること。このふたつ目の理由を可能にさせるのが、先に指摘した長谷川さんの明瞭な公私の線引きではないかと思うのだ。自作を対象化して明快な言葉にし、「私情」を挟まず自分から切り離せるからこそ、再びその言葉の内容を客観的に判断することができる。それは次作の糧にこそなれ、そこに囚われることがない。

じつは以上の推論は、長谷川さんが自らの設計手法について語る言葉に着想を得ている。長谷川さんは設計作業のなかで数多くのスタディ模型を作るという。なぜなら「ぼんやりとした頭のなかのイメージや断片的なスケッチは、自分の身体の内側から抜け出ていない。イメージを外在化し、一旦距離を置くために模型にする」（長谷川豪『長谷川豪　考えること、建築すること、生きること』INAX出版、2011年、p.36）。けれども一般に、スタディ模型をたくさん作れば作るほどよい建築が生まれるということは言えないと思う。むしろ個人の頭のなかの生き生きとしたイメージが中途半端な状態で外部にかたちを与えられることで、その生気を奪われてしまうということもあるに違いない。そうした模型は現実の物体がもつ有無を言わさないリアリティで、人間の自由な想像力を拘束するかもしれない。だから、スタディ模型を大量に作ることが長谷川さんの設計において有効なのだとしたら、それはやはり、そこでアウトプットする模型群に対して公私の線引きがうまく機能しているからではないだろうか。展覧会の趣旨文には「スタディ」という言葉に関して、「自分がつくった案を客観的に眺め、考え、改め、育てていく行為は、まさに自ら能動的に学んでいくプロセスでもある」と書かれている。

さて、ここまで来てあらためて今回の講演を振り返ってみると、それは展覧会の開催に合わせて自作の解説をするという現実の与条件に対し、す

べての作品を時系列で語るという形式が用いられたものだった。そこでは個々の作品が時間軸のストーリーのなかで意味づけられた。そしてその理由のひとつを、聴衆に対する言葉としての表現の責任、もうひとつを自身への客観的な批評とするなら、それはまさしく、長谷川さんが自らの建築について言う「スタディとリアルの応答」にほかならない。言ってみればこの講演会は、過去の作品の「スタディとリアル」が語られるのと同時に、それと相似形の「スタディとリアル」が実践された、そんな場だったのである。

2013年2月
《代田の町家》の危機

dezain.net（http://www.dezain.net/2013/23902）
※所収＝『建築と日常』No.3-4、2015年3月

坂本一成の《代田の町家》が建つ土地が売りに出されている（goo住宅・不動産）。

価格8700万円、土地面積130.63㎡、坪単価220.17万円……。情報では売り物はあくまで世田谷区代田3丁目の土地であり、建築に関しては現況の注意書きとして「上物有り」とだけ記されている。とはいえその上物は築40年近くになって、もちろんそれなりに古びてきてはいるものの、竣工当初の床暖房もいまだ現役であり、住むことに大きな障害はないように思われる。住み続けてきた住人がこの家を離れるのは、また別の人生の理由によるようだ。筆者は2005年に取材でこの住宅を訪れたことがあるのだが[*1]、建築作品としてのあり方が尊重されつつ、丁寧に住まれている様子が印象に残っている。2点の写真はその取材の日に撮影した。

この住宅が建てられた1976年は、日本の現代建築史上、きわめて重要な住宅の竣工が重なった年である。よく知られるのは篠原一男の《上原通りの住宅》であり、安藤忠雄の《住吉の長屋》、伊東豊雄の《中野本町の家》だろう。そして坂本一成の《代田の町家》は、その奥床しさゆえ知名度こそ前記の3作におよばないが、作品の価値は決して劣らない。それにしても仮にいま安藤忠雄の《住吉の長屋》が売りに出されたら、どれだけ大きなニュースになるか。というより、たとえ持ち主が替わるとしても、「goo住宅・不動産」に「上物有り」の情報が載ることは考えられない。その建築の価値を共有した人同士での内々のやりとりが交わされるに違いない。いざとなれば建築家本人が購入するのではないかという予測もできる。けれども《代田の町家》は風前の灯火のごとく、現代の消費社会を漂っている。

結局のところ、家は個人の所有物である。他人がとやかく言えるものではないのかもしれない。よその家のことは分からない。もちろん自由に出入りすることはできないし、ごくまれに内部を見学できたとしても、それはあくまで見学であり、建築の本領が発揮されるべき日常のなかで十全に経験することはできない。あるいは、私は《代田の町家》の前を毎日行き来するわけでもない。もし《代田の町家》がなんらかのかたちで現存し続けることになったとしても、私はこの先、その家を訪れることも目にすることもなく死んでいくかもしれない。そんなとき、その家がこの世に存在するのとしないのと、私にとってなにか違いはあるのだろうか。あるのかもしれないし、ないのかもしれない。しかし私はその違いがあるという世界に生きていたい。

きっと《代田の町家》が内包しているのもそんな世界なのだ。自分がいる以外の離れた場所の存在を想像し、その存在とともに自分が在るということ。

この住宅は、設計者が並列関係と呼ぶ、複数の室の関係によってできている。私はそのうちのどこかひとつの場所にしか身を置くことはできないが、そこでその場所自体の居心地の良さを感じるとともに、不思議と自分がいる以外の場所への想像が広がる。むしろその想像の広がりが、自分がいる場所の居心地の良さをもたらしているようにも思える。いま自分がいる場所がすべてではない。他の場所への想像は、必ずしも視覚だけによって直接的になされるのではなく、建築全体の抽象的な構成（室同士の関係）が観念として頭に浮かび上がってくる。個別の場所の身体性と、それを相対化し、建築全体のなかで位置づける観念性。このふたつのあいだに、この建築の体験は生成してくる。

言ってみれば、ワンルーム以外のあらゆる建物は「複数の室の関係によってできている」に違いないのだが、この《代田の町家》の特別な体験の背後には、そうした関係を際立たせる周到な設計がある。まず具体的なレベルでの室の組み合わせ方についていうと、たとえば2層吹き抜けのリビングは、隣接する中庭を介して視線がエントランスの車庫を抜け、前面の道路にまで至る。同時に2階の廊下ともガラスの窓で隔てられつつ、見上げる／見下ろすの関係がある。さらにリビング内には、大回りして2階の和室を通ってでないと行けないデッキが張り出している。こうした空間の連続と分節の多様なあり方が、ひとつの場所にいながら複数の場所の遍在を知覚させることになる。

また、中庭や廊下といった、一般には場所の輪郭が意識されにくい空間も、その輪郭をより強く描くことで、一個の独立した場所として知覚されやすくなっている。中庭ならば、道路側からはぎりぎり乗りこえができないほどの高さでコンクリートのベンチが設けられ、領域を区切る。さらに上部もパーゴラが渡されて、屋根はないまでも直方体の輪郭が切り取られる。廊下ならば、慣習的な廊下としての機能や雰囲気は残しつつ、慣習よりもやや幅を広くとり、また棚を造り付けることで、場所としての存在感が高められている（このような中庭と廊下のあり方は、それぞれ「外室」「間室」として、設計者のなかで概念化されている）。

ところでこうした設計上の細かな操作は、ひとつひとつを取ってみれば、決してそれ自体が建築表現と呼べるような大それたものではない。《代田の町家》の室の組み合わせ方は、一般的なマンションや建売住宅のように、ステレオタイプ化した慣習や家族像（それらは商品価値にもなる）に則るわけでもなければ、経済的な合理性が優先されているわけでもない。と同時に、いわゆる作品としての建築表現を前面に出すわけでもない。それら外的な「意味」から離れたところで建築を組み立てることによって、そうした「意味」に回収されないまま、より純粋に体験者に建築の構成を知覚させる。

当時、《代田の町家》の価値を誰よりもするどく見いだした多木浩二が指摘するように[*2]、こうした「意味」の消去は具体的な構成材をあつかう手つきにも見られる。この規模の住宅の仕上げとしては極めて異例な床の大理石は、それゆえに大理石という素材がもつ社会的な意味や、住宅の床はこうあるべきという無意識のうちの慣習的な意味を引き剥がし、床そのものを具体的かつ抽象的に知覚させる。同様に壁の緑甲板も、はじめから白いボードを使うのでもなく、白いクロスを貼るのでもなく、あくまで板にペンキを白く塗ることにより、意味までが漂白され、具体的な物として、抽象的な壁として、その存在が知覚される。こうした操作もまた、個々の場

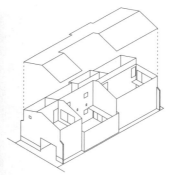

1階平面図

所の抽象度を高め、建築全体の構成を主体の観念のうちに浮かび上がらせることに寄与するだろう。

他人の所有物である《代田の町家》の存在が、そこから離れた場所にいる私の人生とどのような関わりをもつのか。その問いと、《代田の町家》での複数の場所のなかに自分が位置づけられる体験とは、単に図式的に類似が指摘できるという以上に、あるいは結果的にそういう論理が立てられるという以上に、分かちがたくつながっている。ふたつをつなぐのは、自らが現代社会を確かに生き、震える魂でそれと向き合う坂本一成の思想である。《代田の町家》はその建築家の精神が形象化されたものとして、今のところ世田谷の住宅地の一画に建っている。

［*1］『住宅70年代・狂い咲き』エクスナレッジ、2006年
［*2］多木浩二「『形式』の概念——建築と意味の問題」『新建築』1976年11月号（所収＝『視線とテクスト——多木浩二遺稿集』青土社、2013年）。本誌別冊『多木浩二と建築』（2013年）でも該当する節を掲載。

2013年2月

熟成する空間

『東京人』2013年3月号
※所収＝『ベスト・エッセイ2014』
日本文藝家協会編、光村図書出版、2014年

30歳に近くなる頃から、帰省したときにする郷里での散歩が楽しくてたまらなくなった。18で上京するまでは自分が生まれ育った田舎町をわざわざ散歩することなどなかったし、20歳を過ぎてたまに実家に戻ることがあっても、別段外を出歩く気にはならなかった。それがなぜ、ある時から一転して散歩に惹きつけられるようになったのか。ひとことで言えば、おそらく記憶の空間が熟成されたということになる。

それはたんなる懐かしさとも違う。20年近くも通うことがなかった友だちの家へと続く道を散歩するとき、そこで立ち現れてくる空間は、現在の現実の空間と熟成された記憶の空間とが二重になっている。記憶の空間とは、小学生だった当時の自分の背丈で体験した空間であり、背丈だけでなく、町や道や木々、同級生、よその家、自転車の速度、夕闇、あらゆるものごとに対して小学生だった自分の認識で体験した空間にほかならない。そうした記憶の空間が、大人になったいま体験する空間と重なって現れてくるとき、私はその二つの空間のあいだで揺さぶられ、ただ歩いているだけで酔っぱらってくるような、言い知れない高揚感に包まれるのだった。私はじっくりと時間をかけ、子どもの頃はもっと大きく感じられたはずの町のさまざまな場所を歩きまわった。

しかし一方で、そうしたこの上ない快楽が長くは続かないことも、私は最初から気づいていた。なぜなら記憶と現実の二重の空間が現れるのはあくまで記憶が熟成した場所に限られるのであり、かつて同じように行き来した場所であっても、それ以来、たとえば帰省した際にいつも必然的に通るような場所では、その二重性は感じられない。つまり歩けば歩くほど記憶は上書きされるのである。散歩を続けることによって、やがて故郷の町がすべて現在に覆い尽くされてしまうという矛盾を抱えながら、私は数年のあいだ束の間の快楽を享受した。

去年の正月休みは満を持して、おそらく卒業以来になる山の上の中学校へ足を運んでみた。しかしそれなりに懐かしさには浸ったものの、あの二重の空間の高揚感は得られなかった。それは中学を卒業する頃にもなれば、体格の面でも認識の面でも、より現在と連続的であるためではないかと思っている。

こうして私の散歩の楽しみはひとまず終わりを迎えたが、考えてみると、たとえそれが人生のなかでの利那的なことだったとしても、あの感覚を味わえたのは幸運だったように思う。そもそも私が故郷を離れなければそうした二重性は現れなかっただろうし、上京しても故郷に戻ることがなければ

体験しようもない。記憶の澱みに沈んでしまうほど町が変貌することもなかった。ありえたかもしれない他の可能性は想像しがたいが、30歳前後というタイミングもちょうどよかったのではないだろうか。あるいはいま上書きされてしまった子どもの頃の記憶の空間も、また数十年寝かせておけば、再び熟成して現在に浮かび上がってくる時があるかもしれない。

2013年5月

プロとアマの間

『建築雑誌』2013年5月号

赤瀬川原平さんが『目利きのヒミツ』（知恵の森文庫、2002年）という本で、現代では「目が利く」ことよりも「鼻が利く」ことのほうが優先されるようになったと書いている。「しかし印象として、鼻が利くというと何となく小狡い感じがするのは何故だろうか。目利きというと一対一の勝負、日本刀の試合のようなズバリ感覚があるのだけど、鼻が利くというと、何となく周囲のことばかり気にして、横目を使ったり、そわそわして落着かない人物像が浮かぶのである」（pp.91-92）。自分の信念に根づいた主体的な判断ではなく、外部のもっともらしい評価軸や世俗的な関係に従う。赤瀬川さんの文章の初出は95年だが、こうした傾向は、その後のインターネットの浸透などによって、今ではより顕著になっていると思う。ただ単に「っぽい」というだけで人生の実感がない言葉や物が大手を振る。僕が個人で発行する雑誌『建築と日常』は、少なくともこうした現代の状況と一線を画すものでありたい。日常という言葉は誤解されやすいのだが、それは非日常に対する平凡な日常という意味では必ずしもなく、どちらかと言うと、ある種の専門性に対するアマチュアリズムを成立させる地平である。エドワード・サイードはこう言う。「アマチュアリズムとは、専門家のように利益や褒賞によって動かされるのではなく、愛好精神と抑えがたい興味によって衝き動かされ、より大きな俯瞰図を手に入れたり、境界や障害を乗り越えてさまざまなつながりをつけたり、また、特定の専門分野にしばられずに専門職という制限から自由になって観念や価値を追求することをいう」（エドワード・W・サイード『知識人とは何か』大橋洋一訳、平凡社ライブラリー、1998年〔原著1994年〕、p.127）。

『建築と日常』は2009年創刊、これまでに0号「建築にしかできないこと」、1号「物語の建築」、2号「建築の持ち主」、別冊『窓の観察』を刊行している。雑誌のロゴと表紙のデザインを知り合いのデザイナーに頼んでいるほかは、誌面のレイアウトまで一人で作業している。レイアウトにはInDesignという一般的なDTPソフトを用いているのだが、自分で雑誌を作るまではほとんど触ったこともなく、0号のときは30日間の無料お試し版で乗り切った。ただ、印刷は、ネットからPDFのデータを送ると数日後に段ボール箱に詰められた雑誌が届くという簡素なシステムなので、やろうと思えばワープロソフトだけでもできなくはない。その印刷会社はざっと検索したかぎり最も料金が安かったところで、例えば2号はA5判モノクロ112ページを2000部刷って、税込242,200円だった。販売は、なにかの機会に自分で手売りすることもあるけれど、基本的には書店と直接取引をする。こちらから打診したところもあれば、向こうから声をかけてきてくれたところもある。おそらく日本の出版流通システムの行き詰まりや、ネット書店に対抗するリアル書店の個性化という流れもあって、こうしたインディペンデントな出版物が以前より扱われやすい状況になっているのだろう。今のところ全国40店舗ほどで販売されている。取引は買取よりも委託が多く、掛け率は70%か75%程度。

こう書いてくると、今や雑誌を作ることなど誰にでもできるように思えるかもしれない。事実、誰にでも絵が描けるように、誰にでも歌が歌えるように、雑誌など誰にでも作れるだろう。しかし僕は決して誰しもにそれを推奨しない。一つには、やはり出版（publish）とは公共的な行為なのである。アマチュアリズムの根を持つことは今の世の中で決定的に重要だが、完全なる

アマチュアであっていいわけではもちろんない。そこでは自分の活動を批判的に見るプロのまなざしが求められる。もう一つには、同業者を増やしたくない。ライバル誌と呼べるような存在があればお互い切磋琢磨できるのかもしれないが、市場の有象無象のなかで、それでも価値があるものは残るのだという楽観的な認識は、斯界の現状を見るかぎり持てずにいる。

個人出版はあくまで一つの形式でしかない。そもそも建築の領域の裾野は極めて広い。それは個人の実感で捉えきれるものではなく、時にはより遠くまで効率よく鼻を利かせることも必要になるだろう。また普通に考えれば、個人でできることよりも大きな組織でできることのほうが大きいに決まっている。肝心なのは、その時々において、それに関わる個人が自由で主体的かつ自省的な判断をするように心掛けることであり、その能力を持つことである。

2013年9月

書評：『映像の歴史哲学』
（多木浩二著、今福龍太編、みすず書房、2013年）

NOBODY | JOURNAL
(https://www.nobodymag.com/journal/archives/2013/0924_1632.php)

多木浩二が2011年4月に82歳で亡くなった後、多木に関連する本がいくつか出版された。1991年刊行の磯崎新との対談集『世紀末の思想と建築』の復刊（岩波人文書セレクション、2011年11月）もそのひとつに数えられるかもしれないが、新刊の著作としては、2007年の講演をまとめた『トリノ——夢とカタストロフィーの彼方へ』（多木陽介監修、BEARLIN、2012年9月）と、主に1970年代の建築やデザイン関連の単行本未収録テキストをまとめた『視線とテクスト——多木浩二遺稿集』（多木浩二追悼記念出版編纂委員会編、青土社、2013年1月）があり、また筆者が発行する『建築と日常』誌の別冊『多木浩二と建築』（2013年4月）では、1000件を優に超える多木の網羅的な著作目録を作成し、多木による一連の坂本一成論7本を再録した。ただ、これらはいずれも建築や都市を一応の領域的基盤とする本だったが、そうではない、いわゆるもっと人文系寄りのものとして先ごろ刊行されたのが、ここで紹介する『映像の歴史哲学』（今福龍太編、みすず書房、2013年6月）である。

本書は、2003年と2004年にそれぞれ3日ずつ計6日間にわたって行われた講義「映像文化論」の内容をまとめたものである。当時、札幌大学文化学部の教員だった今福龍太が多木を招いて企画した2年連続の夏期集中講義で、50時間近くもあったというビデオ映像の記録が今福らによって書籍の体裁に編集された。もともとが学生を相手にした語りであるため、多木の他の著作に比べて単純な意味で読みやすく、分かりやすい。さらに内容としても、多木の思考や過去の活動の要所が幅広く押さえられており、上記の没後出版のなかでも多木の入門書として最適である。

しかしながら、いざこの本を要約して説明しようとすると、上記の本のいずれよりも難しく、途方に暮れてしまう。書籍化に際して『映像の歴史哲学』と銘打たれ、全体は6章立てに整理されてはいるものの、話題は多木の自伝的内容に始まってさまざまに移り変わり、第4章「未来派」に至っては「映像」とほとんど関係がない。それどころか多木の講義録として読み進めていたつもりが、途中からは編者である今福の語りも挿し込まれていき、一体この本を多木の単著として額面どおり受けとめてよいのだろうかと落ち着かない気分にさえもなってくる。言ってみればこの本のエッセンスは、そうしてはっきりとした分節をもたずに流動する読者それぞれの読書空間の中にしかなく、決まったかたちで外に抜き出せるものではない。要約は絶望的である（せめてもの試みとして、語られている主な固有名を挙げてみると、レニ・リーフェンシュタール、ヴァルター・ベンヤミン、名取洋之助、東松照明、中平卓馬、ロラン・バルト、ミシェル・フーコー、未来派、ジガ・ヴェルトフ、スーザン・ソンタグ、プリーモ・レーヴィ……）。

ところが一方で、そうした要約のしがたさこそ、この本が多木の入門書として最適な所以でもある。つまりこの本の要約のしがたさは、そのまま多木の知識人としての活動全体の要約のしがたさでもある。生前の多木の活動は、人間の日常に深く根ざしながら、芸術や文化や思想といった個々の領域概念を超えて展開された。「私がいう知の世界とは、端的にいえば哲学の世界です。哲学というのは、知のあらゆるものを総合した世界です。専門領域をもたないということのなかにこそ哲学の世界があるのです」（p.26）。それは体系的な秩序をもたずに複雑な網の目を構成し、時に比喩的に結ばれ、時に詩的に飛躍する。「ベンヤミンは体系をつくりません。私も体系をつくろうという気はありません」（p.30）。この本を読み、その読書空間に身を置くことは、そうして生きた多木浩二を体験することでもあるのである。

とはいうものの、本書はあくまで多木の没後出版である。50時間にわたって記録されたのは確かに多木自身が発した言葉に違いないとしても、それをコンパクトにテキスト化してまとめる編集の仕方は無数にある（1年目の講義の終了後に2年目の講義の開催が決まったとするなら、前の3回と後の3回の間には1年という時間以上の隔たりも見られたはずだ）。あるいは全体から不必要な部分をそぎ落としてまとめるというより、膨大な素材のなかから必要な部分をピックアップして組み立てるような作業だったかもしれない。そしてそれは先に述べたこの本の読書体験のあり方を左右する行為にほかならず、多木があずかり知らぬことでもある。したがってこの本の「要約のしがたさ」は、編者によるフィクションである可能性がある（ある程度の編集の技術をもった人間ならば、もっと要約しやすく、体系的に秩序立ててまとめることもできたかもしれない）。いや、おそらく誰がどうまとめるにせよ、フィクションにはならざるをえないのだろう。けれどもここで彫琢されたフィクションは、ある種の文学作品や映画作品のフィクションが信頼できるのと同じように、信頼してよいと思う。

編者の今福は、1996年に刊行された多木との対談集『知のケーススタディ』（新書館）のなかで、2年間全8回にわたる対談を振り返ってこう述べている。

「自分としては、学的な厳密性というものを、ある別な可能性として示すことのできるような方法を考えていたんです。社会科学や人文科学においては、リアリズムでも実証主義でも経験論でもいいんですが、ともかく非常に限定された論理と言葉遣いのなかで、厳密性が追い求められますね。

ところがその、いわゆるアカデミズムの言語と思考法が、いま、逆に非常に狭いところに追い込まれているような気がする。論理的な厳密性の上に、さらに近年は倫理的な厳密性をも求めることで、言説があまりにも窮屈なものになっている。もっと異なった回路や方法論を使って、同じような厳密さにたどりつくやり方はあるんじゃないか。学問的厳密性という要件をあえてつきはなす言い方をすれば、詩的精密性（ポエティック・アキュラシー）とでもいうのでしょうか。論理や事実の検証という階梯を通過することなく、ひとおもいに核心をつかんでしまう力が詩にはあるわけです。

そういう意味も含めて、ぼくは多木さんとの対話を精密にやりたいと思った。ポエティックな回路をかなり大胆に混在させていって、別な形で厳密な問題性をつかむ。それは、従来のアカデミックな立場からみれば、飛躍のある方法です。場合によっては、非常に文学的に見えるかもしれない。」（p.10）

言葉の構成に、論理的な厳密性ではなく、詩的な精密性を求めること。かつて今福が語り、多木と共有していたそのことが、多木の没後にふたたび、多木のテキストを素材にしながら今福によって実践された、『映像の歴史哲学』とはそんな場だったのではないか（論理は要約できるが、詩は要約できない）。それは一般的な著者と編者の関係の枠組みを超えた両者の協同であり、多木の思考のあり方を引き継ごうとする今福の追悼行為とも捉えられる。もちろん多木と今福は別の個性だろう。しかし、そうした他者との

8

折り重なりのなかでこそ存在するのが、多木がまなざしていた書物というものでもあった。

「私の言葉がすでに他人に語られているからといって悲しむ必要もないし、ましてや意見が一致したとしても喜ぶことではない。ほんらい書物というものは、決して孤立することもなく、またまったくあたらしい出来事でもない。誰が最初の本を書いたのか、誰が最後の本を書くのか、そんなことは私が想像することもできないし、予想も不可能である。」（多木浩二「読書の夢想」『もし世界の声が聴こえたら──言葉と身体の想像力』青土社、2002年、p.25）

以上書いてきたように、新刊の『映像の歴史哲学』には、さまざまなレベルにおいて多木の思想が織り込まれている。そしてその織物は、本書のなかで完結することなく、また別の時間、別の空間へと縦横につながっている。

2014年12月

建築を評価することの困難

SDレビュー2014展評

『SD2014』鹿島出版会

依頼を受けてから気づいたが、SDレビューの展評を書くというのはたやすいことではない。そもそも個々の出展作についてはこの同じ冊子に審査評が載るし、応募作すべてを含めた総論も載る。それ以上になにを付け加えればよいのか。あるいは審査員によるそれらのテキストを一種の展覧会のキュレーションの意図として読み、そこまで含めたSDレビューの総体を批評するならば筋は通るが、あいにくこの原稿の執筆時（展覧会の会期中）には、それら審査員によるテキストはまだこの世に存在していない。

どのような作品が応募され、どのような理由で入選作が決定したのか、そのことを無視して「今年の傾向」や「近年の傾向」を語るのは危ういように思う。少なくともそれはSDレビューの入選作の傾向であって建築界全般の傾向ではないし、こと建築というものにおいて、1年ないし数年ごとに変わるような傾向を指摘することにどれだけの意義があるのかは、次のような文章を読むと疑問に思わざるをえない。

「優れた建築家が、建築家というよりはむしろアーティストに変貌してしまったことは、20世紀特有の現象である。つまり、画家や彫刻家と同じように、一作ごとに構造や形態や仕上げを変え、類似の建築は二度とつくらないという態度が通例のものとなった。これは、前作の弱点を次作で修正し、次第に欠点のない成熟した工法やスタイルをめざした伝統的な建築家の態度とはまったく逆である。

この現象には、建築ジャーナリズムの出現と隆盛が深く関係している。ジャーナリズムは、その性格上、新奇なもの珍奇なものにしか眼を向けない。品質や内容がいかに充実していても、外見が新奇でなければ取り上げてくれない。したがって、建築家は、自己の名を広め、仕事と地位を確保するために、建築ジャーナリズムが歓迎してくれるような作品を意識的に考案するようになる。こうしたプロセスや傾向は、完全に建築家と建築ジャーナリズム本位のものであり、建築本来の目的や社会的意義と大きく矛盾することは誰の目にも明らかである。」（桐敷真次郎『近代建築史』共立出版、2001年、p.262）

ジャーナリズムのシステムによって、建築に目先の変化ばかりが求められるようになったこと。このことはSDレビューのような建築コンテストとも無縁ではないが、一方でSDレビューにはそれを回避する仕掛けも組み込まれている。つまり、現に進行中のプロジェクトのみが審査対象になる。現実的な条件から切り離された架空のプロジェクトや、すでに完成したがゆえにメディア上でいかようにでも演出可能な実作とは異なり、設計者自身さえ全貌が掴めない状態で動き続けているプロジェクトだからこそ、社会や日常のリアリティから大きく外れる確率は低い。ただし、そうして動き続け

ているからこそ、こちらもプロジェクトの全体像が掴めず、批評がしづらいとも言える。

ところで一般に建築展の難しさとして、建築は絵画や彫刻と異なり会場で実物を見せられない、ということがしばしば言われる。その難問に立ち向かおうとして、最近の建築展では1/1スケールの体験型の模型が用意されたりするのだろうが、しかしおそらく建築展が難しい原因は、そうした物理的なモノのレベルでの再現ができないことよりも、その建築とそれが存在する環境との関係や、その建築をめぐる人々の行為といった、コトのレベルでの再現ができないことのほうが大きいのではないか。その難しさは展覧会に限らず書籍や雑誌でも同じだが、仮想的にであれ建築のコト性を追体験しようとするなら、それなりに慌ただしく、かつ情報量が限られた展覧会の会場に身を置くよりも、より落ち着いた状態で向き合える書籍や雑誌あるいはテレビなどのメディアのほうが適しているように思える。

SDレビューの展評を書く難しさはここにも起因している。もちろん、建築を表現するのに展覧会は向いていないから展覧会は止めて冊子の出版だけにしたほうがよい、というわけではない。展覧会は展覧会で、各地から人や物が集まってひとつの現実の空間を形成し、そこにたまたま通りがかった人も含めて様々な人が訪れる、そのことの価値は疑いなくある。ここで言いたいのは、SDレビューに入選する建築に、モノ性よりもコト性のほうが強く感じられるものが多いということだ。

たとえば今回の入選作で《公園墓地の管理棟》や《綾瀬の基板工場》は、独立した建築としてのモノ性が強く、批評と相性がよい。それに比べると住宅系の作品はクライアントの個性に依存している割合が高い、つまりコト性が強いように思えるが、たとえば郊外住宅や都市の集合住宅のタイポロジーを問題化した《柏の平屋》や《CONSTANT APARTMENT》では、個別の事例だけに閉じない抽象的な広がりが捉えられていて、肯定的に見るにせよ否定的に見るにせよ、外部からも問題にアプローチしやすい。しかし、たとえば海外の災害復興や貧困問題に関わる《村の賃貸住宅》や《HC3》は、プロジェクトの一回性やアクション性が強く、また日本からの地理的な遠さもあって、批評と相性が悪い。いま計画されている建物のかたちの良し悪しだけでプロジェクトを評価しても意味をなさないだろうし、少なくとも今回の展示物だけで客観的に批評をすることはきわめて難しい。ところが批評が困難だからといって、この類のプロジェクトは公的なコンテストに入選させる意義がないかというと、むしろこうしたものこそ設計者および関係者を顕彰し、展覧会を通して広く世に知らしめるべきかもしれない。また、もしこういったプロジェクトが、コンテストに入選するという目的のために無理矢理コト性を捨象して抽象的な全体像を与えられるとしたら、それこそ先の引用文で桐敷氏が指摘するように、現実の建築の目的を見失いかねない。とはいえやはり前掲のモノ性が強い作品群などとはあまりにも評価軸が異なるように思えるので、数多くの応募作のなかで、なぜそれぞれの作品が入選したのか、その評価の必然性がよくわからない。

こうして考えてみると、SDレビューの入選作は、単にその個々が多様であるばかりでなく、それらの作品の評価に用いるべき評価軸までもが多様であると言える。展評を依頼され、いざ切れ味するどく2014年のSDレビューを一刀両断しようと思っても、まるで糠に釘、そもそもすべての入選作を同じ次元で捉えることなどできない。なんたる一貫性のなさ。その事実は評者を途方に暮れさせるが、ふと気がつくと、こうした評価軸の多様性はまさに建築の本性でもある。プロジェクトが途中段階であること、入選作数が15点程度と比較的多いこと（しかしその数はあらかじめ定められていないこと）、審査員長がいないこと（4名の審査員が1〜2名ずつ短いスパンで入れ替わること）、こうした現行のSDレビューのシステムは、建築の多様性を持続的に許容していくように設計されている。そしてこの設計思想にこそSDレビューの建築に対する理念を見いだして、ひとまず本文は終えたい。紙幅が尽きたとはこのことだ。

2015年5月
書評:『パノララ』
(柴崎友香著、講談社、2015年)

『文藝』2015年夏季号

　田中真紀子が間借りすることになったイチローの実家は、イチローの父が長年にわたって増築を繰り返した「廃材の山みたい」(p.86)な家だった。「右半分がコンクリートの四角い三階建になっていて、大きさからしてそれが「本体」のようだった。その左側が、黄色い壁の木造二階建てと無理矢理接合されていた。さらにその左に鉄骨がむき出しのガレージがあり、その鉄骨の上に赤い壁の小屋が載っかっていた」(p.13)。その家の複雑な空間構成は物語とも関わるので、簡単な見取図を描いてみた。ただ、そうしてそれぞれの読者が思い浮かべる家の姿は、概ね一致しつつも微妙に異なり合っているのだろう。それぞれの家のイメージは無意識のうちに各自の経験に根ざしている。かつてどこかで見た記憶の家の集積。そこにはその人が生まれ育ったところの場所性も含まれているだろうし、その場所はその人が生まれる前からあって、親なりなんなりがそこに暮らしていたことを考えれば、個人の人生以上の大きな流れを引き受けている。同じものを見ているつもりでも、人によって、また時によって、見え方は異なる。世界は一つの客観的な視点で捉えうるものではなく、複数の視点のずれと重なりのなかで成り立っている。『パノララ』が描くのもそんな世界なのだと思う。これまでの作品よりも一歩踏み込んで、世界を白か黒かで切り分ける思考(例えば429ページ最初のセリフ)に抗している。

　著者初の連載長編である本作は、あらかじめ想定された全体像を基に執筆されたのではないはずだ。イチロー一家の建築ほど場当たり的ではないにせよ、ある時間の経過のなかでその都度全体の枠組みと重心が移り変わっていく作られ方の魅力がある。そのことも単一の視点に回収されない世界の豊かさに通じているかもしれない。

　読み始めはユーモア小説という印象だった。それは必ずしもユーモラスな出来事や会話によるのではなく、小説の語り口による。例文。「柵にカバーを広げ、ふと本館を見上げると、屋上に尻があった。うしろ姿の裸体が、柵にもたれていた」(p.49)。一般にユーモアは、絶対的な場の空気を相対化する作用をもつ。すなわち単一の秩序が支配する世界に別の秩序の存在を示す。『パノララ』は主人公の一人称で話が進んでいくが、語り口のユーモアは、その主人公と重なりつつもずれる別の主体=著者の存在を感じさせる。それも世界を開く働きをする。中盤以降、話は一転してシリアスになるが、ユーモアは完全に消えはせず、シリアスな世界と拮抗し、その世界を絶対化させない。

　世界の多様性を現在させる意志とバランス感覚は人物の描写にも通底している。それぞれの人物の存在(キャラ)は断定されることなく、ぎりぎりで宙吊りにされ、人間関係や状況や認識の差異によって違った面を現す。複数の個が有機的に併存する世界が形成されている。ならば著者は超越的な視点からその関係性・形式性を操作する相対主義者だろうか。そうではないことが重要だと思う。著者自身もその世界のなかで自らの主観を問い、客観を模索する様が、小説を生きたものにしている。

2015年6月
映画評:『だれも知らない建築のはなし』
(石山友美監督、2015年)

NOBODY | JOURNAL
(http://www.nobodymag.com/journal/archives/2015/0611_1614.php)

　建築家および建築関係者へのインタヴュー映像を主につなぎ合わせて作られた73分間のドキュメンタリー。ところどころで実際の建築の映像が短く挿入される。話者は安藤忠雄、磯崎新、伊東豊雄、レム・コールハース、ピーター・アイゼンマン、チャールズ・ジェンクスら合計10名。インタヴューアーが中谷礼仁、太田佳代子、石山友美。もともとはヴェネチア・ビエンナーレの展覧会場で流しておくために作られた本作の制作の経緯は、石山監督へのインタヴュー「群像劇から見える歴史の一面」(『GA JAPAN』134号、2015年5月)によって詳しく語られている。

　実際観てみると、タイトルが窺わせるような「秘密の裏話」といった印象は薄く、むしろ1970年代以降の日本の建築界の歴史を正面切って描こうとしているように思える。磯崎新を軸にして、1982年のP3会議(「伝説的な国際会議」とされる)やその後のくまもとアートポリス、ネクサスワールド、そしてバブル崩壊から東日本大震災と、それぞれの時代の「事件」を辿るかたちで1本のラインが引かれている。これはおそらく「建築界の最重要人物たち」(宣伝チラシより)に話を聞いて回るという企画の段階で、ある程度想定されていたラインだろう。制作サイドの歴史観の反映と言ってもよい。

　チラシにはこうも書いてあった。「専門的な知識がなくても、建築家同士の掛け合いがスリリングに伝わってくる/まるで群像劇のようなドキュメンタリーを完成させた新鋭・石山友美」。確かにそうも言えるかもしれない。実際には各インタヴューは個別に行われているので「掛け合い」はないのだが、事後的な映像編集の妙によって、場面場面において現に議論や対話がなされているような雰囲気を帯びている。しかしどうだろう。私見ではドキュメンタリーおよび群像劇に共通する魅力とは、自分もまたその作品のなかの人々と同じ世界(の違った諸相)を生きているということのリアリティにかかっているように思う。ところがこの映画は必ずしもそれを感じさせない。ふたつの理由が思いつく。

　ひとつは、限られた素材(インタヴュー映像)をもとにしながら、「専門的な知識がなくても、建築家同士の掛け合いがスリリングに伝わってくる」ように全体が構成されていること。その編集の手つきは決して下手ではないと思うのだが、むしろそうしたそれぞれの語りの断片化と「不要な部分」の除去、そして隙のない再構成によって、作品の全体が緊密な閉鎖系の構造を持っているのではないか。映画は映画として自律し、そのことで外の世界に開かれていない。「建築界の最重要人物たち」による「専門的な知識がなくてもスリリングに伝わってくる掛け合い」を志向するという一種のポピュリズムが、別の面ではむしろ作品世界を人々の日常から隔てているように思える。

　ところで『だれも知らない建築のはなし』の原題は『Inside Architecture: A Challenge to Japanese Society』である。それを考えれば、映画の構造が閉鎖系であるのも作品のテーマ(社会から乖離した建築界)に関連したことなのかもしれない。けれどもここで無視できないのが、この映画の作品世界にリアリティを感じられないもうひとつの理由なのだが、ここで描かれているのが「Inside Architecture」だとしても、ここで描かれていることだけが「Inside Architecture」ではないということだ。大学で建築を学び、建築系のメディアに十数年関わってきた私は、他の多くの日本の建築関係者と同様、そのことを知っている。これ(だけ)が日本の建築界ではない。もちろん1本の劇場公開用のドキュメンタリーで「Inside Architecture」の全体を描けるとは思わない。だからそのことは問題ではない。問題は、にもかかわらずこの映画は「Inside Architecture」の全体を捉えているかのように見せていることなのだと思う。

　例えばジェンクスのポスト・モダニズムをめぐる建築論をアイゼンマンが名指しで批判する場面がある。実際には時間も空間も離れた両者の発言は、映画の編集行為によってまさに「スリリングな掛け合い」となる。こう

した編集方法には「大建築家たちや神話的エピソードを崇めることは一切せず」という監督の「切れ味鋭い批評眼」（宣伝チラシより）が見て取れるかもしれない。しかしこの両者の対立は、演出された偽の対立とも言えるのではないだろうか。なぜなら、ジェンクスおよびアイゼンマン両者の言説がすでに相対化された過去のものであることを私たちは知っている。しかし両者をともに批判しうるそのような視点の存在は、両者同士の対立が「スリリングな掛け合い」として見せられることによって、意識の外に追いやられてしまう。あたかもこの二人のやり取りが「Inside Architecture」のリアルであるように感じさせる。

だからこの映画は、「建築界の最重要人物たち」を相対化してフラットに扱っているように見せつつも、やはり彼らが「建築界の最重要人物たち」であること自体は無条件に前提にしているという意味で、彼らに対して真に critical（批評的／危機的）なものではないのだと思う。例えばコールハースは、P3会議に出席していた他の建築家たちに対しても、日本の建築家たちに対しても、シニカルな批判的見解を示していた。おそらくコールハースにとっても、このジェンクスとアイゼンマンの対立は茶番に見えるだろう。ならばそのコールハース的な思考をさらに掘り下げてみるようなことは考えられなかっただろうか。より主体的に真理を求めて突き詰めた取材をすれば、おそらく映画の構成は今とは違ったものになっていたはずだ。裏を返せば今の群像劇的な周到な構成は、映画を映画として成立させるための予定調和に思えてしまう。そのことで外の世界とは隔絶される。

ところで「ジェンクスおよびアイゼンマン両者の言説がすでに相対化された過去のものである」というのは言い過ぎたかもしれない。実のところそれほど詳しく知っているわけではない。おそらくだが、それぞれの言説にも、今でも興味を惹かれる面はあるのだろうと思う。しかし登場人物同士の掛け合いが重要視され、特定の事件に次々とスポットを当てていくことで歴史を描こうとするこの作品では、そうした個人個人の思考の全一性は失われ、それらはあくまで部分ないし要素として、映画作品の全体に従属することになる（おそらくそのとき、それぞれの個が全体に従属したように感じさせないのが、よい群像劇の条件なのだろう）。

『だれも知らない建築のはなし』は、限られた登場人物による限られた出来事についての限られた語りを、ただ単に過去の興味深いエピソードとして提示することに飽き足りず、さらにそこに歴史としての権威をまとわせようとしているように見える。登場人物たちの語りには2種類ある。個人の経験やそれに基づく実感に根ざした語りと、そことはいったん乖離した、より超越的・観念的に時代や歴史を論じる語りだ。本作ではその2種類の語りが巧妙に組み合わされ、あたかも個々人の経験と時代の全体とが連続して一体となったものであるかのようなイメージを観る者に与える。個と全体のあいだが虚構として起ち上がる。とはいえ虚構だから駄目だというわけではない。あらゆる歴史は虚構的なものだろう。問題はその虚構がどのような主体に根ざしているかにある。

何人かの登場人物たちが語る時代や歴史は、たとえその背景にそれぞれの話者なりの思想があるとしても、この映画の中では個人の有機的な全体から切り離され、それぞれが部分として別の構造に位置づけられ、意味づけられる。一方で、それらの断片を最終的な作品として統合すべき監督も、すでに目の前にある素材をいかに映画として成り立たせるかに意識が向いていて、その素材以外も含む建築の歴史の大きな流れを引き受けた上で創作をしているというふうには見えない。だからこの映画が示す歴史には、責任者不在のまま、自動的に起ち上がってきたものであるかのような印象を受ける。そして私は、そこで起ち上がってくる分かりやすくスリリングな歴史よりも、そこからこぼれ落ちるもののほうがどうしても気にかかる。そもそも建築の本質とは、とりたてて事件が起きるわけでもない日常にこそ見いだせるのではないかと思うのである。

［追記］たった一度観ただけの映画について一息に書いてしまったこの文

は、3月に刊行した個人雑誌『建築と日常』No.3-4の問題意識を背負っている。特集号で引用した文をふたつ、ここでも引いておきたい。

「「一発の銃声で歴史が変った」とか、「一枚のドローイングで近代建築の歴史が開いた」といったよく耳にする言い方は、こうした浅薄な理解の代表だ。私達は、歴史や評論の中で、何度こうした言い方を聞かされてきたことだろう。それは全く間違った言い方だ。たとえ一発の銃声で革命の戦いの火ぶたが切られたとしても、その前に長い長い準備の時があり、革命戦の後には又長く苦しい反動の時が続くのだ。その全体を、すなわち社会と歴史の全体を、数式のように、明快に説明することはあり得ない。近代のいくつかのそうした空しい試みを知った私達は、それは全くの間違いだと、今や断言していいだろう。

その理由は、経験と感覚というひとつのゆるぎない地盤に立ってみれば、明確である。歴史とは、私達のいのちがそうである如く連続的なものであり、そしていのちがそうである如く、常に複雑と対立に満ちているものだからだ。それがあるからこそ、歴史は、そして私達のいのちは、混沌と渦巻きつつ、流れ動き続けていくのだ。」（香山壽夫『プロフェッショナルとは何か――若き建築家のために』王国社、2014年、p.217）

「このあいだある歴史の学会がありました。出てこい、と言うから出ていってみたのです。ところが事件の話ばかりをするわけです。歴史というのは事件の連鎖だと歴史学者は思っています。ですから、私はだんだん腹が立ってきました。あなた方の話を聞いているとイライラすると、どうしてそういう話ばかりするのだと、もっと大事なことがあるのではないかと。」（多木浩二『映像の歴史哲学』今福龍太編、みすず書房、2013年、p.88）

2015年10月

「そうだったのか建築用語」キーワード解説

『サイゾー』2015年10月号

モダニズム

近代の啓蒙思想と産業革命を背景とし、20世紀初頭のヨーロッパに現れた建築思潮。それまでの歴史主義の建築の権威性を批判して、機能主義や合理主義を標榜し、伝統からの断絶を訴えた。鉄・ガラス・コンクリートなどの近代的材料を用い、表面装飾を排した平滑な面と線による構成が特徴。要素が抽象化されてシンプルになったぶん、それを美しく見せるには特別な造形的センスがいる。一般市民のための大衆化・量産化を目指したその建築は、第2次大戦後、経済主義と結びついて世界の都市を席巻した。

丹下健三

戦後日本を代表する建築家（1913-2005）。敗戦後、被爆地の広島ピースセンターに始まり、戦後民主主義を担う各地の庁舎建築や東京オリンピックのための代々木体育館、大阪万博のお祭り広場など、大規模な公共建築を多く手がけ、時代と併走した。旧世代による白い単調なモダニズム建築を「衛生陶器」と揶揄し、日本の伝統への意識と最先端の構造技術に基づき、独自の空間造形を展開。東大の丹下研究室からは、槇文彦、磯崎新、黒川紀章、谷口吉生ら、多彩な建築家を輩出している。

ポストモダン

1960年代以降、モダニズムへの批判意識から生まれた建築の思想およびスタイルの総称。モダニズムの機械的な教条主義や排他性から建築を解放し、歴史や伝統や場所性といったものの重要性を再確認したことに大きな意義がある。ただし、具体的な建築のスタイルとしては、80年代を全盛として、過去の歴史様式を気ままに組み合わせた建築家の知的遊戯に帰結した観があり、一過性の流行の域を出なかった。

構造

一般に建築の分野で構造というと、構造主義のような観念的な意味ではなく、柱や梁やアーチのように、物理的に建物を支える部位を指す。構造は仕上げ材などで覆われることも多いが、例えば古代遺跡のスタンディング・ストーンのように、ある物体が重力に抗って大地に屹立すること自体に、人間は原始的な魅力を感じてきた。建築の歴史においても、そうした構造が持つ力をどう表現するかということが、ひとつの普遍的テーマになっている。

アイコン建築

かつての共同体の建築に、それを設計した個人の名を残す必要は感じられていなかった。中世以前の建築の設計者名はほとんど今に知られていない。現在に至る建築家の職能が確立したのは西洋のルネサンス期とされるが、以降、地域で評判の建築家が別の国や都市に呼ばれて仕事をする例も増えていく。現代の資本主義とグローバリズムはそれを極端に加速させた。そこでは建築の実質的な豊かさや環境との調和よりも、一握りのスター建築家の作品であるというブランドの印が求められる。これをアイコン建築という。

住宅

建築業界において、住宅は人間の生活を支える建築の原点だという考え方もあれば、住宅は建築の範疇ではないという考え方もある。確かに建築の歴史において、特権階級の宮殿や邸宅を除いた庶民の住宅が建築の取り組むべきテーマになったのは近代に入ってからだ。一方、戦後の日本政府は住宅を人間が暮らす場としてよりも、経済を活性化させる道具として扱ってきた。公共住宅や賃貸住宅を軽視し、数十年のローンを必要とする持ち家政策を推進する。そしてその持ち家政策が、若い建築家たちに個人住宅という身近な創作の場を提供してきた。

施主

施主とはもともと仏教用語で、仏や僧に喜捨する信心深い人のことを指す。したがって施主には、己の利益のみならず、世のため人のために建築を建てようとする心掛けが不可欠である。できあがる建築の良し悪しは、施主の見識にも大きく左右されるのだ。ところが現状はどうだろう。戦前あるいは戦後すぐの時期までならば、政治家にも財界人にも、教養と志を持った建築の目利きがいたことが確認できる。けれども今はそもそも組織において、個人の責任でものごとを決められる機会が著しく減っている。真の施主への道は険しい。

建築批評

「日本では建築家のお友だち評論家はいても、大きな世界の潮流の中で建築とは何かを論じる人は少ない」（槇文彦「漂うモダニズム」『新建築』2012年9月号）。建築批評が育たない理由は建築というジャンルの固有性にも関係している。あらゆる建築が、技術・法規・経済・周辺環境・施主の意向といった幅広い（部外者には把握しにくい）条件にまたがって成り立っていること。文学や映画などと違って、批評の読者が実物に触れにくいこと。建築が社会の経済活動とダイレクトに絡み、建築専門メディアが建築関連企業の広告費を基盤にしていること等。

日本らしさ

建築はその土地の気候風土や材料・技術、慣習・社会制度などに大きく依存したものなので、その土地らしさを濃密に伝える媒体として見ることができる。ただ、日本では明治以来、西洋建築の様式や技術を積極的に採り入れてきたため、土地に根ざした伝統の多くは断絶している。その反動として、大正期以降には建築の「日本らしさ」を求める動きも折に触れ様々なレベルで見られるが、人々の日常との繋がりを欠いたまま呼び戻される伝統は、単なる和テイストという以上のものになりにくい。

社会性

とりわけ東日本大震災以降、建築はますます社会との繋がりを求められている。公共建築の建設においては「住民参加」や「市民に開かれたプロセス」、「コミュニティの活性化」などが、もはやほとんど必須の検討項目になっている。しかし建築は「今、ここ」の社会の要請に応えるだけでは十分ではない。建物が建築された後も社会は変容を続け、現実は現在の想定をやすやすと超えていく。だから未来において、想定外の他者や出来事も受け入れうるものであること、そこにも建築の重要な社会的責任がある。

風景

景観への配慮も、現代の建築が社会に対して求められる大きな要素だろう。風景は景観と似た言葉だが、景観問題とは言われても風景問題とは言われない。なぜなら原風景という言葉が示すように、風景はそれぞれの個人や集団にとって主観的・無意識的なものであり、その良し悪しを客観的に議論することはできないからだ。人々が風景をつくるとともに、風景が人々をつくる。ある敷地に建物を建築するという行為は、単なる美醜の問題を超え、そうした人々にとって固有の風景にも影響をおよぼすことになる。

サステイナブル（持続可能な）

スクラップ・アンド・ビルドは日本の都市開発の特徴とされる。確かに地震と火事のある日本では、木造建築の頻繁な建て替えは必然性のある文化だったが、鉄やコンクリートや新建材でできた建物で埋まる現代都市において、環境問題や人口減少が危機として語られる現在、建築にもより環境負荷が少ないサステイナブルデザインが求められている。今ある建物を有効利用するリノベーション（改修）やコンバージョン（用途転用）、価値ある建物の保存再生なども21世紀の建築の大きなテーマだ。

2016年2月

建築と文化をめぐる短い考察

映画評：『もしも建物が話せたら』
（ヴィム・ヴェンダース製作総指揮、2014年）

webDICE｜骰子の眼（http://www.webdice.jp/dice/detail/5025/）

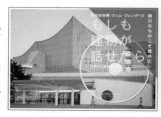

6つのストーリーのうちの1番目、ヴィム・ヴェンダースはハンス・シャロウン設計のベルリン・フィルハーモニー（1963）を、その建築のあり方に共鳴しながら描いている。指揮者や演奏者、技師、観客、設計者など、複数の世代にわたる様々な属性の人々との関わりのなかで一つの建築の姿を浮かび上がらせるこの映画は、複雑に分岐して様々にずれを含んだ多様な場をつくりながらも、全体を有機的に関係づけ、人々を一つの空間に位置づけようとするこの建築と、構造上の類似が見いだせる。人々はそれぞれ固有の存在であるとともに、なにかを介して共存している。あるいはこれは単に一つの建築と一つの映画との類似に止まらないのかもしれない。同じくシャロウン設計のベルリン国立図書館（1978）も登場した『ベルリン・天使の詩』（1987）に代表されるヴェンダースの諸作品が、都市に生きる人々の孤独と共存を描いてきたとするなら、この映画のなかでベルリン・フィルハーモニーの建築が語る言葉、「私は社会の全階層によるユートピアのイメージだ」には同時にヴェンダース自身のユートピアが重ねられているのだと思う。

　二つの作品ないし二人の作家の共鳴を生む源泉となるもの、もしかしたらそれを文化と呼べるのかもしれない。しかし"Cathedral of Culture"たる

建築自らがそのことについて明晰な言葉で説明してくれることはない。なぜなら文化とは、それを対象化して客観的・論理的に語りうるものではないからだ。「文化は、まったく意識化されうるという性質のものではない。われわれが文化をすっかり意識的に捉えているとき、その文化は文化全体を決して表してはいないのである。生きた働きをする文化は、文化と呼ばれているものを操作している人々の諸々の活動を方向づけているところのものである」（T・S・エリオット『文化の定義のための覚書』照屋佳男・池田雅之監訳、中公クラシックス、2013年〔原著1948年〕、p.198）。

この意味で、ベルリン・フィルハーモニーを含む近現代の建築が饒舌に自分語りをするのに対し、2番目のストーリーで描かれるロシア国立図書館（1801）が不特定多数に向けて主体的に語る言葉を持たないのは興味深い。そこで発せられる詩的・断片的な言葉は、図書館自身の言葉というよりも、図書館が象徴する、ある文化を生きた人々による言葉であり（エンドクレジットで出典が示される）、そこで建築は文化であるとともに文化を媒介している。文化はそれを生きる人々との関わりのなかでこそ現れる。

ところでどうしてロシア国立図書館は、他の建築のようにそれ自身の主体的な言葉を話さないのだろうか。ここに建築と文化を考える上での大切な点があるように思える。とりわけ西洋の石造りの建築の場合、建築は人間の幾世代にもわたり、しばしば国家よりも長く同じ場所に在り続ける。それがいくら合理的な言葉に基づいて建てられたとしても、数百年後の人々や社会にとって、そのような言葉はほとんど意味をなさない。むしろ自分たちよりも先にすでにそこに在った実体としての建築こそ向き合うべき現実である。キリスト教の教会堂を建てている人たちの誰が、後にその建築がイスラムのモスクとして使われることを想像するだろうか。けれども建築は、それを建てた人々や社会の意志を超えて、大らかに人間の生を包含しうるものなのだ。その本質は単一の言葉で括られるものではない。ロシア国立図書館は他の5つの建築よりも古い時代に建てられたぶん、建築のこうした質を顕著に見せるのだと考えられる。

ただし、時に矛盾さえ含む建築のそのような多義性は、すでにそれが建てられた時点から建築に備わってもいる。たとえば3番目のストーリーにおいて真新しいハルデン刑務所（2010）が語る〈私〉は、壁であり監房であり独房であり礼拝所であり家であるというような、多重人格的な様相を呈している。なおかつこの〈私〉は、そこにいる人物が囚人であるか看守であるかによっても、まったく表情を変える。いや、むしろその内向的で情緒不安定を思わせる〈私〉の声は、囚人と看守とでまったく表情を変えるべきかさえ迷っているように感じさせる。矛盾し分裂する性格を単一の言葉に落とし込むことに無理が生じている。

映画の最後、鉄格子の向こう側からじっとカメラを見つめるべき若い囚人が、たまらず笑みをこぼしてしまうシーンが印象深い。囚人と看守の違いはそれほど明確なものではなく、ある社会でそれぞれの役割を演じている役者同士であるようにも思えてくる。刑務所とは、社会から隔絶された場所であるとともに極めて社会的な場所でもあるだろう。ハルデン刑務所の建築は、それを生み出した社会の縮図として、その社会全体の有り様を観客に想像させる。しかしその建築がその社会の有り様を確かに想像させるのは、私たちの社会にもまた刑務所という同じビルディングタイプの建築が存在するからだ。その一致と差異によって、お互いの社会ないし文化を理解することができる。建築は固有の社会や文化に根ざしたものでもあり、それを超えて人間を媒介するものでもある。

2017年3月

思い出すことは何か
編集者あとがき

『建築のポートレート』香山壽夫著、LIXIL出版

「建築家はしばしば旅をする。中世の石工の時代から今日に至るまで、旅は建築家の最良の学校と言われてきた。建築家は、スケッチブックと共に旅をする。すぐれた建築家は、皆すぐれた旅のスケッチを残している。」（香山壽夫『建築家のドローイング』東京大学出版会、1994年、p.17）

しかし香山は、スケッチブックだけでなくカメラ（アサヒペンタックスないしニコンの一眼レフ）も携えて旅をしてきた。本書『建築のポートレート』は、1964年以来そうして旅をするなかで撮られた写真とともに、それらの写真とあらためて向き合い、書き下ろされた文章を並べて載せた本である。範囲がアメリカ合衆国とヨーロッパに限られているのは、写真を選ぶうちいつしか決まったことで、それほど強い意図はない。積み重なるキャビネットにしまわれた膨大な数のスライドを前にし、とりあえず対象を絞ることが作業に求められたためだったかもしれない。

先に引用した文に続けて、香山は次のように書いている。「そのようなスケッチを見て明らかなことは、建築家は、自分の見たいものを見、そして自分の描くように見ているということである」。これも写真においても同じだろう。写真も撮影者の見たいものが見られるものであり、そこに撮影者固有のまなざしが投影される。ただ、カメラという機械を介しているぶん、スケッチと比べてその現れはより客観的になる。そのことで写真は撮影者から離れて素っ気ないものになってしまう場合もあれば、撮影者自身が認識していなかったものを事後的に示してくれることになる場合もある。しかし、いずれにせよまずはそれぞれの現場で対象を見つめ、その有り様を感じるという行為が必要になるはずだ。スケッチと比べて手軽だからという成り行きでいい加減に撮られた写真には、いい加減なものしか写らない。その点、香山の写真はいい加減なものではなかった。

この本に収録された写真36点のうち25点までが、1964年から67年のおよそ3年間、つまり1937年生まれの香山の20代後半から30代にかけて、その建築の修業時代に撮られたものだ。

64年、香山は建築家ルイス・カーンに学ぶため、初めてアメリカに渡る。飛行機は西海岸のロサンゼルスに到着し、そこから大陸横断バスに乗ってアメリカ各地に立ち寄りながら、カーンがいるフィラデルフィアのペンシルヴェニア大学へ向かった。「九十九ドルで、九十九日間乗り放題という、グレイハウンドバス会社の格安キップを使ったのである」[*1]。本書に載るもっとも古い1枚、タオス・プエブロの写真はその時に撮られている。

その後、ペンシルヴェニア大学で修士課程を終えた香山は、そのままアメリカでしばらく働いたのち、66年、これも格安の貨物船で大西洋を越える。ヨーロッパの建築を見て回るためだった。ロンドンで働きながら旅の準備をし、翌67年にまずミラノでフィアット500を購入、北はスコットランドから南はギリシャまで、建築を訪ねて8ヶ月にわたり各地を走破した。

「見たい建物のあるところまで来ると、近くの公園や森のキャンプ場にテントを張った。食べものは村や町の市場で求め、アメリカ以来、旅には常に持ち歩いているキャンプ用ストーブで料理した。満足できるまで建築を見、スケッチし、思ったことをノートに記しながら留まった。仕事から離れ、身分も所属もなく、全くの放浪無頼の旅だった。」（香山壽夫「見る、描く、考える——旅で学ぶということ」『Bulletin』日本建築家協会関東甲信越支部、2016年9月号）

このような旅行で多くの写真は撮られた。しかし、それは必ずしも十分な数ではなかったかもしれない。当時の香山にとってカラーのポジフィルムは高価で貴重なものであり、あらかじめ一つの建築で使える枚数を決めて撮影したほどだという。1枚1枚の写真は、今とは異なる重みをもっていた。さらに海外旅行が自由化されたばかりの1ドル360円の時代、それぞれの建築は再び訪れることはないものとして感じられていたのではないだろうか。またそれらの建築は、今のようにインターネットで無数の鮮明な画像をたやすく見ることができるようなものではなかった。香山が学んだ当時

の東京大学でも、建築史の講義でスライドが用いられることはまだなかったという［*2］。一連の旅行で自分が撮影する写真が、後に数々の講義や書籍で多用されることになるとは考えもしなかったにせよ、建築を研究する者にとって世界各地の建築を写したカラー写真が財産になるという認識は、当時の香山にもあったにちがいない。だからそこで撮られた写真は切実なものだった。

こうした撮影の背景は、そこに写る建築や都市を今なお生き生きと見せることの一因になっていると思われる。うかつに撮られた写真は撮影者の体験から離れ、その画像が外在化し、いずれ体験の記憶をにべもなく上書きする。けれども香山にはうかつに写真を撮る余裕はなかった。そしてお金の余裕はなかったが時間の余裕はあった。時には1枚の写真を撮るため、望ましい光を何日も待つことさえあったという。そうした体験の濃度が、機械が写す画像に生気をもたらし、主観と客観の響き合いのなかで、新たな意味を生成するのだと思う。

例えばパーム・ハウスやテンピエットの写真［下掲］に顕著に見られる独特の構図は建築家としてのまなざしを強く感じさせるもので、今回新しく書かれた文章では、それぞれの構図であることの意味が的確に述べられている。しかし果たしてそれらの写真は、そうした建築的意味に対する意識が先にあって、それを表現するために撮られたのだろうか。多くの写真を見ていると、必ずしもそうではない気がする。個々の建築を目の当たりにした若者の直観によってまず撮影され、その写真が事後的に、若者に建築家としてのまなざしを与えたとも考えられるのではないか。

本書の写真に写る建築や都市は、その後の建築家としての香山の血となり肉となったようなものばかりだ。書籍や雑誌でそれぞれの建築のことを知り、実際にそこを訪れ、その後二度三度と訪れている場所もあるかもしれないが、そこから空間と時間を隔てたところでまたその建築を思い出す。おそらくそうした行為の蓄積が、一人の建築家を育てるのだろう。そしてその過程で写真が記憶の再生装置として働くとしても、その都度思い出されることは決して過去の正確な反復ではないはずだ。過去が現在に影響し、現在が過去に影響する。本書における写真と文章の構成は、そうした過去と現在との動的な関係を垣間見せる。

ところで写真はしばしば不在の象徴であると言われる。写真に写るものは、かつて在った／今はもう無い、写真はそのことを見る者に暗示する。ところが建築の写真、とりわけこの本に載っているような西洋の歴史的な建築の場合どうだろうか。ある建築は数百年ないし1000年以上前から存在し、今も変わらずそこに立っている。無意識のうちであれ、私たちはそういった認識をもって、その建築の写真を見ている（むしろ建築よりも先に、それを写したフィルムのほうが劣化し、失われてしまうのを心配するほどだ）。そして専門的な建築写真は、そうした建築の普遍性や超越性、永遠性あるいは無時間性を明示する撮り方をし、19世紀の写真の発明以来、その撮影技法は独特の洗練を続けてきた。

しかし香山は建築のプロではあっても建築写真のプロではなかった。プロとして建築を見つめつつも、アマチュアとしてそれを撮影した。基本的に三脚は用いず、一眼レフを自分の目の高さにかまえる。視界が不自然に広がる広角レンズは好まない。その場にいる人々や日常の情景、旅をする自分の感情に基づいてシャッターを切る。だから香山の写真は、その場の空気感とそこに立つ撮影者自身の身体性を色濃く湛えている。建てられてから長い年月を経た建築の確固たる存在に向き合いつつも、その存在を絶対視するのではなく、自らが生きる現在との関係のなかで捉える。このことは単なる写真の趣味や技術の問題を超えて、香山の建築観や歴史観を反映していると思われる。

建築は普遍的な物として、超越的なかたちとして、他から自律して存在するわけではない。ある時代のある場所、様々なものごととの複雑な関係の網の目のなかに存在する。例えばスタンレー＝ホイットマン邸やスケリッグ・マイケルの修道院についての文章は、香山のこうした考えをはっきりと示しているだろう。それぞれの建築は必ずしも美的に傑出しているわけではない。技術や様式の歴史的な蓄積に裏打ちされているわけではない。しかしそこには、それぞれの建築を必要とした人々の生活あるいは人生の切実さがあった。そこに確かに根ざしていることが、むしろそれらの建築を歴史上に固有なものとして位置づけている。次の文は、香山がアメリカに留学する3年前、日本の大学院生だった頃に書かれたものだ。香山が建築を考える際の根本が、この時すでに確立している。

「建築が豊かな内容をもつのは、つねに人間がそこに存在しているからであって、建築の美しさは冷たく凍った抽象の美として存在するものではない。建築をつくるということは、すなわち人間の生活する空間をつくるということは、有機的統一体としての人間の生活を、その空間において実現するということに他ならない。」（香山壽夫「明日の統一をめざして」『美術手帖』1961年10月増刊号）

建築家は歴史に倣うだろう。しかしその歴史とは、建築の結果としてのかたちそのものではない。かたちをなぞることだけでは、その建築を生み出した源泉は捉えきれない。歴史に倣うとすれば、歴史上その時々の現在を切実に生き、そこに固有の建築をつくってきた人間と建築の関係こそまず倣うべきではないか。香山の師ルイス・カーンは、「はかりしれないものが歴史に先立ってあったはずです」と述べている［*3］。本書の試みは、香山が過去に訪れた建築や都市を、それらの写真を介して現在に思い出すことにあったが、香山がこれまで建築家として続けてきた試みは、歴史に先立って建築を生み出してきたものを現在に思い出すことにあったのではないか。本書の編集作業を経て、そのようなことを考えている。

［*1］香山壽夫『ルイス・カーンとはだれか』王国社、2003年、p.51
［*2］「その頃は、まだ講義にスライドが用いられることは行われておらず、藤島［亥治郎］先生は、バニスター・フレッチャーの建築史の説明図を授業用に拡大した図を、黒板に画鋲でとめて用いられていた。」（前掲『ルイス・カーンとはだれか』p.48）
［*3］ルイス・カーン「一九七三年、ブルックリン、ニューヨーク」（1973年の講演録）、『ルイス・カーン建築論集』前田忠直訳、鹿島出版会、1992年、p.23

2018年10月

谷口吉郎の教養と常識

書評：『雪あかり日記／せせらぎ日記』
（谷口吉郎著、堀江敏幸解説、中公文庫、2015年）

『住宅建築』2018年12月号

谷口吉郎（1904-1979）は昔から私のなかですこし特別な位置づけの建築家だった。谷口が長らく教鞭を執った東京工業大学で私は大学院修士課程の2年間を学び、キャンパスに残る谷口の建築に身近に接していたと

出典＝『建築のポートレート』p.22、p.48

いうこともあるのだが、それ以外に谷口は私の親類関係の建築を手がけてもいて、私が生まれた日の翌日に亡くなっているという偶然にも妙な縁を感じていた。ただその一方、例えば谷口の作品に対して、彼の弟子である清家清の戦後小住宅に感じるような新鮮な共感はなく、谷口吉郎は私にとってあくまで歴史上の人物でもあった。私が在学していた頃の東工大でも、当時まだ存命だった清家やさらにその弟子の篠原一男に比べ、現代の問題として谷口の仕事が顧みられることはあまりなかったと思う。

その印象が一変したのが2015年、建て替え間際のホテルオークラ(1962)を見学したときだった。学生時分にも訪れたことはあったのだが、こちらも歳を重ね、ものを見る目もいくぶん養われていたのかもしれない。谷口が設計を担当したロビーの空間に、現代と通じるどころか今の建築にも滅多に見られない、瑞々しい豊かさを感じたのだった。巧みな空間構成と装飾によって様々な質の場を大らかに併存させたデザインは、とくに奇抜なところがあるわけでもなく、若い頃には捉えようがなかったのだと思う。当時から15年ほど経ち、時代としては谷口が設計した時点からより遠くなっているはずなのに、存在はむしろより近くに感じられる。こうした人間の創作と人生の関わり方として興味ぶかい体験を、その後、谷口の文筆の仕事である『雪あかり日記／せせらぎ日記』を読み返したときにも繰り返すことになった。

この分厚い文庫本は、既刊の『雪あかり日記』（東京出版、1947年／雪華社、1966年／中央公論美術出版、1974年）と『せせらぎ日記』（中央公論美術出版、1980年）の2冊をまとめたものである。谷口は東工大の助教授だった1938年11月からおよそ10ヶ月間、ドイツの日本大使館建設に協力するため、外務省の嘱託としてベルリンに滞在した。2冊の「日記」は、この谷口にとって初の滞欧期のことについて書かれている。結局、第2次世界大戦に至る時局の悪化により、谷口は大使館の完成を見ることなく、英仏がドイツに宣戦布告した翌日に命からがら緊急の避難船でヨーロッパを離れるのだが、もともと谷口の渡欧は彼が東京帝国大学で師事した伊東忠太の計らいによるもので、西洋の建築や文化に触れる遊学の機会でもあったようだ。実際、停滞する工事のあいまにドイツをはじめ周辺各国（フランス、イタリア、スイス、スウェーデン、デンマーク等）を見て回ったことが、『雪あかり日記／せせらぎ日記』には記されている。

本書もまた、かつて大学の図書館で2冊の単行本をめくってみたときには捉えどころがないものだった。「日記」といっても厳密な日記形式はヨーロッパを脱出する最後の2週間ほどに限られる。本書の多くは帰国後、（建築専門誌ではなく）文芸誌や一般誌のために書かれた文章に基づいており、全体は紀行の体裁で統一されているものの、対象は建築や都市に限らず、文学や演劇、音楽、絵画などの諸芸術、政治、気候風土、料理、その土地の人々のことなど、日常の些事にわたるまで幅広い。例えばベルリンの都市のモニュメントともなっていた19世紀プロイセンの大建築家カール・フリードリッヒ・シンケルの建築群には『雪あかり日記』全10章のうち4章が費やされているが、それも文体はあくまで随筆調であり、他の紀行文に紛れ込ませながら、明快な論文や批評として読まれることを避けているようにさえ思われる。

若い頃には散漫にさえ思えたかもしれない本書のこうしたあり方も、今はそこに谷口の存在がありありと感じられる。「作風とは心に響くものである。一軒の家、一脚の椅子、一枚の敷物、それが「作品」である以上、それには必ず「作風」がつきまとう。それを作った者の品格や気風が、きっぱりとそれに現われてくる。作者の体臭さえそれに感じられる」(p.26)。谷口がこう書く意味で、私にはこの本が響いてくる。

対象が多岐にわたるのは谷口の教養の深さゆえだろう。日本で学んでいた様々な知識や断片的な経験がヨーロッパの空気に触れ、現地のものごとを目の当たりにするなかで自由に連鎖反応を起こしていく。教養(culture)とは個々の知識のことではない。文化(culture)が既成の諸領域の境界を超えて、その全体の基盤になるものを示す概念であるのと同様に、教養は特定の専門領域を超え、一人の人間のなかで個々の知識や経験を有機的に結びつけていく。

谷口の連想は自在である。アルプスの山々を望むスイスの山村で、草上にまどろんでいた彼は思わず靴を脱ぎ裸足になる。「足の裏を地面に当てるとひんやりと冷たい。大地の感触に、幼い頃「はだし」となった時の、快い記憶がなつかしくよみがえってくる」(p.389)。日常の一場面で自らの身体的衝動が故郷の記憶を呼び覚まし、思いはそこから「素足の国」である日本と「靴の国」である西洋諸国との文化の対比に移り、イサドラ・ダンカンの裸足の舞踊やフィレンツェで観たボッティチェリの《春》の女神、さらには土田麦僊が描いた大原女、中宮寺の弥勒菩薩の裸足まで連なっていく。西洋から東洋へ、現代から古代へ、建築から彫刻へ――こういった対比と連鎖は本書のあちこちに見られ、各章はどれも豊かな余韻を残して終わる。この谷口の文章の構造は、あるいは谷口の建築の構造と類比して考えられるかもしれない。もしそれが可能なら、それは文章であれ建築であれ、谷口吉郎という個人の魂がそこに確かに込められているからに違いない。

特定の観念の枠組みに囚われず現実を柔軟に捉えるという谷口の思考は、建築の領域に限っても見受けられる。1930年代当時、先端的な若い建築家にとって最新のモダニズムの潮流には抗いがたい魅力があったはずだ。けれども谷口はモダニズムの科学性や機能主義に基づく社会的意義は十分に認めながらも、そのイデオロギーが絶対化し、「過去様式から分離することのみを現代の目的と考へ」(p.96)ような排他性を早くから批判していた。谷口の教養は、風土や伝統や人々の歴史に根ざした過去の建築の良さを切って捨てるわけにはいかない。シンケルの古典主義建築に対しても、日本では前世紀の「気乗りの薄い存在」(p.102)だったが、現実にベルリンで暮らし、歴史の重みを湛えたその建築を目の当たりにした以上、先入観を排してそれと真摯に向き合わざるをえないのである。

シンケルをめぐる記述が学生の私に届かなかったのは、それが必ずしも直接的に読者に向いた言葉ではないからだろう。谷口は洋行帰りの特権的な立場から読者を説き伏せようとはしていない。むしろ重心は「私とシンケルとの対話」(p.180)にある。シンケルの建築に向かう谷口の「感じられた」、「わかってきた」、「これはどうしたわけだろう」といった言葉は、一見いかにも無防備で頼りない。しかし威勢のいい流行の物言いではなく、眼前の作品と身一つで対峙するそのような言葉だからこそ、決して古びず、時代を超えた共感を生むのだろう。ふいに自分でもシンケルの建築を確かめ、同年代の谷口と親しく語り合ってみたくなる。

ところで谷口はドイツで日常的にユダヤ人の迫害を目にし、ヒトラーを中心とする国民の熱狂にも接していた。しかし本書を読む限り、この歴史的にも特筆すべき排他主義と全体主義のなかでも、谷口の自由な思考は驚くほどぶれていない。本書は基本的に戦時中に発表された文章を戦後にまとめ直すという手続きを経て出来ているが、日本の言論環境においても戦中期には統制を含む強い磁場があり、戦後は戦後でそれと正反対の磁場が発生している。けれども谷口において戦中と戦後とで宗旨替えをしたような素振りは見られない。戦中に臆せず、「神は英雄ナポレオンにセントヘレナの最後を與へた。ベートーベンには、音楽家の最も呪ふべき聾さへ與へた。神はヒットラーに一たい何を與へようとしてゐるだらうか」(「雪あかり日記 その五」『文藝』1945年3月号)と書くとともに、戦後も動じることなく、「いつも私がくるとハイルヒットラーと挨拶する人のいゝ爺さんだつた」(「雪あかり日記 その三」『文藝』1945年1月号)といった言葉を生かしている。寛容さを失い硬直化する世間の空気に流されず、冷静に現実を観察し、ものごとの善し悪しを自分で判断する。この谷口の強靭な常識感覚も、本書が今、私に響いてくる要因の一つだと思われる。

《ホテルオークラ》2015 年 8 月 27 日撮影

『建築と日常』編集者日記
よりぬき 2009年8月〜2018年10月

http://d.hatena.ne.jp/richeamateur/

2009-08-03

校了しました。最終チェックのために作った見本。

2009-08-16

nobody がトップページ (http://www.nobodymag.com/) で『建築と日常』の刊行案内を載せてくれた。いつもお世話になります。

こうして直接的にお世話になるだけでなく、おそらく彼らが近くにいなかったら、僕のなかで個人誌を作るという選択肢は浮かんでいなかったと思う。同人誌や個人誌を作っている人たちはそれこそ数え切れないほどいるだろうけど、その完成品を本屋やネットで見ても、そこから自分が作るほうの立場に回るという想像にはなかなか至らない。それは単に僕のやる気がないだけかもしれないけど、やはり実際に自分のそばの人たちが、それぞれの生活と折り合いを付けながら、雑誌を作ることによって獲得できる「なにか」を信頼して活動しているのを眺めていると、よし、自分もがんばろう、というほど直接的、意識的ではないにしても、自分で雑誌を作ってみることにリアリティを感じられているはずなのだ。

2009-09-02

『建築と日常』No.0 には、ホームページでも書いているとおり、2本のインタヴュー記事と17本のアンケート記事がある。しかし雑誌の本体では、そういう内容であることは明記していない。すべての記事を話者・執筆者の氏名の五十音順で並べている。

インタヴュー記事はどちらも力を込めたもので、通常ならば他の記事とは区別するような内容だろう。アンケート記事とは分量も大きく違う。しかし、むしろその分量の違いが大きすぎるため、そしてその2種類しか企画がないため、もしアンケートと区別して掲載したら、アンケートのほうがせせこましく見えてしまうのではないかという危惧があった。アンケート企画というのは、編集者にとって丸投げのお手軽な形式であることは確かだけど、そのことと実際の返答内容の充実とはまったく別問題だ。アンケートという形式をあからさまにまとわせることによって、そのテキストの実質が軽く見られてしまっては、回答者の方々にも申し訳ないし、雑誌の全体としてもよくない。

そんなことを考えていた時に、ふと全体を氏名の五十音順で並べてみたら、最初が伊東豊雄さんで最後が鷲田清一さんになり、かつ途中で香山インタヴューと坂本インタヴューが連続するという、これ以上ないくらいの順番になることに気づいた。この形式を採用することによって、各記事のヒエラルヒーが希薄になり、雑誌全体で統一感を獲得できると思った（逆に2本のインタヴューの個々は、全体に潜り込ませてしまっても問題のない強さがあると考えた）（統一感は、「雑」誌に不可欠なものというわけではないだろうけど、この小さな個人誌の最初の号では必要な気がした）。もし香山インタヴューと坂本インタヴューの間にアンケート記事が1本か2本入っていたらこの形式にはしなかったろうし、あるいは香山インタヴューと坂本インタヴューの順番が逆でも、きっと躊躇していたと思う。欲を言えば、ふたつのインタヴュー記事に至るまでのアンケート記事の数（3本）がもう少しあってもよかったかもしれないけど、それはそれほど気になることでもない。五十音順でいけると思った時は、超越的な力の作用を感じたほどだった。五十音順はとても強い形式だと思うけど、文化的に確立されているからこそ、形式選択の恣意性は薄れ、各記事の内容そのものが前面に見えてきやすいのではないだろうか。

全体にとって各部分が欠かせない存在であるようなあり方を目指すということでは、今回、各ページにページ番号を記していないこともその意図による。記事の実体と無関係な超越的な視点による分割、ナンバリングを避けたということである。といってもこれはなかば戯れの振る舞いで、常にページ番号を排すべきとはまったく考えていない。今回は全体が氏名の五十音順でもあるし、ぎりぎり成立するのではないかと思った。加えて各記事には個別の記事タイトルも付けていないので、おそらくこの『建築と日常』No.0 の全体から部分を分離して抜き出すようなことを考えたら、その手続きは面倒になるだろう。しかし、手続きの面倒だけでなく、内容としても一部を抜粋しにくいような、血の通った関係が形成されてはいないかと期待もしている。

2009-09-11

「どんな雑誌なんですか？」
「えっと、A5で、モノクロの80ページなんですけど」
「えー!? ハードですねー」
「そうでもないですよ。僕ができる範囲でこうなった感じで」
「なんで英語なんですか？」
「やっぱり印刷費の問題と、デザインとか写真とかもあんまり大きくするとボロが出るというか。テキストを大切にしたいというのもありますけど」

2009-09-12

『建築と日常』で「読者ターゲット」のようなものは特に想定していない。人に聞かれてそう答えると、現実を見ていない甘ちゃんだと呆れられていないか心配になる。しかし僕としては現実に目を閉じているつもりはなくて、「ターゲット」を想定したところで内容がよくなることはなく、売上も上がるとは限らないという経験的な認識がある。そもそもこれだけ発行部数が少なければ「ターゲット」もなにも関係ない気がする。

2009-10-09

カフェの隣の席で女子大生が話をしていた。まだ10代の2人組で、ひとりは、高校の時からしている巫女さんのアルバイトが辞めたくても辞められない。これまで受けてきた神様のご加護がなくなってしまうことを恐れているのだという。実際に巫女さんを辞めて病気になったり事故にあったりした例があるらしい。「こういうこと言うと変な人に思われるからあまり言いたくないんだけど」と前置きして彼女は話し始めた。

2009-10-29

いつものように『建築と日常』をエアパッキンでくるんで書店に送ったところ、男性の書店員から電話がかかってきて、運搬中にぶつかったのか、雑誌の角がつぶれてしまっているので、いちばん上の1冊は売り物にならないと言われる夢を見た。

2009-11-05

NHKの「スタジオパークからこんにちは」という番組に、楳図かずおがゲスト出演していた。いろいろと興味深い話はあったのだけど、なかでも豆を食べるのが好きだという話はおもしろかった。例えば肉の場合、けっきょく自分が食べるのはその元の有機体の一部でしかない。自分という有機体の全体のためには、口にするものも有機体の全体であるべきである、だから豆を食べる。そんな話だった。

わけのわからない論理だけど、楳図かずおが言うと妙に納得できてしまう。ということはつまり、その言葉自体も単なる理屈として借りてきたようなものでなく、楳図かずお全体との有機的な統一が保たれているのだ。あえて言えば、楳図作品の有機的な統一（作品世界の自律性）の強さも、同時に彼自身と作品との有機的な統一の強さがあるということだろう。そしてそのような意味で、楳図かずおのあの家も、僕は有機的建築であると言ってしまいたい。

2009-11-11

夜に次号掲載のインタヴュー。最近インタヴューの難しさをこれまで以上に実感している。『建築と日常』を始めて、商業誌での様々な「制約」が外れ（そんなものが元々あったかどうかはともかく）、自分に対して言い訳ができなくなったせいもあるかもしれない。準備段階でも、あらかじめその人の本を読み込んだりして具体的な話題を用意するだけでなく、インタヴューの直前にあらためて資料に触れ、その人の思考の波長に自分をシンクロさせておくようなことも必要だと思うようになった。インタヴューの現場では、基本的に話の底辺を上げるというよりも、最高到達点を上げるようにする。下手な鉄砲も数打ちゃ当たるというつもり。当たらなかったところは編集で削除してしまえばいいのだから。あとで自分のくだらない発言を聞くのは苦痛だし、その部分を削除するのはなんとなく利己的で真実に背くような後ろめたさもあるのだけど、現場ではなりふり構わず相手の言葉が触発されるような言動をし、それをレコーダーに収めるように心がける。とは言うものの、もちろん目の前の人は機械ではないのだから、広い意味での場の秩序を壊してはいけない。相手との波長を合わせながら、その最高到達点をなるべく高いところに運ぶようにする。

と、いかにも分かったようなふうだけど、これが満足に実践できているとはとても言えないわけで、インタヴューを終えた時にはいつも落胆がつきまとう。しかし落ち込んでばかりもいられず、今号の坂本一成インタヴューでは、インタヴューに後付けしていくことの可能性も垣間見てしまった。やるべきことは多い。

2009-11-14

議論が生まれたことに意味がある、というような言葉には大抵の場合うなずけない。確かに客観的に見てその言葉が当てはまる状況は数多くあるだろうけど、実際そうした言葉が発せられるのは客観的な場からではなく、その状況において利害関係がべったりな人の口からのことが多い。それはメタレベルの安全圏に自分を位置づけ、自分のアクションを既成事実

18

にするひとつの論法でしかない。

2009-11-16
私的な知識人というものが存在しないのは、あなたが言葉を書きつけ、それを公表するまさにその瞬間、あなたは公的な世界にはいりこんだことになるからだ。
*エドワード・W・サイード『知識人とは何か』大橋洋一訳、平凡社ライブラリー、p.39
建築雑誌が減り、建築メディアが衰退しているということはよく言われるし、僕もそうだと思う。そんななかで、ある程度まともな雑誌を作れば、その方向性がどうであれ、少なくともメディア的には意味のあるものになるだろうと思っていた。一応は「個人雑誌」ということを前面に出しているけれど、それは読者がこの雑誌を手に取るきっかけとして、物珍しく思われればいいというくらいのつもりであって、特に会社組織に対抗するとか、商業誌と区別するとかは思っていない。逆に言うと、この非力な個人の雑誌であっても、メディアに載せればそれなりにそれぞれの読者個人に影響を与えうる、それは要するにメディアが弱体化しているからだけど、その認識は最低限持ち合わせていると思う。
別に僕の雑誌がとりわけ大きな影響力を持つと思っているわけではなくて、メディアでの振る舞いが多かれ少なかれそうした影響力を持ちうるということは、いっぱしの教育を受け、読書をし、ものを見てきていれば、その自身の経験からの類推によって、無意識的にも考慮せずにはいられないはずだ。私を培ってきたものはなんなのか。個人と世界は確実につながっている。
個人が感じられない雑誌はつまらない、個人が感じられてもつまらない雑誌はつまらない、そしてその取捨選択もまた個人としての読者がする。これは確かに原理的にはその通りなのだけど、だから個人は個人の責任において勝手なことをやっていいというわけではない。とりわけこのナイーヴな状況においては、自身の振る舞いが生むであろう現実の結果にまで、真摯に想像力を働かせなければいけない。自分の行動に責任を持つ、という言い方はすでに傲慢である。そもそも責任などとれるはずがないのである。現実を前にして、責任の所在がどこにあるかは関係ない。

2009-11-20
書店からの返品がどのくらいになるか分からないけど、事務所の在庫は徐々に底が見えてきた。完売も時間の問題だと思う。いま思うともう少し刷っておけばよかった。売れたら売れたでなんとなく残りを手放すのが惜しい気持になってくる。別に僕のところで愛蔵しておきたいということではなくて、在庫がなくなることにより、まだ見ぬあの人の手元に届かなくなることが忍びないという気分。今まで編集してきた本では、完売して増刷もしなかったということはないので、こういう気分は特に感じたことがなかった。結局どれだけの人に読んでもらっていようが、その気分が払拭されることはないのだろうけど。

2009-11-26
喫茶店で次号掲載のインタヴュー原稿をまとめる作業。文章を読み込むにつれ、今号の企画や次号の他の企画と局所的にリンクしていく感触があって、人知れず気分が高揚する。読者がこの感触を追体験するかどうかは分からないけど、こうしたネットワークが密になるのは、雑誌としてとりあえずはよいことだろうと思う。リンクする感覚というのは、時代の先端を切り開くというような、ある方向性のなかで併走する感じではなくて、混沌とする世界（平板な世界でもいいけど）のなかで思想的に響き合う場が結ばれていくような感じ。

2009-11-28
深夜のマクドナルドにノートパソコンを持ち込んで、インタヴューの文字起こしの作業。トイレに立とうとイヤホンを外したとき、ふいに「永遠なんてないんだよ」という、店内に流れるJ-POPの歌詞が耳に入った。これを否定するのは簡単で、「永遠はない」という命題は永遠に成立するのか、という問いを立てればいい。別に永遠はあると言いたいわけではないけどさ。トイレから戻って、また作業を始める。

2009-11-30
明日から12月。12月と2月は思い浮かべると寒い感じがするのに、1月はあまり寒い感じがしない、ということを小さいころ母親に言った記憶がある。例えば子供向けにカレンダーを作るというときの絵は、12月だったらクリスマスやイルミネーション、1月はおせち料理や凧揚げ、2月は節分か「雪」とかになるような気がするけど、小さいころは実際の体験・体感的な冬よりも、そういったメディアのイメージのほうが支配的だったのかもしれない。今は30年生きてきて1月にも十分寒いイメージを持つようになったけど、おそらく子供のころから連続して、12月と2月は夜で、1月は昼間というイメージが強い。

2009-12-09
次号ではあまり全体像を考えないまま企画を立てすぎた感がある。No.0よりもページ数がだいぶ増えてしまいそうだ。インタヴューと対談がほとんどなので、分量を減らそうと思えば編集の段階で多少は減らせるのだけど、そういう選択肢はあまり強く意識に上ってこない。せっかく話してもらったのだし、なるべく情報量を多くしたいという気持ちがあるのと同時に、談話系の文章を削っていくと、その有機的な統一が崩れてしまいそうな気がする。例えば単なる情報として見たら前後で重複しているような部分でも、その反復にはきっと意味があるはずで、だからといってそのまま残せばいいというわけでもないけれど、その状態でこそ窺える実質は、原稿の整理後も、文章の構成や言い回し、口調の操作などによって再現を試みる必要があるかもしれない。そもそも言い回しや口調といったもの自体も話のヴォリュームに合った様態があると思うので、ヴォリュームを変更するにはそれらも合わせて検討しないといけないような気がする。もちろん音声を文字に起こした段階がベストであるはずはないのだけど、ある理想的なヴォリューム以下にしようと思うと色んなところで歪みが生まれて、それに対応しないといけなくなる。とはいえ歪みに対応しようとして、むしろよりよい状態になることもあるだろう。

2009-12-17
新しいレーザープリンタを使うと、その瞬間、部屋の照明が少しだけ暗くなる。空間の一体感。

2009-12-24
たしか小学校2年か3年のころだったと思うけれど、父親に「サンタさんは23日の夜に来るんだよ」ともっともらしく語ったことがある。べつに嘘をついたわけではない。実際その年サンタクロースは、12月23日の真夜中に僕の枕元へ現れたのだから。

2009-12-25
昨日の日記はちょうど6年前に書いたものなのだけど、やっぱり6年も経つと、こんな文章でさえ節々に違和感がある。またしばらく経てば前後の日記に紛れてしまうのかもしれないけど。

2009-12-26
1950〜70年代の雑誌記事でいくつか年内に確認しておきたいものがあって、東工大の図書館へ出かけた。近所の区立図書館には最近のバックナンバーしかないので、母校の存在がありがたい（別に卒業生でなくても利用できるのだが）。しかし在学中は主に戦前のことを調べていたので、そこまでの古い史料はない母校の図書館はほとんど使えなかった。調べものは田町の建築学会の図書館に行くことが多かったのだけど、あそこはコピー代がやたらと高いから、インターネットで検索して目当ての史料が他の大学にある場合は、なるべくそちらに足を運ぶようにしていた。東大はやはりそれなりに充実しているのだが、僕のもうひとつの母校である明治大学も、堀口捨己の恩恵なのか、比較的古いものも揃っていた。近場の武蔵工大も、蔵田周忠の恩恵と思うけど、ある程度の所蔵があり、図書館は一般にも開放されていたので、たまに研究室から自転車で行って利用していた。僕が手に取っていたのはだいたい70年くらい前の史料だったけど、同じ年代の雑誌でも学会や東大のものはだいぶ年季が入っているのに対し、明治や武蔵工大のものは割ときれいな状態だった。歴史の蓄積が感じられるボロボロの雑誌よりも、これまで開かれた形跡がほとんどないような雑誌のほうが、堀口なり蔵田なりその時代に直接手を触れるような感じがあって好ましかったのを覚えている。

2010-01-05
これまでしばしば建築と別の表現ジャンルとを接触させるような企画を立ててきたけど、それは建築を触発させるとか新たな領域を切り開くとかいうよりは、いくらか保守的な意味で、(誌面上の)建築を相対化させたいというニュアンスのほうが正確な気がする。つまり、建築が最も大事なわけではなくて、写真なり文学なり映画なり、すべての表現形式を包含する「何か」こそ大事であるのだと。その「何か」は、一方で、建築にしろ写真にしろ文学にしろ映画にしろ、それぞれのジャンルの作品単体にも含まれうるはずで、その作品に触れることで一挙に実感されるものでもあるだろう。しかし、それを作品そのものでなく雑誌などのメディアで二次的に扱おうとすると、それが属するジャンルの枠組みが絶対的なもののように立ち現れてきて、閉じた印象が生まれてしまいがちな気がする。「本当は閉じていない」という言説を素朴に付け足したところで、それ自体がそのジャンルの紋切り型として回収されてしまうような。そういう時に、既存とされる複数のジャンルを接触させ、ジャンルを超えた感覚の存在を示唆することは、「何か」を示すひとつの有効な手だてではないかと思う。

2010-01-11
気づけば公開座談会まであと1週間。観覧募集も締め切られていた。あらためて考えてみると、これまで3人の鼎談というのは何度か企画したことがあったものの、4人以上の座談は初めてなのだった。それはおそらく4人以上の座談が適切である状況にめぐり

会わなかったということだけど、その前提として、4人以上の人がそれぞれ必然性を持って集まって、そこで充実した議論が展開されるのは、なかなか簡単ではないという認識がある。

出版社を辞めてしばらくぼんやりしていたころ、編集者の勘を鈍らせないためになにか編集企画を立ち上げようと思い立ち、その一心で、生まれて初めて合コンを企画した。慣れない分野なので、基本的な情報を得るためネットで検索してみたところ、「合コンは3対3がベスト」という説を知った。それ以上の人数になると会話がふたつに分かれて、その場の一体的な盛り上がりが損なわれてしまうのだという。結局そのときの合コンは4対4になったのだけど、確かに指摘される現象が起こっていた。合コンの場合のその良し悪しはともかく、似たような構造的変化は座談会でも言えそうで、3人から4人になると、その場の密度が落ちてしまう確率が急に高くなるような感覚がある。

そうした認識がありながら、今回の企画は思いついた最初からあの4人の方にお願いするものとしてあったし、ここで誰か抜けるとか誰かと入れ替わるとかは非常に考えづらい。ともかく場の熱を維持するためには僕がある程度でしゃばって、すこし強引でも議論の枠組みを提示するべきかと思う。その枠組みに対する異論や反発も含めて、議論を活性化する装置となるのはどんなものか、4氏と相談しながら考えている。

2010-01-12

次号の特集テーマは「物語の建築」だけど、今度の座談会では「物語」という言葉を使うと話がややこしくなりそうなので、タイトルも「個人と世界をつなぐ建築」にした。いま一般に「物語的」というと、個人の主観に閉じているというようなネガティヴなニュアンスがある。しかし神話や民話を考えてみれば明らかなように、本来物語は個人と世界のあいだにあって、両者をつなぐようなものである。それは他者の経験を経験する場とも言えるかもしれない。このような物語の質は建築の本質にも通じ、今日の建築に示唆を与えるものではないか、というつもりの特集テーマなのだけど、No.0でも伊東さんの文章では個人と社会との関係が問題にされていたし、坂本先生へのインタヴューでも個人と世界という問題意識は持っていた。だから、特集全体としてもそうなのだけど、この座談会は前号（建築にしかできないこと）からの問題を展開させるものとして考えている。

中山さんと長谷川さんの建築を物語や個人／世界という文脈で考えてみると、まず中山さんの建築は、一般的にもいわゆる「物語的」と言われやすいものだろう。その理由のひとつは、スケッチを多用したプレゼンテーションにあると思う。単純に絵柄がいかにもカワイイというのも「物語的」だろうけど、そもそもスケッチは個人の身体性が大きく反映されるし、そこでは家具や小物の置かれ方とか、ある動きを持った登場人物まで描き込まれるので、中山さん個人の物語性が強く感じられる。しかし、たぶん中山さん本人はいわゆる「個人的な表現」を恥ずかしいと思う人で、そこのねじれが面白いのだけど、こうした私的であるはずの物語のシーンを重ね合わせていくことで、逆にその物語に乗らなくても体験として成立するような、建築の強度が目指されている。この辺の回路は僕もしっかり把握できていないので、公の場であ

らためて聞いてみたい。

一方、長谷川さんの物語性は、その建築的装置に指摘できると思う。長谷川さんの住宅は、1mの高さのコンクリートの庭だったり（狛江の住宅）、建物をふたつに隔てる路地だったり（五反田の住宅）、建物の真ん中にある大きな机だったり（桜台の住宅）、それぞれが分かりやすい仕掛けを持っていて、その仕掛けがつくる物語に乗ることで、豊かな体験がもたらされる。特筆すべきはその物語の共有のしやすさだ。ふつう建築的装置というものは、生活の層に偏れば通俗的になるし、建築のメディア（批評性）の層に偏れば形式的で皮肉っぽくもなってしまう。しかし長谷川さんの物語はどちらの層の住人に対しても開かれているし、言い方を換えれば両方の層を重ね合わせているように見える。

お二方がこういう捉え方に対してどう思うかは定かでないけれど、とりあえずこういった視点でそれぞれの建築に物語性の可能性を見出しておきたいと思う。

2010-01-22

ここ数日、立て続けに街中で人違いをした。どちらもそれぞれの街を活動拠点にしている知り合いと間違えたのだけど、僕がその時その街を歩いていた理由とは関係ない人たちだし、彼らのことを思い浮かべて歩いていたわけでもない。でもやっぱりそれぞれの街だからこそ、それぞれの人たちが現れたのだと思う。

2010-02-05

版元完売と記事のネット公開のお知らせをBccで大勢に送ったところ、何人かの方にお祝いの言葉などを返信していただいた。ミラノで設計の仕事をしている大学時代の同級生からも返事があって、ちょうどいま友人に薦められて借りた雑誌が手元にあるのだという。聞けばその同級生の友人は、日本にいるとき横浜の有隣堂で平積みにされていた『建築と日常』を目にし、表紙の写真に惹かれて1冊買い求めたらしい。有隣堂には去年の11月2日 2009-11-02 に10冊納品している。ということは、8月に印刷所から僕の部屋に届けられ、2ヶ月ほど玄関脇に置かれたのち、僕が手に取り梱包して書店に送った10冊の雑誌のうちの1冊が、いまミラノの同級生の手元にあることになる。

2010-03-14

夕方からカフェで原稿を書こうと思って、出かけるまえにトイレに入ったら、隣の大家さんの部屋から大相撲中継のテレビの音が聞こえてきた。この部屋は断熱性能の悪さに比べて防音性能はよく、隣室の音はトイレでしか聞こえない。なにを言っているのかは聞き取れなくても、それが大相撲中継だということはわかる。そうか今日は初日だったかというわけで、出かけるのを少し延ばすことにして、テレビをつけた。

2010-03-19

よいアイデアは往々にして机に向かっているときひねり出されるのではなく、トイレに立ったり、シャワーを浴びたり、道を歩いたりしているとき不意に浮かんでくる。カフェで原稿を書いていて異様にトイレが近いのは、そのことを身体が把握しているということかもしれない。

2010-03-23

当然のことながら中島敦と比べるまでもなく、漢字が書けない。このところ特にひどい。長い文章をいきなりパソコンで書くことができないので、まずは手書き

でラフに書いてみるのだけど、そうすると書けない漢字はとりあえず平仮名で書いておくことになる。そのときどうも損をした気になる。パソコンで清書するときに変換すればいいやという問題ではない。もしそこでその漢字を書くことができれば、単にその字が紙の上に現れるというだけでなく、その字が含むその字以上のなにかを、文章を書いている自分のなかに召喚できるのではないか。それによって次に書かれる一文がより豊かさを増すのではないか。そんなふうに思う。

2010-04-19

すこしまえから水道水を飲むようになったとある人に言ったところ、えー、タンクのなかにカラスの死骸とか入ってたりしたら嫌じゃんと言われた。

2010-04-20

写真家の大辻清司さんは生前ずっと、朝寝て昼すぎに起きるという生活だったらしい。そういったお話を今度の特集で奥さんにうかがった。僕も最近あまり午前中の予定というのがなく、夜型の生活になっている。夜中にしんとした部屋でそのレイアウトの作業をしたりしていると、なんとなく親近感というか、大辻さんと共闘関係にあるような気がしてくる。

2010-04-22

学生時代の先生に雑誌について色々とご意見をいただいた。そのなかで、自分が共感する人だけでなく、もっと異種の思想や活動を取り入れていったほうがいいというアドバイスがあった。仰るとおり、『建築と日常』は個人誌にせよ他者性に欠けているような気がする。編集者の顔が見えない雑誌はつまらないけど、個人のリニアな思考に規定されていても、「雑誌」の文字が示すような多様性を許容するあり方にはなりにくいかもしれない。さらには媒体として持続しづらいかもしれない。とはいえ『建築と日常』である種の「他者」を抱え込むのは、雑誌のヴォリュームや刊行ペースからして難しいようにも思う。普通にやれば「他者」の存在が大きくなりすぎて、雑誌の輪郭がぼやけてしまう。そうした全体を無理に統制しようとすれば、結局「他者」を飼い慣らすようなことにもなるだろうし、現実的にその人に失礼にもなる。

2010-04-25

次次号で協力をお願いしたい人の興味を引くように次号を組み立てる。それは功利的・近視眼的なようでいて、意外と雑誌に力をみなぎらせる有効な方法ではないかという気がした。

2010-06-30

『建築と日常』の企画で主として用いているインタヴューという形式は、引っ込み思案な編集者の足をすくませるのに足りるものがある。インタヴューにのぞむには当然先方の著作になるべく多く目を通しておかないといけないが、しかしその目を通したという事実に慢心すると、むしろインタヴューのなかで相手の発した言葉に対する自分の反射神経や話題の先取りの運動に快感を覚え、話は既知の範囲を出ず、結局あとから読み直したとき自分の慢心ばかりが目に着くような文章になってしまいかねない。著作に目を通し、その言葉のそれぞれとそれらの組み立てられ方を把握しつつ、重心はあくまでこちら側に保っておかないといけない、そのためには自分に重しとなるものがないといけない、というようなことを考え始めると、インタヴューの準備は「インタヴューの準備」ではとても追いつかないような気がしてくる。

2010-07-04

ツイッターに対しての違和感を強くする例。

　数日前、文章を書くことを主な仕事としているある人が、「信じられないニュースをうけとり、すごいショックです。」とつぶやいた（「すごい」という形容詞の誤用は、おそらくそれが意図的であるゆえに下品きわまりない）。それに続くいくつかのつぶやきで、僕は直感的に、だれか死んだんだなと思った。実際それは確かだったようだから、やはりそのつぶやきは、それを目にした人にそう思わせるような雰囲気を漂わせていたのだろう。しかしその時点ではまだはっきりしたことはわからない。事実は書かれない。僕はその人と交友範囲がすこし重なるので、それらのつぶやきによって、年齢が高いほうの人から順番に何人かの死を思い浮かべてしまった。「信じられないニュース」ということは逆にそこまでの高齢者ではないのだろうなとか、想像力を働かせて、そのつぶやきと符合するような何人かを想像のなかで殺してしまったわけだ。

　ツイッターでは短いテキストをネットに投稿することを「つぶやく」と言うけれど、僕は身近な人が死んだ直後、その死の事実を伝えることをしないまま、「本当に動揺しています。」といった、なにかを匂わせる文章を公に発表する気にはならないと思う。本当に動揺して、なにかをつぶやいてしまうことはあるかもしれないけど、それはあくまで辞書に載っている意味での「つぶやき」であり、パソコンや携帯電話のアプリケーションを起ち上げ、文字を打ち込み変換し確定する「つぶやき」ではない。今のところ僕の身体性においては、このふたつの「つぶやき」のあいだには深い溝がある。

　一連の「つぶやき」のなかに「大きな、大きな翼をもがれた。」という言葉があった。これは僕は辞書に載っているほうの「つぶやき」であっても、決して発しない言葉だと思う。例えば「胸が張り裂けそう」や「頭が真っ白になった」ならば、比喩としてもまだ可能性はあるかもしれない。しかし、「大きな、大きな翼をもがれた。」は内的な実感を決して持ちえない。いつだったか保坂さんが、小林秀雄の「モーツアルトのかなしみは疾走する、涙は追いつかない」という言葉に対して、音楽を聴いてそのような言葉を書く必要を感じたことは一度もないという批判をしていたけれど、小林秀雄の表現方法はともかく、「大きな、大きな翼をもがれた。」は友人の死に際して、「リアル」なメディアであると一般的に認識されているツイッターで、文章を書くことを主な仕事にしている人が発表した言葉なのだ。これはその人のリテラシーの驚くべき低さ以前に、恥や倫理が問われる行為であるに違いない。

　さて、以上はあまりに極端な例としても、ツイッターというのは、多かれ少なかれ人間のこうした醜い面を増幅させ顕在させる機能を持った装置だと思う。自身の知識を、知性を、行為を、自己顕示のために「もの化」し、既成事実として存在させる。もちろんブログも含めて、昨今の音声配信、映像配信など、インターネットを介した装置にはこうした質が備わっているだろう。「書く」ことのはしたなさ、それに対するためらいを感じないくらいの人にも平等に、「書く」機会が与えられる。

　ここからはもう少し具体的、専門的な状況をイメージしての話だけど、ツイッターに限らず、そういった無

責任な（害のある）「既成事実」に対して有効な批判をするのは難しい。批判をすることさえ過大評価になってしまうようなシステムに、それらの「既成事実」は位置づけられている。「語るに値しない」と言い切れれば気楽なのだけど、最近僕も歳を取ってきたせいか、どうも野放しにしておくわけにもいかないのではないかと思えてならない。プラグマティックに対処法を考えれば、個々の「既成事実」と同じレベルに立った批判を差し向けるのではなく、その「既成事実」が成立している構造を相対化し、いかに批評的に振る舞うか、そういったレトリックが必要とされるように思う。

2010-07-10

昨夜は帰り道、激しい雨に降られてしまった。大惨事。このまえ坂本先生との打ち合わせのあと、次号の大惨事特集の企画書（未完）を見ていただいたところ、その「ゲリラ豪雨」の話になった。昔は梅雨というのは雨がしとしと降り続けるものだった、と。ちょっとうろ覚え（失礼）なのでもしかしたら数字は違っているかもしれないけど、一般的には1時間に50ミリの雨量を想定して雨樋などの寸法を決めるところ、坂本先生は親切設計なので、倍の100ミリでも対応できるよう設計してきたのだという。しかし、最近の豪雨ではそれでも追いつかないかもしれないという話。とてもプラクティカルな話ではあるけど、そういう地球規模のことと建築の歴史のなかで匿名的な経験の蓄積によって決まってきたディテールや寸法と、その両者の微妙な関係に人間の日常における「大惨事」が依存している、というのはあらためて考えてみると非常に興味深いことのように思われた。

2010-07-11

坂本先生の豪雨の話に対して、僕は便器の話をした。何年か前に、便器に熱湯をかけると汚れがよく落ちるという情報が昼間のテレビ番組で紹介され、それを試した人たちのうちのどれだけの人数かわからないが、それで便器が割れてしまったらしい。これは「大惨事」ですよ、という話を坂本先生にした。つまり、メディアが流すリアリティのまるでない情報を信じ、日常のなかで最もリアルな空間であるだろう自宅の、なかでもある意味で最もリアルな空間かもしれないトイレの便器を自らの手で割ってしまうこと。便器が割れるというのは、おそらく窓ガラスが割れるのとは比べものにならない精神的なダメージがあるだろう。便器の日常性、身体性、硬質なイメージ、それは建築のある側面が凝縮されたモデルとして捉えられるかもしれない。

2010-08-02

『建築と日常』のデザインについては、当然もっと質を上げないといけないと強く思う反面、このあり方自体を崩す必要はないとも考えている。身の丈に合っているというか、個人雑誌として有機的な統一を形成しているという認識があって、例えばもしだれか善意の人から『建築と日常』のデザインを無償でそこそこ整ったものにしてくれるという申し出を受けても、たぶん断ると思う。以前ある建築家に、中身はいいのにデザインで損してもったいないということを言われたけど、それを聞いて、その人のつくる建築はどんなものなのだろうかと、ジャンル間の交通の問題として興味を持った。この「有機的な統一」ということは、世界のなかでの現れ方として、建築にとっても重要なことだと思うのだけど。

2010-08-09

なにかの創作物に触れたときの「鳥肌が立った」という言葉は、一般的には理性や観念を超越した、より本質的な体験を享受したということを意味して使われていそうだけど、僕自身の経験としては、鳥肌が立つようなものは意外とたいしたものではないというか、鳥肌立っちゃったりしてちょっと恥ずかしいというか、なんとなくそう判断される場合が多いと思った。

2010-08-27

何年か前から qp さんという人の活動をネット上で見ている。イラストやコラージュ、CG も、写真も文章も動画も、メディアをまたがって1人の人がつくったものという感じがとてもする。逆に言えば、それぞれの作品はきちんとした根を持ち、その根が同じところから伸びている。そういうあり方は、作り手のほうはどう認識するのか分からないけど（乗り越えるべきもの？）、こちらとしては信用できる。もちろんそれだけではなくて、その作品の質におそらく個人的に惹かれるから日々更新されるものを見ているわけだけど。しかしその質を言語化するのは簡単なようでいろいろと難しい。

2010-09-09

資生堂ギャラリーで「石上純也展　建築はどこまで小さく、あるいは、どこまで大きくひろがっていくのだろうか？」を観た。石上さんの建築は正しく抽象的と言っていいと思うけど、同時に物語の感触が強くある。いくつかのプロジェクトからは『ドラゴンボール』の世界が思い浮かんだ。もちろん建築の専門家としてもっと細かい日常性を扱う手つきはあるにしても、カプセルハウスやカメハウス、ホワイト将軍のマッスルタワーとか、カリン塔、界王星、精神と時の部屋、あるいはもっとマクロに、神龍が出て世界が暗くなるとか、ひとつの街が一瞬で吹き飛んでしまう感じとか。『ドラゴンボール』にいろんな亜流があったり、石上さんの建築がいわゆるホワイトキューブに類するようなものであったりするなかで、それらを他と隔てているのは、それが借りてきた形式を用いているのではなく、作者の実感から生まれているという点だろう。ドラゴンボール世代ではある石上さんが実際に『ドラゴンボール』を読んでいたかどうかは知らないけど、そうした自身の人生の経験が作品ににじみ出ている感じがする。それが正しく抽象的と言ったことにもつながるかもしれない。

2010-09-12

これまでの『建築と日常』の執筆陣は、あらためて自分で目次を眺めてみてもビッグネームばかりだなと思う。もちろんそのことによって色んな人にこの雑誌を手にとってもらえる可能性が広がるということは考えているけれど、かといって単にネームバリューのためだけにそれぞれの人に依頼しているわけでもない。ビッグネームが集中することの大きな理由は、あまりに当然ながら、やはり名のある人はその活動が魅力的なのであり、魅力的であるからこそそのビッグネームなのである。だからいま現に自分がつくっているものの質を上げようとしたとき、そういった人たちの協力を仰ごうとするのはそれなりに自然なことだと思う。

　一方で、「著者を育てる」という言い方がある。しかしいまの僕の状況からしても、というか人生全般において自分の力を尽くしてなにかに貢献しようという意識は薄いほうだけど、若い書き手を育てて建築界

の未来をつくっていこうという積極的な気持ちはあまりない。「著者を育てる」ということは、裏を返せばその仕事を習作にするという意味を含んでいる。やはり実際に書く場が与えられてこそ真剣に書く気になるというのは僕も自分で体験しているし、あるいは編集者として無名の著者を発掘する快感や、彼らに場を与えて業界に貢献するという満足感ももちろん理解できるけど、それを必要以上にやると却って業界内でさらに閉じたサークルを形成することにもなりかねない。それだったら先のことはともかくとして、現時点でできる限りいいものをつくるという方向性のほうに今のところはリアリティを感じる。まあそれほど厳密に考えているわけではないけど、大まかなスタンスとしては。

2010-09-13
昨日の日記を読み直してみて気づいたけど、ふつう「著者を育てる」と言ったときの一番の目的は、その育てたぶんを後々十二分に取り返させてもらうというのが、別にやましいことでもなんでもなく当たり前なのだろう。業界の未来云々ということを言ってみたりするほうが、むしろどこかしら不健全かもしれない。自省。

2010-09-20
ティム・バートンの『ビッグ・フィッシュ』(2003)について話ながら、けっきょく確かなものなんて何もないという前提を示しつつ、それでも確からしさを感じさせる物語が好きなんですよね、ということを言う。

2010-10-20
会社員時代は夜中に泊まり込みで仕事をしていたりすると、その多忙さをアピールする意味を込めて、それほどの必要性もないのにさりげなく原稿を催促するメールを送ったりしたものだった。しかしいまは決められた業務時間がないので、たとえ夜中に同様のメールを送ったとしても、単に夜型なだけだと判断されかねない。むしろそんな時間にメールを送って嫌らしく思われたり、あるいは心配されたりするのを気にかけるようになった。

2010-10-28
区立の図書館は近いのと貸出ができるので便利なのだけど、本はそれほど体系的に収集されているわけではない。しかし棚を端から眺めていって、その意外な蔵書の展開がささやかにおもしろかったりする。本屋ならばお店の規模の大小で、ある本はある、ない本はない、ということになるし、個人の本棚ならばそこになにかしらの流れを見いだすことになるだろうけど、それらとは違うコラージュ的なダイナミズム。

2010-11-08
ギンザ・グラフィック・ギャラリーで「服部一成二千十年十一月」展を観た。レトリカルな手つきとそのバランス感覚に目を見張る。すでに知っているものの親密さと、そこからのずらしによる開放感、新しさ。部分の遍在と、それらの秩序。同名のどなたかのことを言っているみたいだけど。

2010-11-09
しばしばネット上では、その「批評」が匿名であるか記名であるかが重要な問題として語られるけど、書き手が自分の名前を出すかどうかよりも本当に重要なのは、むしろ「批評」の対象となるものが匿名（的）かどうか、つまり匿名（的）であるときにそれについて書けるかどうか（あるいはそれを匿名的なものとして書けるかどうか）なのだ、ということをある人が以前に言っていて、それは確かにその通りだと思う。

2010-11-12
「問題ない」と「申し分ない」は意味的にはほとんど同じでも、それぞれの言葉によって相手が受ける印象はけっこう違う気がする。最近は可能な限り「申し分ない」を使うようにしている。

2010-11-25
『建築と日常』No.2は正直に言ってほとんどなにも進んでいない。これは単に2冊の本の作業に追われているというだけでなく、僕の生来の引っ込み思案なところというか、No.1のあとに半端なものを出せないという気持ちもそれなりに影響していると思う。予告した「大惨事」という特集テーマも難しい。そのときの意図としては、No.1で「物語の建築」をテーマにしつつ「個人と世界をつなぐ」という建築の性質を問題にしたので、その同じ構図を視点を変えて考えてみるつもりだった。つまり、建築は人間によって意識的につくられるものだけれど、一旦つくられてしまえば基本的に日常において無意識のなかに沈む。そのとき建築は人間に対し、ほとんど「世界」として現象していると言える。しかしそこで「大惨事」が起きれば、その安定していた関係は崩れ、建築を媒介とした個人と世界の構図が否応なく浮かび上がる。そんなストーリーを考えていたのだけど、ここでの「大惨事」とは必ずしも災害などによる建築の物理的な崩壊だけでなく、たとえば社会システムや家族関係、婚姻関係のレベル、あるいは個人の精神のレベルなど、いろいろ考えられる。そのほうが内容に広がりがでるだろうけど、いかんせん具体的になにを取り上げるのかのストックが乏しかった。こういうのは特集テーマを決めて刊行日を決めてから見つけようとしても企画に力がこもらない（ような気がする）。

2010-11-26
すこし前から隣で家を新築している。今日の午前中も、なにかを切っているのか知らないが、機械音も混じった甲高い音があたりに響いていた。鳴ってはやみ鳴ってはやみの繰り返し。やんでいる時に向かいの家の住人が、現場の職人に文句をつける声が聞こえてきた。赤ん坊が寝付かないのでもうすこし小さくできないかと話している。声からするとお婆さんが孫のことを言っているようだった。職人はいちおうすまなそうに、多少離れた場所で作業するとは答えていたが、しばらくするとまた同じ甲高い音が響き始めた。こういう状況はつらいなと思う。働くというのはこういうことだとも思う。

2010-11-27
鉄道に渋滞はないと言われるけど、たまに朝早く出かけてラッシュの時間帯に重なると、電車の本数が多くて徐行運転になっていることがある。前の電車に追いつかないように、後ろの電車に追いつかれないように、最大効率で運行する。急いでいる場合には苛立つこともあるけれど、都市の動脈というか、都心にどんどん人間を送り込んでいるという想像的な力動感が、ある種の魅力としても感じられる。

2010-11-28
駅へと続く広い通りの上には首都高が走っていて、そこに乗ろうとスロープを駆け上がっていく車を脇に見ながら毎日歩いている。スロープ部分の制限速度がどうなっているのか知らないけれど、どの車もそこに差しかかると決まってスピードを上げる。その加速度は普通の道ではあまり見ないようなものだから、風

景は日常的な都市スケールをほんの少し逸脱した不思議なものになる。ドライバーのほうも、周りに歩行者や一般道を走る車があるなかでアクセルを踏み込むとき、似たような感覚を得ているのかもしれない。それは免許を持っていない僕にはわからない。

2010-11-29
YouTubeでファミコン版「熱血高校ドッジボール部」(1988)と「ダウンタウン熱血物語」(1989)のゲーム映像にしばらく見入ってしまった。無機質で情報量が少なく、作品としての質もどうなんだというのはあるかもしれないが、やっぱり記憶が詰まっている（こういった感情を抱かせるという意味で、初期のゲームと最近のゲームに違いがあるのかはわからない）。例えば砂浜で城を作ったとか、山でカブト虫を捕ったというような「自然」に比べて、テレビゲームは明らかに幅が狭く底が浅いから、むしろダイレクトに記憶が甦ってくるのかもしれない。「技」を出すボタン操作の微妙なタイミングは今でも身体化されているような気がする。ただそのゲームのためだけのコンマ数秒／数ミリの動きが、これだけの年月維持されているというのは驚くべきことではないだろうか（それもきっと僕だけの話ではない）。きちんと維持されているかどうか確認することはできないけれど。

2010-12-01
チューブの歯磨き粉はなくなりそうだなと思ってからが意外に長いけど、米びつの米は気づくと間もなくなくなってしまう。

2010-12-02
「誤解を恐れずに言えば～」という言い方にはどうも引っかかる。そう言っておきさえすればそれで済んだものという気分が察せられる。言ったもの勝ち。はなから誤解の存在を恐れていない。

2010-12-04
日焼けした背中を掻くと皮が剥けてぼろぼろ落ちる。そういう夢を見た。なぜ見たか原因があるとすれば、それは一昨日ふと思い立ってした腕立て腹筋で、ひさびさに筋肉痛になっていたことだと思う。身体的な記憶による連想。

2010-12-05
雑誌が駄目だとかジャーナリズムが無いだとかの苦言を呈している人のなかには、もし世の中に優秀な編集者しかいなくなったら自分に仕事の依頼が来なくなるという可能性を認識していない人もいるように思える。

2010-12-08
僕の倍の年齢の人は、僕が生まれたとき今の僕と同い年だったのだなと思った。

2010-12-09
部屋にいて通りの話し声が聞こえる。昨日は隣のお婆さんが遊びに来た友だちを見送っていた。帰り道を歩きだしてしばらく行った友だちが、「コート忘れちゃった！」と声をあげて小走りに戻ってきた。今日、隣のお婆さんはまた別の誰かを見送りながら、「昨日は～さんがコートを忘れちゃって」と言っていた。

2010-12-10
幼稚園に入るまえかそれくらい小さいころ、自分の背の高さがよく分からなかった。子どもだから小さいはずなのだというのはなんとなく知っていた。けれども自分の視界のなかには大人の人の頭のてっぺんもあって、それが見えるということは、自分の目の位置

よりも下にあるからではないのか、そんな疑問を持っていた。しかしそれにしては歩道橋も目線より下にあるのに、歩いていっても頭をぶつけることなく潜り抜けられてしまう。要するに、見上げているという視線の角度への意識がなかった。もちろんその疑問は程なく解消されたけど、案外そういうふうに世界を認識する癖は、それ以降もずっと僕のなかに残っているかもしれない。

2010-12-16

インタビューや対談、座談会を原稿にまとめるときは、音声から起こした文字を1枚の紙になるべく詰め込んでプリントアウトし、そこに修正の赤字を入れていく（文字起こしは純粋に文字起こしとして独立させるのが望ましい）。A3用紙に8ポイントの文字を4段組にして、だいたい8000字は入るだろうか。もとの言葉の雰囲気が失われてしまうので、一度にあまりたくさんの変更はせず、レーザープリンタで頻繁に出力しながら少しずつ整えていくのがいいと思う。設備的に自宅ではなかなかできない作業になる。誰に教わったわけでもないし、周りを見てそうやっている人もいないから、それほど合理的な方法ではないのかもしれないけど、これだと自ら文章に分け入ってそれを認識するだけでなく、上空飛行的な目線でヴォリュームや各話題の位置関係を視覚的に把握することができる。上空飛行的な目線でまとめられた文章が、ふたたび読者のまえに生々しく立ち現れ、よりよい読書体験をもたらすどうかは確証できないけど、少なくとも僕がふだん扱うような原稿では有効な手段だと思う。以下、岡田利規さんの談話。

> あのキチンと喋らない台詞、要領を得ない台詞を書くきっかけのひとつが、テープ起こしのアルバイトをやっていた経験にあるのは明らかです。（中略）このテープ起こしが、ものすごく面倒くさいのですが、それと同じくらい面白い。というのも、一字一字、全部忠実に文字に起こしても、何を言ってるのか全然分からないんですね。でも、言葉ではっきりとは言っていないのに、話全体からは、その人が何を言おうとしているのかは分かる。そのことにビックリした経験は大きい。（中略）世の中の人が会話している、あの要領を得ない喋り方を再現し、その要領を得ないものの中に含まれていることを表現するのが、僕のやりたいと思っていることのひとつです。

* http://www.performingarts.jp/J/art_interview/0510/1.html

2010-12-19

今日読み始めた本のなかに、「絵画と彫刻とは有機的に建築と一体だったが、それは、建築が諸建物の仕える社会的目的と一体だったのと同じである」（ジョン・デューイ『経験としての芸術』河村望訳、人間の科学社、p.14）という一文があって、その明快な言い切りに膝を打つ思いだった。かつて絵画も彫刻も建築のなかにあった、ということが建築の分野でも美術の分野でもよく示唆的に言われるけど、その時の建築の優越を主張したり、美術の凋落を嘆いたりする口ぶりになんとなく違和感があった。建築も決して自律的ではなく「建築以外」のなかにあったわけだから、そこで小さな芸術のヒエラルヒーを取り沙汰していることに自覚的でないといけない。おそらく両者の関係は手と爪のようなもので、爪が手に従属しているかというとそうでもない、ということに近いのではないかと思う。

2010-12-24

連休中は自宅でインタヴューの文字起こしをしていた。建築を見るときでも、スケッチをすることによって、見ていたつもりのディテールやプロポーションが初めて見えてくると言われたりするけど、インタヴューもそれを文字にして初めて見えてくることがある。今回の話者の場合、「例えば」「やっぱり」「あるいは」「と思う」などを多く使ったり、語尾をいつも曖昧にしたりと、語っている「内容」とは別に、そのあり方をマイルドにするような志向が見られた。それはほとんど無意識的なもので、こちらも話を聞いているだけではなかなか気づきにくいけれど、その人の印象を決めるのは案外そういう部分なのかもしれない。ただ、原稿をまとめるに当たって、その部分を残すかどうかはまた判断が必要になる。つまり、それがたとえその人の真実を示すもの、テキストの「内容」を左右するものだったとしても、インタヴュー時の物腰やイントネーションや声質などの要素を捨象した文字だけで、その役割を全うできるかを考えないといけない。

2010-12-26

マクドナルドで「ソフトツイスト」を注文して、おそらく社員用であるだろう制服を着た40代くらいの女性店員に、「ソフトクリームお待たせしました」と差し出された時のささやかな感動を書きたいのだけど、その感動も、ささやかさも、文章にするのが難しい。

2010-12-27

左手の人差し指にトゲが刺さった。もし僕が左利きだったらペンや箸を持つときに痛そうな位置だけど、もし僕が左利きだったらトゲは右手に刺さっていたのかもしれない。

2010-12-28

コピーライトの © マークを表記することになんとなく抵抗がある。それを感じるのはたいてい写真の場合だけど、撮影者名を載せるのはいいにしても（それさえ大げさに感じられることもある）、その名前に © を付けて著作権者名の体裁を取れば、厳密に言ってむしろ撮影者（著作者）であることを示す意味は消えるわけで、そうしてまでなお権利を主張している感じが目についてしまう。日本の法律ではそれを表記していようがいまいが著作権は守られることになっているのだし。

2010-12-31

日差しがだいぶ傾いてから近所の海岸まで散歩した。あらためて陸と海の際という地形がおもしろい。子どものころからよく知っている場所だけど、むかしは景色として俯瞰的に対象化する視点がなかった。写真で見ると体験や体験的記憶から切り離され、地形の印象はいっそう強くなる。

2011-03-16

先週の土曜にこれはいよいよまずいなと思って避難用の荷物をまとめようとしたとき、1冊だけ鞄に入れた文庫本が内田百閒の『東京焼盡』（中公文庫）だった。もうすこし落ち着いて考えれば別の本になったかもしれないけど、その縁起でもない名前の本がとりあえずなにかの足しになるのではないかと思ったのだった。太平洋戦争中の東京での日記。

○ナゼ疎開シナカツタト云フニ行ク所モ無カツタシ又逃ゲ出スト云フ気持ガイヤダツタカラ動カナカツタ
○何ヲスルカ見テキテ見届ケテヤラウト云フ気モアツタ

結局その避難用の荷物はまだまとめられていないのだけど、今日の昼間に本をぱらぱらとめくってみたとき、そういえば学生のころにこの本についてなにか書いたなと思って、パソコンのなかを探してそれを見つけた。映画の本も発売されることだし、せっかくなので、恥ずかしながら（ほんとに）そのまま下に載せてみる。いま書くとしたらもっと違う書き方をするだろうけど、関心や考え方自体はたいして変わっていない。

=====

結果への意識

あの9月11日からしばらくして、映画好きを自称する僕はご多分に漏れずハリウッド映画とそれとの関係を考えてみようとした。ただ、いくら世界的な悲劇とはいってもそれを書くことによって僕に実益はないし、とりあえずその文章の分量を水増しできそうな材料を決めるまでに止まってしまっていた。その材料とは、まずサリンジャー（1919-2010）の「最後の休暇の最後の日」（1944。J・D・サリンジャー「最後の休暇の最後の日」渥美昭夫訳『サリンジャー選集2 若者たち』荒地出版社、1968）。そして、内田百閒（1889-1971）の『東京焼盡』（1955。内田百閒『東京焼盡』中公文庫、1978）。

すこし遅れてしまったけれど、いま自分のなかに問題意識があるうちにそれを文章として残しておこうと思う。

＊

「最後の休暇の最後の日」は第2次大戦中におけるアメリカ合衆国のある家庭を描いたごく短い小説だ。サリンジャーはその短編のなかで、軍隊から帰りつかの間の休暇をわが家で過ごす、当時の彼と同年代である24才の主人公にこう言わせている。

> ぼく厭味をいうつもりじゃないんだけど、でも第一次大戦に行った人たちって、みんな、戦争は地獄なんて口ではいうけれど、だけどなんだか、──みんな、戦争に行ったことをちょっと自慢してるみたいに思うんだ。（中略）前の戦争にせよ、こんどの戦争にせよ、そこで戦った男たちはいったん戦争がすんだら、もう口を閉ざして、どんなことがあっても二度とそんな話をするべきじゃない──それはみんなの義務だってことを、ぼくはこればかりは心から信じているんだ。

戦争を題材にした「ハリウッド映画」は、まさに戦争を題材にしているにもかかわらず、勧善懲悪という面もちで「反戦」の立ち位置をとっている。いくらそれが9.11のイメージを流布したと糾弾しても、なにいってやがる、俺たちは「反戦」さ、としたり顔でいうことのできる体裁をそなえている。もちろんなかには「映画」としてすばらしいものもあるだろうけれど、しかしサリンジャーがいうような、あるいはロバート・アルトマンが「映画でも見なければ、だれがあんな残

虐なことを考えつくものか」と述べたような、無知の人間に対してある選択の可能性を提供したという意味において、それらは誠実ではない。つまり自身の行動による結果を考慮していないことにハリウッドの問題があるのだ。

サリンジャーを体系的に読んでいるわけではないし、彼の生い立ちも知らないから確信を持ってはいえないけれど、この文章は若者にしか書けない類のものだろう。知らない者の強さ。それはときに真実を言い当てる、と同じく若者である僕は思う。

しかし一方でこの真実が、小説中の若者もなかば自覚的だったように、青臭い理想論であることも否定できない。現に世の中には戦争が溢れ、その情報が溢れているのだから、そのなかでは戦争を語らないという行為ももはやニヒリズムのそしりを免れない。

*

内田百閒の『東京焼盡』がはじめて出版されたのは 1955 年だが、その内容は昭和 19 年 11 月 1 日から昭和 20 年 8 月 21 日まで、つまり戦時中の日記である。それを戦争から 10 年の後に上梓した意図をひとまず措くとして、百閒は本書以外にもいくつか日記風の文章を世に出している。この本にしてみても、たまたま戦争をしていたときの日記と、不謹慎にもそう思ってしまいそうなくらい淡々とした日常が、百閒独特のユーモアをまじえて紡ぎ出されている。それは戦争について語っているのではなく、あたかもまったく私的な世界のなかの一部分として戦争が描写されているようにみえる。ここには思わず閉口してしまいそうな被害者意識も、尊大なヒロイズムもない。「敵の空襲がこはいのと、食べ物に苦労するのと、それだけであつて、後は案外気を遣はないのんきな生活」なのである。

とはいえそれが日記としてリアルであればあるほど、そこにあった戦争もまた現実味を持ち得るのだ。そこでは思想がない代わりに戦争という現象が生活に染み込んでゆくさまがありありと見てとれる。日記のなかのある 1 日をみてみよう。

一月七日日曜日二十二夜。午前五時十分また警戒警報にて起こされた。これで既に三日目の同時刻也。六時十分解除となり、何事もなく済んだ。更めて寝なほし、十一時頃起きた。無為。

こういった記述はこの日に限らない。馬鹿げたことだけれど、もしそれらの日すべてで戦争がなかったとしたら、日記はただ「無為。」だけになるのだろうかと考えれば、どれほど戦争が生活に侵食していたかがわかる。

ほかにも「歩きながら家内に、かうして痛い足を引きずつてやつと家に帰つて玄関を開けて帰つたよと云ひ、上がり口に腰を下ろして汗を拭いて一休みするその家が無くなつたのは困るね、と話した」という文などには、生のままの戦争を痛感せざるをえない。

百閒は神国日本だとか鬼畜米英だとか、そういった実体のあやふやなイメージでは語っていない。戦争を「敵が憎いよりも、味方が意気地がないと嘆するよりも、馬鹿気た話だと思ふ事切なり」といい、日記では実際に起こっている事実と自身との関連だけに終始している。そしてこの百閒の即物的な態度が文章にみずみずしい生命力を与えている。東京大空襲で焼け出された 5 月 25 日以降の日記に百閒らしい軽やかな語り口が多くみられるのは、おそらく地域一帯が緊後爆撃を受け、もうこれ以上の空襲はないだろうという安心によるはずだ。また、見方によっては不道徳とも捉えられかねない「上方名古屋の空襲にてこちらは安泰」という言葉や、空襲によって燃えている電柱をみて「昔の銀座のネオンサインの様で絶景」だと思ってしまうことにも彼の実感が溢れている。そしてこの誰に向けられたわけでもない実感にこそ、第三者は戦争のリアリティを感じることができるのだ。

さらに忘れてならないのは、執筆そのものはもちろんのこと、このけっして押しつけがましくなく、あくまで私としての日記を出版するという行為自体のもつ意味だ。百閒の若いころの日記にはこう書き記されている、「日記を書く事は専門家でない芸術家が、詩人としてのすべての人間が、自分の芸術と記録とを最もいい読者なる子供に遺すことである」(大正 6 年 9 月 27 日付。『百鬼園日記帖』福武文庫、1992)。これこそが「ハリウッド映画」に欠落している結果への意識にほかならない。

2011-03-20

『映画空間 400 選』(INAX 出版)の発行日。立ち寄った本屋では、建築のコーナーと映画のコーナーの両方で平積みにされていた。この本のたたずまいは建築の台で馴染んでいるのに対し、映画の台では異物感がある。ただ、それはむしろ意図していたことで、デザイナーの内川さんには編集方針に的確なかたちを与えてもらい、重すぎず軽すぎず、狙いすました本の現れになったと思う。

この本では内容と形式の関係を特に気にかけていた。もともと『建築と日常』No.1 の記事をきっかけに INAX 出版の高田さんに声をかけてもらった企画は、それを進めていく前提として、建築界での映画の受容のされ方に対する違和感と、同時に映画の基本的なガイドブックへの潜在的な需要を感じていたことがあった(『建築と日常』はほとんど伝わる人に伝わればいいというようなスタンスだけど、この本はもっと面的な影響をおよぼしたいという意識があった)。たくさんの映画をそれぞれ短い文で紹介するという形式は『建築と日常』の記事から引き継いできたものだけど、それが「映画と空間の基本書」として、長く広く、建築外の様々な属性の人も含めて読まれるためにはどうすればよいか。その手だてのひとつは、見えがかりの現在性、恣意性を消し、一過的でない形式性をまとわせることだろう。

例えば編集の初期の段階では、対談やインタヴューのページを作ったり(そういった企画の形式は「異なるジャンルの接続」という雰囲気を出しやすい)、400 本のセレクトをもっとキーワードごとにカテゴライズしたり(例えば「家族」や「郊外」など)という案もあったのだけど、結局そうした現在性や恣意性が表面に表れる形式は避け、テキストはすべて執筆形式として、(実際は恣意でしか決まりえないはずの)400 本を製作年順に均等なフレームで並べ、キーワードは各作品の下位に、必要に応じて複数位置づけることにした(それは各作品を単一のワードに従属させたくないということでもあった)。『映画空間 400 選』という書名も、数多くあった案のなかで最もドライで即物的なものだ。

とはいえ単なる 400 本のカタログで完結させてしまっては、やはり「映画と空間の基本書」として不十分だろうし、本の構成として面白くない。400 本の作品紹介を全体の明確な主調としつつ、そこにどうやって歴史的な資料性や読み物としての面白さを含み込ませていけるかが問題になっていた。主調となる作品紹介自体、ひとつの作品に対して単一の短い切り口を見せることしかできないにしても、様々な分野の様々な指向を持った人たちに執筆してもらい、それらが入り混じることで、本全体としてのダイナミズムや開放性を獲得できるはずだと考えた。

400 本のセレクトは、まず結城さんが、個々の作品における空間というテーマとの関連や作品そのものの魅力、映画史的重要性、そして全体における年代や地域、監督の重複などのバランスを考慮して、仮のリストを作成した。そして執筆依頼の段階では、そのリストを基にしつつ、それぞれの書き手の興味や映画の見方に対応して作品の追加や差し替えを行い、さらにそれを受けてまた結城さんが 400 本の全体的な調整をするという作業を細かく繰り返しながら、全体での形式的なあり方と、個々のテキストの内容的な密度とを両立させることを目指した。執筆者の皆さんには字数の制限などうるさく注文をつけてしまって恐縮したけれど、一方で、内容を形式の抑制によってさらに引き立てるということもできなくはない気がする。

個別の作品についての短文では触れられないような、しかし「映画と空間の基本書」にあって然るべき映画を見る視点については、これも一定のフレームや形式性を持った 16 本の「コラム」として、様々な分野の人たちに書いてもらった。それぞれのテーマは 400 本の紹介文と同様に、本の全体性と書き手の視線の両方から決められている。また、より情報性の高い内容は 10 本の「資料編」(この表記はそれらを括るのにあまり的確ではないけれど、うまい言葉が見つからなかった)として、建築と直接的に関係する映画の紹介や、映画史的な切り口の解説をしてもらった。「コラム」と「資料編」は、本の主調である 400 本の時系列の流れをなるべく分断しないように、かつ相互に影響してダイナミズムや開放性を生むように、それぞれ適当と思われる位置に挿入している。そして結城さんが精神をすり減らして作った年表は、映画史 115 年を空間的な視点から眺めたもので、直接的な情報としての意味はもちろんのこと、それを巻頭に置いたのは、後に続く 400 本が必要以上にバラバラに(カタログ的に)見えてしまわないように、本全体の方向性を擬似的に強める目的があった。(つづく)

2011-03-21

『映画空間 400 選』について昨日書いた建築界での位置づけみたいなことは、基本的に僕の建築系の編集者としての考えだけど、建築関係以外の読者には、そういったことは特に関係なく手に取れるような本になっていると思う。去年、結城さんと 2 人で書いた「建築と日常と映画 30 作」という記事をきっかけに「建築と映画の夕べ」というイベントをやることになって、その会場を貸してもらう相談を INAX 出版の高田さんにしたときに打診された建築と映画に関する本の企画は、しかし「建築映画」ではなく「映画空間」というタイトルになった。「建築」をタイトルに入れることにもメリットはあると思うけど、本のイントロダクションで結城さんが書いているとおり、「空間」

はより多様な映画のあり方を許容するし、今回の本の意図と内容に即している。

「空間」は「建築」より建築専門外の人が馴染みやすいにしても、一方でその言葉は過度に曖昧になってしまう恐れもある。例えば雑誌の『批評空間』の「空間」のような、かなり抽象的なものとして受け取られることで（本の主旨としてはその「空間」も含むのだけど）、本のコンセプトが却ってぼやけてしまうのではないかとも考えた。けれども、「映画空間」の後ろに「400選」を付けることによって、個々の「空間」が微妙に具体性を帯び、曖昧さを避けられるように思えた。「400」だと危ういけど、「400選」なら大丈夫という気がした。タイトルに数字を用いることは、本のイメージに客観性や形式性をまとわせることでもある。

あくまで一方の建築の側から見てのことだけど、建築の出版物と映画の出版物はあり方がすこし違う気がする。それは建築の本の多くが学生を含めた専門家向けであり、また建築がアカデミズムのなかで体系的に確立していることに対して、映画の本の多くは一般向けであり、映画が建築に比べれば多様な評価軸を許容していることと関係しているだろう。その両分野のあり方それぞれの良し悪しはともかく、映画のガイドブックが数多くあるなかで、今ひとつ決定的なものがないように見えるのも、そうした前提によるのだと思う。もちろん、決定的なガイドブックなど作り得ないだろうと思う。だから「空間」という切り口に特化し、建築の専門家が多数参加して、本屋の映画の棚で異質感を放つこの本は、そのあくまで限定的なあり方のなかで、映画の読者に対してもなんらかの拠り所になる価値を見せられるのではないか。そしてそのときの「空間」というテーマは、例えば「社会」や「政治」、「大衆文化」、「ジェンダー」などといったテーマよりも、「映画そのもの」に寄り添えるものではないかと思う。

2011-03-22

なにはともあれ『映画空間400選』を編集できたことはとてもよかった。一昨日の日記で書いたとおり、400本のセレクトや年表など映画の専門的なところはみんな結城さんがやっていたけれど、原稿の校正やデータの整理、図版を集めたりという作業を通してでも、ギリギリこの年齢のうちに建築以外の出版の分野に触れられたのは大きい気がする。そしておそらくひとりでは編集できなかったというのは結城さんにとっても同じことで、そういう不完全なふたりが集まったからこそ、ある種の緊張感のなかで、変に特定のサークルに閉じることのない人たちに協力してもらうことも可能になったのだと思う。このことは今回のような分業の場合だけでなく、これからも自覚していかないといけない。

あとは単純に、映画について、そして映画を記述することについて、いろいろ勉強になった。表現形式（表現媒体）の境界や越境ということには以前から興味があったけど、それを考えるための視点も少なからず得られたように思う。

2011-03-31

ここ数日でだいぶ暖かくなってきた。真夜中の帰り道、マンションの駐車場に止めてある大型スクーターのシートの上でいつも丸くなって眠っていた猫も、ここ数日は見なかった。今日はすこし肌寒かったので、ま

たその上で丸くなっていた。

2011-04-14

多木浩二さんの訃報。多木さんとは何度か接する機会があったものの、こちらの未熟さで大した話ができなかった。最近になって今更ながらあれこれ伺いたいことが浮かんできて、自分の不勉強に悔いが残る。

主だった仕事としては、2005年に『昭和住宅メモリー』（エクスナレッジ）というムックで、八束はじめさんと対談をしていただいた。『生きられた家』をテーマにした企画にもともと多木さんは乗り気でなかったのだけど（決して八束さんのせいではなく。対談記事はいま読んでも十分意義があると思うし、むしろ八束さんでなければ引き受けてももらえなかった。多木さんはご自分の仕事を公的に振り返ったりまとめたりすることに対して非常に慎重で、全集や著作集のあり方にも否定的だったらしい。雑誌に発表した論文で単行本にまとめられていないものも少なからずある。そうした体系的でなさは多木さんの魅力であり核心であると思うのだけど、もしどこもやらないようならば、建築関連のテキストについては次号の『建築と日常』でリストを作ってみたい。もともと大惨事特集で、『生きられた家』には触れる必要があると思っていた）、その後、会うたびにあの対談はしなければよかったと多木さんが言ってくる、と坂本先生がなぜか楽しげに僕にわざわざ伝えるのだった。

その一件をずっと引きずっていたこともあり、『建築と日常』No.0（2009）の坂本先生のインタヴュー記事はよかったと人づてで聞いたときはうれしかった。それからいくつか多木さんの本を読み返す機会があって、あらためてあの記事の様々なところが多木さんの論理の枠組みに含まれていることを感じた。ただそれと同時に、こういう言い方はまったく不遜なのだけど、多木さんの思考との個人的な相性のよさも感じたのだった。それを多木さんも認めてくださったのではないかと、実際のことは知らないまま勝手に思っている。

多木さんの活動の様々な分野を越えたあり方に共感する。「分野を越えた」というのは正確ではないかもしれない。多木さんの初期の共著書に『まずたしからしさの世界をすてろ』（田畑書店、1970）というものがあるけれど、その不確かな世界と人間との関係を捉えることが多木さんの活動の根本だったとしたら、「分野」はその時々の関係の出現の場であって、あらかじめそれを規定する前提ではない。だから分野を越えているというのは結果的にそう見えるのに過ぎない。実際、部分的にではあれ多木さんの思考に触れると、その部分どうしが確かな根でつながり、ひとつの運動になっているのを感じる。その運動体はご本人が亡くなっても在り続ける。

確実な先が見えないということに直面しているのを歴史的存在というんじゃないですか。先が見えていないところに自分が開かれているということが、自分が歴史的存在であることだろうと思うんです。（磯崎新との対談での発言）

*磯崎新・多木浩二『世紀末の思想と建築』岩波書店、1991、p.208

2011-04-26

作家が未発表と決めた作品を作家以外の人が公開するという行為は、作家本人は望まないとしても、それなりに意義のあることだと思う（基本的に作家の死後。著作権の話は別として）。作家本人による評

価が必ずしもその作品の価値を的確に捉えているとは限らないという言い方がある一方で、自作に対して、それを発表しないという選択も含めて、必要以上と思えるほど厳しい視線を向けるような作家を僕は信用しているし、その上で未発表になった作品にいわゆる傑作が含まれている可能性はあまり高くないとも思う。ただ、そのことと、その作品が未公開であることとはまた別の話で、たぶんある種の作家の作品には制作の段階ですでに公共性が付与されている。だから、「幻の名作！」などと変に持ち上げたりせず、作品の質をきちんと判断した上でそれを世に出すぶんには、その行為はたいてい許容されて然るべきだろうという気がする（その判断によっては、やはりこの作品は世に出すべきではないという結論に至ることもあるだろう）。

実際、たとえばフィッシュマンズの『8月の現状』（1998）というライブ盤の選曲に関して次のように語られている「DAYDREAM」の演奏を、僕はそれが間違いなく心に響いてくるという確信のもと、ぜひ聴きたいと思うし、

○「デイドリーム」は最初に除外したって聞いたんですけど、それはどうしてだったんですか？
S：てゆーかね、なかったんだよね、入れるに耐え得るのが。
○そうかな。昨年末のリキッドなんて大感動だったけどなー。あれもダメでしたか。
S：僕もやってる時は大感動だったんですよ。でも、いざ聴いてみたら、あまりにも良くなくて、オレもそれはすごい残念でしたけどね。「デイドリーム」に関しては。

*S＝佐藤伸治、○＝三田格、『ele-king』vol.20、1998（所収：『フィッシュマンズ全書』小野島大編、小学館、2006、p.280）

なにより佐藤伸治の死によって結果的に最後のライブになった『98.12.28 男達の別れ』（1999）は、佐藤の生前にCD化の予定があったのかどうか知らないけど、その音源が僕の手元にも届き、それを日々聴くことができるというのは、僕の人生にとって大きなことだ。

2011-04-27

忌野清志郎は他人の歌をカバーするのがうまかったけど、反対に清志郎の歌を他人がカバーするのは難しそうに見える。「雨上がりの夜空に」なんてよく歌われている割りにたいてい勢い任せという感じがしてしまう。同じように佐藤伸治の歌も、それぞれの歌によってではあれ、カバーするのが難しいのかもしれない。それなりに体裁が整ったパフォーマンスでも、たいてい「そういう歌をそういうふうに歌っている」というような印象を受けてしまう。僕が知っているなかでは、きちんと自分のものとして成立しているのは、YouTubeにアップされているHONZIの「ひこうき」（http://www.youtube.com/watch?v=32krs7zPiVs）くらいではないかという気がする。

たとえば「WALKING IN THE RHYTHM」や「ナイトクルージング」でも、それほど複雑な内容の歌詞ではないにせよ、というかそれゆえなのか、他の人が歌うと、その言葉が発声において身体化されていないように感じられる（歌い手自身の身体性は表れても）。それはやはり歌詞が持つ意味の大きさということだと思うけど、もっと根本的には、歌詞をひ

とつの重要な要素とした、その曲の世界の有機的な統一という問題だろう（だからたぶん聴き手がその歌詞の言語を理解できない場合であっても歌詞の重要性はそれほど変わらない）。

佐藤伸治や忌野清志郎の歌はその有機的統一が強いということだろうし、もしかしたら僕がたまたまそれぞれの世界性を感じやすいということもあるかもしれないし、平たく言って、彼らの歌をたくさん聴き過ぎて、他の人が歌うのを受け入れられないということもあるかもしれない。ともかくそれは下記のように言われているあたりのことが関係していると思う。以下すべて『フィッシュマンズ全書』（小野島大編、小学館、2006）から佐藤伸治の発言。カッコ内は初出媒体の刊行年と本書での掲載ページ。

●詞が先の方がいいですね。曲が先にあるとしばられちゃうような気がするから。

──そうすると、詞の方が比重が大きい？

それは曲なんですよ。でも、詞の方だと思われがちかもなあ（1991、p.44）

●最近思うんだけど、歌詞とかね、もっと普通の一般市民で書いたほうがいいなっていう。ロックな歌詞ってあるでしょ。それを一般の人が見たとき、いいのかおまえそんなことやってて、っていうやつね。音楽業界にどっぷりつかってるとそれにあわせようとしたりして、なんか恥ずかしいなというか（1992、p.46）

●すごく分かりにくいような事を裏でやってたりするんですけど、分かりにくいから分かりやすくしようぜっていうんじゃなくて、その分かりにくい部分もはっきりと出していきたいんですよ（1994、p.81）

●──でも、言葉で説明すればするほど、リアリティがなくなるということもありますよね。

詞だけが完成しちゃうのもよくないと思う。音も総動員しての結果を聴いてもらわないと（1994、p.81）

●詞があれば曲は自然に浮かんでくる。……というとカッコ良すぎるから……曲も浮かびやすい……浮かんでくることが多い……？（1996、p.160）

●フツーの歌をうたいたいんだよね。今、誰もがわりと歌を作るっていうと、（日常生活での）いいとこや悪いところをクローズアップしてそれだけうたってるじゃない？（1996、p.172）

●人間としてはハッキリしないんだけど、ハッキリしないということを表現するということはハッキリしてるから（1996、p.188）

●でも、やってる側としては、わりと音響派って……あんまり好きじゃないんですよ。実は、もうちょい人間派っていうか。（中略）そうそう。お遊びっぽい感じ。あとから意味をつけた感じに聞こえちゃうんですよ。（中略）音のオリジナリティというよりは、たとえばオレたちが作った音楽を聞いた人が受ける感情というか、"感情のオリジナリティ"みたいなのは、まだあるかなって気がしてるんですよね。「音響が好きだから音響をだす」のと「こういう感情を表現したいからこういう音響を出す」っていうのでは、受ける側は全然違うんじゃないですか（1996、p.202）

●一体感出ないんだよね。メロディ先書いて詞つけちゃうと（1996、p.210）

●音楽を〈曲〉として考えないっていうか。〈音〉っていう感じにしたかったんですね（1997、p.230）

●うん、でも俺、内なる世界っていう感じなんだけ

ど、それが内の世界で歌ってなくて、もっと景色で歌いたいんだよね（1997、p.232）

●俺はいつも歌詞から先に書くんですけど、詞を書いたとき、詞の周りにはいろんな景色があるわけじゃないですか。書いてないけど。それが音楽になるんじゃないですかね（1997、p.243）

●──じゃあ長くやってる間に、自分の音楽観とかが根本的に変化したり揺るがされた時ってあった？

音的な興味っていうのはいっぱいあるけど、音楽観っていうのは無いなあ。だから俺が音楽観って考える時はその人観っていうか、ねえ？人柄っていうか。やっぱりそういうので音楽考えてるから、あんまり変わんないっていうか。変えようもないっていうかね（1997、pp.249-250）

●曲を作るのってさ、要は俺にとってはパッケージすることなのね、いろんなことを。で、今たとえば10分のことを曲にしてるんだとしたら、これをこうもうちょいビッグな感じにできたら、1年のことを1曲にしたような音楽みたいなのがあったらいいなぁって。それが音楽になった時に壮大な曲になるかはわかんないけどね。印象として。自分の考えてることとかやってきたこととか、そういうのがもっと…長くなるといいなっていうか。長かったり、高い…たとえばタテヨコ伸びると、違った領域に行けるのかなっていう（1998、p.266）

2011-04-28

昨日、（だからたぶん聴き手がその歌詞の言語を理解できない場合であっても歌詞の重要性はそれほど変わらない）と書いたけど、たとえば映画のことを考えてみると、やっぱり海外の作品を観るのにはそれなりに無視できない障害がある。翻訳の問題もさることながら、単純に考えて、日本人に比べ外国人の表情や仕草からその人の感情その他を読み取ることは難しいのだから（僕の場合）、それらの集合で構成される映画が分かりにくくなるのは当然のように思える（その意味で音楽はもっと抽象的だ）。

そうした受容の難しさは古い時代の作品のほうが顕著で、たとえばルビッチの『生きるべきか死ぬべきか』（1942）なんかは形式的というか構成的な部分で受け入れやすいのだけど、それ以前の「ドラマ性」の強い作品は、観ていて退屈とは言わないまでも、どこか限定的な体験だという気分がぬぐえない。物語に同じような古めかしさを感じても、たとえば溝口健二の映画だと真に迫ってくるのは、やはり文化的な要因が大きいのではないかと思う。もちろんそういう障害と関係なく「分かる」と思える海外作品も、ロッセリーニやロメールやカサヴェテスとか以降、少なからずあるけれど。

2011-05-04

もう14年くらい使っている財布の小銭入れのところに穴が開いたので、いったん（初めて）水洗いしてからシューグーで修繕した。いま14年を算出して驚いたのだけど、大学1年のたぶん4月に横浜のそごうで買った財布で、値段が5000いくらだったか、それなりに高いお金を出して買ったという気持ちがあり、「少なくとも大学4年間はこの財布を使おう」と自分のなかで決めたのを覚えている。その時からそれだけの時間が経っていることが信じがたい。当時入学したばかりでまだそれほど親しくない級友に「（コムデ）ギャルソンみたいでかっこいいね」と言われて

うれしかったのも覚えている。けっきょく彼とはそれ以上親しくならなかったが。

大学1年の年に買ったもの──特に洗濯機や炊飯器などの家電は、とても「14年」も昔のものとは思えず、なんならまだ新型の部類に入るのではないかというような意識さえある（たとえばCDや本や洋服の時間の経過に比べて）。それは家電のデザインが当時と今とでたいして変わっていない（ように僕には見える）ことも関係しているかもしれないし、その材質が古色を帯びる類のものではないこと、日常的にとりたてて意識に上る対象ではないこと（しかし日常的なものであること）や、流行や趣味や生活の変化とも無縁で、僕との関係が当時からほぼ一定であることも関係しているかもしれない。物にはそれぞれの時間が流れている。

「10年」とか「14年」とかいう言葉が、個人の体験的な時間以上の意味を主張しがちな印象もある。数年前に松本人志が「みんな『3月なのに寒い』と毎年言うけれど、そもそも3月は寒いものなのだ」ということを言っていて共感したけれど、それと同じように、「もう10年」という意識は思い込みであって、10年とはそもそもその程度の長さ（短さ）なのだと言えるのかもしれない（たとえば「10年なんてあっという間」という言葉さえ、じつは「10年」を体験的実感より長く感じさせることに寄与しているかもしれない）。

ただ一方で、僕自身「10年」というスケールで過去を振り返ることが可能になり始めたのは、それほど昔のことではない。それだから「10年」という言葉が実感とずれているという場合には「もう10年」であることがほとんどなのかもしれず、いずれもっと歳を重ねて、僕の人生のなかでもいろんな「10年」のとり方ができるようになれば、「まだ10年」という感触も増え始めるのかもしれない。とは思いつつ、自分の性格としても、「まだ10年」よりは「もう10年」と思いがちであるような気がする。

2011-05-10

『建築と日常』No.1では、69ページと71ページにそれぞれ柴崎友香さんと高野文子さんの作品の短いレビューを掲載している（http://kentikutonitijou.web.fc2.com/no1/hosakatsukamoto.pdf）。どちらの作品も『建築と日常』の読者にぜひ読んでもらいたいものであり、また建築系の読者にそれほど馴染みのないものだろうと思って記事にした。

しかしもしかしたらその紹介記事は、その位置や要素の構成の仕方によって、ある文化圏の人々にとっては出版社による広告のようにも見えてしまうかもしれない。そのなかでさらに出版業界に詳しい人は『建築と日常』のような雑誌に大手の出版社が広告を出すはずがないと思うかもしれないし、デザインに通じている人は、その記事のデザインが正規の広告としての洗練に欠けていることに違和感を抱くかもしれない。あるいは僕の性格のある部分を知っている人は、パソコンに向かってニヤニヤしながらそのページを作っている僕の顔を思い浮かべるかもしれない。そして柴崎さんや高野さんの作品を知っている人は、その記事がそこにそのように位置づけられていることに、一般的なレビューや広告では喚起されない類の印象を抱くかもしれない。

いずれにせよその記事の構成による曖昧性や「ずれ」が誌面と読者とのあいだに生き生きとした多義

的な空間を生成させるのではないかと思うし、もし生き生きとした空間が生まれず、よくある広告としてそのまま読み流されたとしたらすこし寂しい気がするにしても、それはそれで「広告の出稿がされている社会的にしっかりした基盤の雑誌」という印象を無意識のうちに与えていることになるだろうから、なんらマイナスになることではない。

2011-05-11

昨日の日記で書いたふたつの記事が（僕の意識のなかで）成り立ったのには、裏表紙の広告の存在も関係しているかもしれない。同じ雑誌のなかで「本当の広告」があったからこそ、あのような遊戯的な振る舞いが実感を失わずに（白けずに）できた気がする。

雑誌の社会性は必ずしも広告の有無と関係するわけではないとは思うものの、出版社に勤めていたときのことも影響してか、そうした世界にコミットしてこそ「どうだ」という気分になれるところも確かにある。しかしそれと別に、やはりそうした現実のいろいろな世界との関係のなかで成り立つことで、雑誌が生気を帯びてくるという感触もある。

2011-05-23

「天才」という概念にあまり実感がない。僕がなんらかの作品をよいと思うときの価値判断の背景には「共感」がある気がする。どこかしら共有する部分がなければそもそも作品を感受できないということも原理的には言えるだろうけど、たぶんそれとは次元の違う話で、無意識的にせよ共感するものと共感しないものがあるという、相対的な次元のなかでの共感ということだと思う。そして鑑賞体験に共感を介在させるということは、同時にその作品をメディアとし、そこに人を見ているということかもしれない。そうした見方はどこか素人っぽく、また独善的・排他的になりやすい気もしているけれど、目を肥やすという以外に自分ではどうしようもない（べつに大した努力もしていないが）。「天才」が超越的で、絶対的で、凡才と隔てられるからこそすごいという定義ならば、その同じ理由で、天才と呼ばれる人をすごいと実感できない。というか、僕が共感する作者が誰かに天才と言われているのを聞くと、全否定というほどではないにしても、いまひとつぴんとこない。というよりも、それを言う人はなんらかの感覚を遮断させているのではないかと思ってしまう。

2011-05-27

もちろん書き手のマイナスになるようなことはしたくない。『映画空間400選』で特に意識していたのは、建築家は映画に関して「素人」であるということだった。たとえばある有名な建築家に my favorite のようなテーマの原稿を依頼して、その書き手が自信を持って出したお気に入りの映画を、読み手の建築系読者が「あの建築家の好きな映画」として満足して受けとったとする。それはそれでポップな本のあり方かもしれない。しかしそのとき、そうした建築界の文脈から自由な読者にとっては、挙げられた作品がいかにも取るに足らないものに見え、その建築家のセンスに疑いを抱いてしまうということもあるかもしれない。出版（publish）というのはそういう状況を起こしうる行為だと思う。それがもし建築家の本業である建築についての記事ならば、原稿依頼を引き受けた以上、どう読まれても多少は仕方ないと言えるけれど、「素人」である映画の記事で恥をかかせるようなことをし

ては、それを仕組んだ編集者として申し訳ない。あの本ではそうした不具合が起きないようにしたかった。

2011-06-04

抜いた鼻毛に1本白いものが混じっていた。人間として古くなったということだろうけど、それを発見したときの感情は新しいものだった。

2011-06-07

鞄のなかで腕時計のベルトが千切れていた。以前、同じ時計がアマゾンで安く売られていたのを見ていたので、それを注文してみようかと考えた。おそらくベルトを交換するのと値段はほとんど変わらない。

もともとの時計は、数年前に叔父が亡くなったとき、香典返しとしていただいたカタログで注文したものだった。香典返しで送られてくるカタログは、その行為に貨幣価値が介在していることを伴示する。それがどこか素っ気ない印象を生んでしまうのだと思うけど、むしろもしその時計そのものが贈られてきたとしたら（あるいは日常的に身近に置かれるべき物が）、それはそれである種のどうしようもない重さを感じざるをえない。そのどうしようもない重さを受けとめることも大事なのかもしれないが、しかし消費社会的なカタログのなかから能動的に選択したものだからこそ、それなりに自由な気分でそれを身につけることができ、そうして日々身につけていることで、時々は故人を思いだすこともある。唯一性ではなく交換可能性のなかでの物のあり方。だからこそアマゾンで買い換えることも可能になる。

2011-06-23

意味の相対化や修辞的操作ということをそれなりに意識的に面白いと思うようになったのには、学生時代に読んだ赤瀬川さんのエッセイの影響が大きいかもしれない。もっとも当時は相対化や修辞といった言葉は知らずに、方法の問題というより思想の問題として受け取っていたと思う。忌野清志郎や太宰治の作品にもそういうところはあっただろうけど、赤瀬川さんから内田百閒とか宮武外骨とかに広がっていった。

> しかしいずれにしてもパロディとは情報を乗取ることであり、その情報自体にある活動力は殺さずにその情報の上の権力だけを奪うことである。したがってその情報にある権力の支配が強ければ強いほど、その権力が壊滅したときのアナーキーな快感は絶大なのである。
>
> *赤瀬川原平『追放された野次馬』現代評論社、1972、p.167

2011-06-28

フリッパーズ・ギターの「午前3時のオプ」と、フィッシュマンズの「RUNNING MAN」は、どちらの曲にも「世界は僕のもの」という歌詞が含まれる。ずっと昔からある考え方だろうけど、ここでのこの言葉をどう捉えるべきか。

2011-06-30

模型を作る快感と見る快感、所有する快感はそれぞれメカニズムが違うのかもしれないけど、やはり単なる支配欲的なことだけではない魅力がそこにあるのだと思う。以前、石上さんが「世界一周旅行をする人は、単にその実際的な体験だけでなく、地球儀なり世界地図なり、頭のなかで抽象的な世界像を描いてこそ、その世界一周旅行が成立する」というようなことを言っていた（「世界は僕のもの」？）。それと模型を見る体験とはどこか通じている気がする。実際と

想像とのスケールのズレや、その往復運動を心地よく感じるということがあるのかもしれない。

2011-07-06

クーラーは未だにつけていないけど、扇風機は多いに活躍している。しかし夏本番に向けて余力を残しておく意味で、まだ「強」にはしていない。「中」を「強」にしたところで、そこまで劇的な変化が起こるわけではないことにもなんとなく気づいているのだが。

扇風機は電気によってモーターが回り、羽根が風を起こすという構造が可視化されているのがいいと思う。そういう単純な機械はたぶんどんどん少なくなっている。子どもの頃に回っている羽根で指を切って血を流したことがあったけれど、それも日常で危険なものに対処するための適度な経験ではないだろうか。概して仕組みが分からないもののほうが恐ろしい。

扇風機はその機能的な単純さゆえ、ほとんど完成されたものであると思う。だからこそダイソンの「羽根のない扇風機」のように何かしらの「進歩」があると、それが画期的とされるわけだけど（2010年度グッドデザイン大賞）、そうした評価は往々にして業界内での閉じた価値観によっている気がする。その開発のために投じられた様々なエネルギーや、その開発が古びさせるこれまでの日常、そして新しく高級な商品が浮かび上がらせる、それを買える人と買えない人という格差の社会構造。そういったマイナス面の総和を、今後新たに開発される扇風機は取り返すことができるだろうか。

社会の分業化・専門化によって、ある特定の機械を作ったり評価したりする役割を与えられた人たちは、その新しい機械を作ったり評価したりすることがそのまま善であると思い込んでしまう。しかしそうした自らの立場を相対化して社会全体で考えてみれば、必ずしもその行為が世の中のためになっているとは限らない。

> 小島信夫さんの奥さんは、認知症が始まったのとほぼ同時期にガスコンロを買い替えたら、スイッチが〈ひねる方式〉からただ〈押すだけの方式〉に替わって、そのために使えなくなった。ガス器具のメーカーは、「ひねるタイプより押すタイプの方が簡単だ」としか思っていないけれど、何十年もひねりつづけてきた人には、習慣を切り替えることができなくて、ただ押すだけが"障害"になる。[中略]
>
> ずいぶん昔の話だが（昭和三十八年頃だったか）、母方の祖母は、電話がダイヤル式に切り替わったために電話をかけられなくなった。それまでは電話機の脇についているレバーをくるくる回して、電話局の交換を呼び出して「338番、願います」なんて颯爽とやっていたのに、ダイヤル式になった瞬間に「電話もかけられない老人」になってしまった。
>
> *保坂和志「私が老人を尊敬する理由」『途方に暮れて、人生論』草思社、2006、pp.91-92

2011-07-09

移動すること自体はそれほど好きではないのだけど、なにかの乗り物に乗って移動している時間はけっこう好ましい（夜行バスは別にして）。そこではたとえなにもしていなくても、着実に目的に近づいているという充実がある。決して無為な時間にはならない。

2011-08-12

『GA JAPAN』112掲載の石上純也さんのインタビュー記事は、「建築の持ち主」という視点でも面白

く読めると思う。計画中の「グループホーム」という、主に認知症高齢者を対象にした介護施設に関する話。ひとつには個室と共有スペースの空間構成で、空間の境界と領域の境界の曖昧な関係づけ。これは今までの石上さんの活動や、現代建築の流れのなかで位置づけられると思うけど、もうひとつユニークなのは、取り壊し予定の木造家屋を、仕上げを剥がして抽象化しつつも完全な解体はせずに、軸組を残して曳き屋で計画に取り込むこと。かつては個別の家屋だった具体物の組み合わせでひとつの建築をつくる。これは建物の用途や使用者の条件から生まれた発想だろうけど、『生きられた家』の問題意識にも通じるような、建築においての「計画」と「経験」の関係をめぐる可能性を拓く試みにも思える。

精神科医の木村敏氏が、見知らぬ家に対する「懐かしさ」の感覚について下のように書いている。

その見も知らぬ家には確実に何人かの人たちが生活している。その生活と私の生活とのあいだには、恐らくどこをどう探しても関係は出てこないだろう。私にとってまったく未知の人びとの、想像もつかないはずの生活。だのに私は、まるで私自身の一部が私から流れ出して、その家の空間の内部で、その家の人として、生活を送っているかのような錯覚にとらわれる。

そういう体験を何回かした後に、私は私なりに一つの答えを見つけた。それは、その道や家を見ているあいだに、それらがふと私の「歴史」の中に組み込まれてしまったのだ、という答えである。あるいは、私が私の「歴史」を投げ入れたのだ、と言うこともできるだろう。それを見るという行為が、見られているものの側に、あるいは私とそういったものとのあいだに、私自身の歴史のひとこまを見てしまったのである。

*木村敏『あいだ』ちくま学芸文庫、2005（弘文堂、1988）、p.126

ある文化的な形式をもった具体物が、その文化の中にいる人間、文化を経験してきた人間に、「ここ」と「そこ」の行き来を可能にさせる。石上さんの記事では「認知症の進行を遅らせるために、コミュニケーションを取っていくことが大事」とあるけれど、それは単に入居者同士や施設スタッフとのあいだのコミュニケーションだけでなく、上記のような作られ方をした建築が、入居者の「歴史」をより大きな文化的世界に組み込む、投げ入れる、コミュニケートさせる、そういうことを可能にすると言えないだろうか。単に古い家に住むというのではなく、適切に抽象化され、空間が構成された建築であるからこそその可能性を期待する。

2012-01-25
ジャン・ユスターシュ『ママと娼婦』（1973）も面白い映画だった。登場人物がよく喋る（『映画空間400選』の結城さんの記述によれば「ジャン・ユスターシュは、自分の映画の目的は『言葉を撮る事』にあると語っていた」p.127）。その舞台にはアパルトマンの一室やカフェなどいくつかの場所が用意されているのだけど、それらの「あいだ」の時間が描かれないため、空間相互の距離が感じられない。複数の空間は、戦後新しく身近になった電話と自動車という道具によって接続され、さらに近接性を増す。パリという大都市における登場人物たちの小さな生活圏が想像的に浮かび上がってくる。どこかに行けば誰

かに会う、誰かに会うにはそこに行くという感じ。

個人的にそういう感じは、小学生のころ約束もなく友達の家を訪ねていくとか、神社の境内にいけば誰かが遊んでいるとか、そのあたりの経験と響いてくる。あるいは学生時代、大学の最寄り駅の近くに住んでいて、大学や近所の同級生たちの部屋を行き来するような状態。だから『ママと娼婦』の空間が魅力的に見えるのは、単にある生き生きとした都市の生活圏の問題だけでなく、その空間間において予約を必要としない気ままな交通を可能にする登場人物のモラトリアムの状態が、もうひとつの要因になっている気がする。そこもひっくるめての憧れであり郷愁。

たとえば漱石の『三四郎』（1908）とか、古い小説のなかにもそんな印象を受けるものがあって、吉田健一の『東京の昔』（1974）もまさにそういう本だったと思う。去年、ちくま学芸文庫に入ったのをいま知った。

2012-01-30
1月のガスの使用量が75㎥で住戸全体の容積より大きい。

2012-02-01
中学生のころ、「あ、今日誕生日だよね」というふうに学校で誕生日を指摘されるのが妙に恥ずかしかった（そういうことが実際に何度かあった）。相手からすればまったくの好意による発言だろうし、その好意も誕生日を意識してくれていたことも嬉しいには違いないのだけど、その一言によって「年に一度の誕生日なのに朝からその時点まで何事もないかのように普段どおり振る舞っていた自分」が教室に顕在化する。

2012-02-12
facebookを使い始めて、いろいろ懐かしい人たちとネット上で再会することになった。中学や高校の同級生は卒業して以来という人も少なくない。そうしたとき同級生が今の自分と同じ33歳というのはまだ頭の中で納得できるとしても、後輩が32歳というのは信じがたい。そんなにおじさん（おばさん）なのかと。逆に先輩が34歳というのも信じがたい。もっとおじさん（おばさん）ではないかと。年齢は生きている限りみな一様に増えていくわけだけど、17の時の1歳差は今の1歳差とは異なるし、17の倍の年齢になったから1歳差も倍の2歳差くらいに感じられるかというとそうでもない、もっと特別なものだったということがいま実感される。

2012-02-17
東京都写真美術館で行われている恵比寿映像祭の「建築と映像：物質試行をめぐって」というプログラムで、5本の短編を観た。プログラムのメインである鈴木了二＋七里圭《物質試行52：DUBHOUSE》（2012）は、2010年の東京国立近代美術館「建築はどこにあるの？」展で鈴木さんが制作した《物質試行51：DUBHOUSE》（2010）の映像をベースにした作品。昨日完成したらしい。たいへんな密度と精度。

時間芸術である映画はその全体をひとつの視点から一望することはできないけれど、擬似的に全体性を保証するのが、たとえば起承転結というような、ストーリーによる因果関係なのだと思う。観る人はだいたい1時間半から2時間くらいという前提を持ったなかで、Aの出来事の次にはBが起こり、そしてCへ続くという展開を経験・予測し、それによって無意識であれその映画の全体性を把握しつつ、一瞬一瞬の場面を目の当たりにしていく。全体を見渡す

意識と現在の瞬間に対する意識とが重なってひとつの映画体験になる。しかしこの作品では、そうしたストーリー性／全体性を持たせることは極力斥けられているように見える。冒頭の引き延ばされた暗闇も全体を捉えようとする感覚を宙吊りにすることに寄与しているだろうし、自然光ではない光の運動は（室内なのでそもそも自然光は不可能だけど）その建築での自然な（人間的な）時間のあり方を歪ませているような印象を受ける。それはDUBという操作の映像における実践と解釈することができるかもしれない。

ただ一方で、鈴木さんが言う建築でのDUBは、もともとの音楽におけるDUBとは異なり、その操作によって作品の質を上げようとするものではない。そこで意図されているのは、たとえDUBによって作品が変形させられても維持される「空間の本質」を捉えることであり、DUBはその試みのためのコンセプトである（参照：鈴木了二インタヴュー「STUDIO TALK」『GA JAPAN 114』2012、p.124）。

それはそれで大いに興味をそそられるコンセプトだけれども、そこで「物質」というものがどう位置づけられるのかがよく分からない。たとえば鈴木さんがよく用いる例で、テラーニの建築はDUBに耐えられるがコルビュジエの建築は耐えられないというとき、その判断材料になっているのは主に立面や俯瞰で見たあり方ではないかと思う。しかしもしそうだとすると、そうした立面も俯瞰も想像上の視点によって全体を抽象的に捉えるものだから、そこで確認される「空間の本質」とは、「物質」というより、その対義語とも考えられそうな、「構成」や「構造」に依存しているのではないだろうか。あるいは「物質」とはそこまで含み込む概念なのだろうか。今回の映像祭の全体テーマは「映像のフィジカル」ということだけど、そのフィジカルとはなんであるかを考えさせられる。

2012-02-21
誤解を恐れながら書くと、僕は出版物の内容へのこだわりに比べて、その外見にはそれほどこだわらない気がする（「こだわらない」というのは必ずしも悪い意味ではなくて、そもそも本来は「こだわる」という言葉のほうにネガティヴなニュアンスがあるらしい）。もちろんその本の内容に合ったよいデザインにしたいとは思うけれど、そのためにことさらお金をかけて、特別な造りにしたりすることにはあまり積極的でない。

それは一方で、定型であることに積極的に価値を見ているとも言える。費用の問題に加えて、定型を外すことは様々なリスクを背負うことになりかねない。書店で並べられるとき、定形外のサイズだと置き場所に制約が生まれるかもしれないし、用紙や製本、加工の選択は、お客の立ち読みなどでカバーや帯が汚れたり破れたりすることも考慮して検討されるべきだろう。もちろんそれが誰かの所有物になってからのことも想定しておく必要がある（しかしそれは基本的な強度を除いて、流通時のことほど意識しなくてもよいかもしれない）。『長谷川豪　考えること、建築すること、生きること』（INAX出版、2011）で建築と書籍との類似が書かれていたけれど、本も建築と同様に、完成時の出来がよければいいというものではなく、むしろその完成の瞬間だけに照準を合わせて美的な精度を上げていこうとすると、その後の長い時間で起こるかもしれない想定外の出来事に脆弱になってしまいそうな気がする。

そうしたとき、定型というのはやはり繰り返し実践されてきた末の型なので、機能的・経済的に信頼性が高い。1970年代の後半、『建築文化』のインタヴューで、坂本先生は自作の成立の背景について下のように語っている。個人の表現を否定することで、その建築がヴァナキュラーなものに繋がっているのではないかという伊東豊雄さんの指摘を受けて。

僕は、非常に変な言い方になっちゃうけど、親切なのね。（笑）［…］どうしてかっていうと、トラブルの起こるのがいやだから。［…］生活の問題をあまり極端にもっていくとトラブルにつきまとわれて、その辺、割合素直というか、トラブルが起こらないようにやってるから、それが前面に出てくるということかもしれないですね。だから必ずしも譲るということではないですけれども、そんなにそこをいじっても意味がない。

*坂本一成インタヴュー「近代以降の戦略を練る建築家たち」『建築文化』1977年10月号、p.103
この記事はインタヴュアーが伊東さんで、なおかつ話者による原稿チェックが意図的に省かれているため、文章は多少粗いけれども坂本先生の素と思われる部分がうかがえて興味深い。坂本先生はこの引用文に見られるような建築の定型への信頼を〈記憶の家〉や〈日常〉といった言葉を用いて論理化していくわけだけど、そういった批評的な論理や作品の形式に先立って「トラブルを避ける」という常識的・実践的な感覚が働いていることは、いくら強調してもしすぎることがないくらい重要だと思う（出版は著者と編集者とブックデザイナーが分業になっているので、そのあたりの統合的な感覚を出版物に反映させづらいと言えるかもしれない）。

一方でこうした定型はありふれて型にはまったものであるとも言える。ゆえに坂本先生ならば〈記憶の家〉に対する〈今日を刻む家〉や〈日常〉に対する〈もうひとつの日常〉など、定型をずらすような意味を重ねていくわけだけど、本の場合はべつにそうした修辞的操作をしなくても、定型のなかで面白い意匠は可能だろうし（『建築と日常』No.1とNo.2の表4広告などは、定型とそれへの違犯ということになるかもしれない）、なにより「中身」の充実との関係でその問題はそもそも問題にならない。

2012-03-05
柴崎友香『ビリジアン』（毎日新聞社、2011）を読んだ。きっと他に大事なこともあるだろうけど、ひとまず昨日からの続きで、この作品でも「異なる枠組みにおいての類似した構造」ということが言えると思う。もともと『本の時間』誌で連載された20の連作短編で、どうやら同一人物らしい主人公の、小学校から高校までの時期の話がそれぞれ1話読み切りで書かれている。ひとりの人物を軸にした連作と言っても、各短編を跨いでなんらかの物語的な展開や説明じみた描写があるわけではないし、話は時代順に並んできさえいない。1話読み切りの形式はおそらく発表媒体の条件から生まれてきたのだろうけど、そうして集められた20の時空間の曖昧な配置は、それ自体によってまた固有の作品世界の広がりを体験させる。そしてこういった複数の時空間の配置＝関係＝構造は、連作短編という形式に限らず、柴崎さんのひとつひとつの作品において様々なレベルで見いだせるような気がする。

たとえば、あくまで目に付いた範囲での例だけど、ある短編内での以下の描写。
●鼻をすする音が、重い受話器の向こうから聞こえた。ベージュの公衆電話の中へ、十円玉が落ちる音が聞こえた。わたしはポケットの中の小銭を数えた。ガラス越しに見える事務室では、職員の人がテレビで遠い国の戦場の映像を見ていた。その向かいに座っている人は、お茶を飲んでいた。湯気が、見えた。（「Fever」pp.179-180）
●タキちゃんが、さっき見た映画の場面を解説し始めた。すれ違った会社帰りのおっちゃんが、わたしたちのほうを振り返った。でもきっと、近くの店の前のライトのせいで逆光になって、わたしたちは真っ黒い影にしか見えなかったと思う。（同 p.182）
つまり、ある主体がいて、それとは別の存在が、ひとつの状況の中で、決して強いとは言えない関係を持ちながら併存していること。主体はとりあえず主体でありながら、必ずしも絶対的な存在ではなく、他と同じように相対化され、その相対化によって他の存在の場所に思いをめぐらせることができる一方、個として併置されたそれらの存在は決して真に重なり合うものではないこともまた示される。

僕はこういった併存の構造はエドワード・ヤンの映画の構造に似ていると感じていたので、『映画空間400選』（INAX出版、2011）では柴崎さんに『ヤンヤン 夏の想い出』（2000）の紹介文の執筆をぜひとお願いした。それで書いていただいたなかにこんな文があった。
初めてカメラを手にしたヤンヤンが撮影した写真に写っていたのは人の後ろ姿。映画の中では、ガラスに内側と外側の光景が重ねて映るシーンが何度もある。人には自分で見ることができるものと見ることができないことがあり、すべてを知ることは不可能なのだと、ヤンヤンは知ったのかもしれない。（『映画空間400選』p.190）
このあたりの人間についての認識が、上で書いたような柴崎さんの作品世界に通底する時空間の構造をもたらしている気がする。それはある種のドライな感覚でもあるだろうけど、そこで前提になっている「わたし」と「他の人」との距離感は、僕には信頼できる。
●そのとき、わたしが見ているこの色が、他の人には違う色に見えていたらどうしよう、と思っていた。このTシャツの水色が、この人にはわたしが「赤」と思っている色に見えていて、でも、他の水色のものもこの人には全部赤に見えるから、その色についてしゃべっていても違うということは永遠にわからない。「水色」がわたしに見えているこの色なのか、わたしが知っている「水色」が他の人にもあるのかどうか、どうやったら知ることができるのか、考えていた。（「船」pp.242-243）

2012-03-11
DIC川村記念美術館「抽象と形態：何処までも顕れないもの」展（〜 4/15）を観た。出展作家によるギャラリートーク（アンダース・エドストローム×角田純×五木田智央）があるというので、それに合わせて出かけた。
そういえば『建築と日常』の次号は「抽象」という特集を予告していたのだった。展覧会のメインとなる7人の現代作家のうちアンダースさんだけが写真の出品だったこともあり、トークが会場に振られたと

き、写真においての抽象とはなんなのか質問してみた。ただ、アンダースさんにも明確な答えが用意されているわけではなかったようだし、ところどころ通訳を介してもいたので、返答の内容について僕が自分の記憶で書くのはやめておく。しかしアンダースさんの認識は、質問に当たってこちらがなんとなく想定していたこととそれほど遠くはないようだった。

アンダースさんは以前から、瞬間と瞬間のあいだを撮りたいということを言っている。そしてそれは確かに写真からも実感される。そこから思うのは、「瞬間」を撮るよりも「瞬間と瞬間のあいだ」を撮るほうが、撮る側と撮られる側との関係が重要になってくるのではないか、ということ。「瞬間」の真実は世界（被写体）の側にあるけれど、「瞬間と瞬間のあいだ」の真実は世界と個人（撮影者）とのあいだにあるのではないか。そして「瞬間と瞬間のあいだ」が撮られた写真は、第三者に見られるとき、今度は被写体／撮影者／鑑賞者という三つ巴の関係の場を生成するのではないか。すこし図式的な見方かもしれないけど、そうしたことが写真における抽象ということにも関わっている気がする（年末の10+1のアンケート回答では、古谷利裕さんの写真について抽象的という指摘をしたけれど（http://10plus1.jp/monthly/2012/02/enq-2012.php#!677）、そこでの「抽象」とはすこし視点がずれている）。

今回のアンダースさんの出品作は、故郷であるスウェーデンの海と島をすこしずつ場所を替えながら撮った写真12点（2008年撮影）と、そこに2002年の"Paint"シリーズの2点が挿まれるという合計14点の構成で、全体を組写真として見ることが意図されている。どれかひとつのイメージが支配的になるのではなく、ここでも複数の写真の「あいだ」が問題にされる。

もしかしたら動画を撮りだした影響があるのかもしれないけど、最近の写真は『Spidernets Places A Crew / Waiting Some Birds A Bus A Woman』（SteidlMACK、2004）の頃よりも1点1点のイメージが弱まり、組写真で見せていく傾向があるように思う。しかし「瞬間と瞬間のあいだ」は、人物や動物、走る自動車などが写っている写真ならば共感しやすいものの、はたして海と島と空しか写っていない写真で、なにに依拠してその都度シャッターは切られるのか。そのタイミングはどこにあるのか。そういうことをふたつ目に質問した。答えは、説明できない、しかし重要だ、タイミングは撮影者それぞれで異なり、たとえ同じものを撮ったとしてもそれぞれが別の写真になる、といった内容だったと思う。以下、映画作品『The Anchorage』（2008）について、共同監督のC・W・ウィンターさんと一緒に受けたインタヴューでの発言。
編集はふたりで一緒にやりました。可能な限りものごとをクリアーにするよう編集しました。この点で、映画と写真集では違いが出ます。写真では、ナラティヴを考える必要がない。ただ類似点もあります。私たちは水で薄められた映像、希釈されたような映像に惹かれます。それ自身だけで成立するほどには強くなく、隣り合う映像を必要とするような映像です。強い映像には興味がないのです。それで、選択肢がいくつかあるときには、一番平板なものを選ぶようにしました。（W&E）
* C・W・ウィンター&アンダース・エドストローム イ

ンタヴュー「Difference and Repetition」取材・構成=結城秀勇+松井宏、『nobody』31号、2009.9、p.137

2012-04-24
いいかげん冬物をクリーニングに出さなければならない。冬場にかなり着る機会の多かった服でも、ハンガーに掛けてしばらく部屋に吊しておくと、なんとなく自然に浄化されたような気分になってくる。

2012-05-11
部屋の掃除をした。空間が清浄になったように感じられる。それは「いま掃除をした」という自分の意識的なものと、視覚的に散らかっていた物が片づいたとか、触覚的・嗅覚的に空気が澄んだとか、そういう感覚的なものとが合わさった印象なのだろう。現実には物が完全に片づいたわけでもチリやホコリが完全に除去されたわけでもないのだから、その印象は半分フィクショナルなものでもある。言ってみれば、そこでは空間が全体的・抽象的に捉えられている。観念と感覚が渾然一体となっている。

2012-05-13
新潮文庫版の『家』では、冒頭、登場してくる人々の名前に註が付けられている。巻末をめくってみると、それぞれモデルにされた人物が紹介されていて、「晩年は不遇で、根岸の脳病院で死んだ」とか「精神薄弱のために独身で過し昭和八年に死んだ」とか「事業に失敗し、名古屋で肺患のために死んだ」などと、小説の展開を先取りするかのようなことが書かれている。そのような註の付け方が良いか悪いかは別としても（小説の読後にまとめて読ませるようなやり方もあっただろう）、それらのなかには1911年の出版当時、作者である島崎藤村でさえ知りえなかった未来の事実も含まれていて、そのことが読者をさらなる超越的な視点に引き上げる。時間が重層した不思議な感触のなかで小説を読み進める。

2012-05-20
大相撲夏場所は旭天鵬の初優勝で幕を閉じた。西前頭7枚目で12勝3敗、同じ平幕である栃煌山との決定戦に勝っての優勝。37歳8ヶ月、初土俵から20年だという。今場所は初日に白鵬が敗れて怪我をしたりと波乱ではあったけれど、まさか旭天鵬が優勝するとは、終盤に入ってさえ誰も予想していなかったのではないかと思う。

旭天鵬の15日間の対戦相手を見てみると、自分よりも上位の力士が7人で、優勝の可能性が見えてきた最後の2日間でようやく三役との取組が組まれている。

初日	●	寄り切り	栃ノ心（前頭8）
2日目	○	掬い投げ	雅山（前頭5）
3日目	●	小手投げ	碧山（前頭6）
4日目	○	寄り切り	栃乃若（前頭4）
5日目	●	寄り切り	北太樹（前頭8）
6日目	○	寄り切り	天鎧鵬（前頭13）
7日目	○	上手投げ	隠岐の海（前頭5）
中日	○	寄り倒し	千代大龍（前頭10）
9日目	○	寄り倒し	松鳳山（前頭7）
10日目	○	肩透かし	栃煌山（前頭4）
11日目	○	引き落とし	玉鷲（前頭15）
12日目	○	寄り切り	宝富士（前頭16）
13日目	○	肩透かし	佐田の富士（前頭11）
14日目	○	上手投げ	琴欧洲（大関）
千秋楽	○	寄り切り	豪栄道（関脇）
決定戦	○	はたき込み	栃煌山（前頭4）

旭天鵬が今場所とくに調子がよかったとしても、もうすこし自身の番付が上で、上位との対戦が組まれていたら、おそらく結果は変わっていただろう。

番付が上の力士は上の力士同士で、下の力士は下の力士同士で対戦するという大相撲の基本的なシステムは、興行として有効に機能する（それぞれの勝負が拮抗する。後ろのほうの取組になるにつれ緊張感が増していく）と同時に、番付の階層性を単なる均等なランキングという以上に強くし（たとえば下位の力士にとって、結びの一番で横綱と対戦するということ自体がひとつの象徴的な目標になりうる）、それが勝負に物語性を付加して、また観客を惹きつける要素になる。一方で、上位との対戦でも下位との対戦でも白星は白星に変わりないのだから（金星というのもあるけど）、幕内全体における15日間の星取という意味では、今場所の旭天鵬のように、上位と戦う機会が少ない下位の力士による番狂わせを生じさせやすくする。つまり、近い番付の力士同士が対戦するというこのシステムは、一方で番付の階層性を強めつつ、他方でそれをひっくり返すことを促進するという相互作用を内包し、それによって予期せぬドラマを生成させる、極めて合理的なシステムだと言える（近代スポーツ的な観点からすれば、1勝の重みに格差がある不平等なシステムということになるとしても）。今場所の旭天鵬の優勝がことさら感動的なのは、上位の力士の不調と旭天鵬個人の努力の軌跡とが偶然的に重なったというだけでなく、その偶然を偶然として発生させるためにこれまで長い時間のなかで積み重ねられてきた、「偶然以外のこと」の厚みもまたそこにあるからではないだろうか。

写真は3年前、国技館で観戦したときのもの 2009-09-25。たまたま撮っていた。

2012-05-25
前田愛はなによりも見事な本読みである、というのが私の深い実感である。これはそれを言語化するとか、ある既成の理論の枠にいれるとかとは関係のない感受性と広い経験のもたらすものである。私の専門の領域でもまず、建築でも絵画でも最初に判断できない人はそれを研究する資格などないはずである。だが実情はことなり、見当違いの研究をとくとくとしてやっている美術や建築の歴史家をよく知っている。私が前田愛を本読みの達人だといったのはそのなかに陶酔することをさしているのではない。彼は小説のなかにある構造、ダイナミズム、あるいは文体やプロットをとおして不思議な小説というべき特性を直観していたのである。[...]つまり理論とはこうした直観的読みのなかにすでに存在しているもので、次にはそれをいかに言語化するか、いかなる視野において捉えるか、がいわゆる理論的作業としてのこるわけである。

＊多木浩二「解説 理論家としての前田愛」『前田愛著作集 第六巻 テクストのユートピア』筑摩書房、1990、pp.435-436

執筆の主題からしてわざわざ書かなくてもいいようなこと（「私の専門の領域でも〜」）が差し込まれているあたり、多木浩二の並々ならぬ苛立ちがうかがえる。しかしこれは、ある閉じられた世界で同業者を蹴落とすといったような利己的な意識に基づくのではなく、もっと広い射程のなかで大きななにかに奉仕するような、一種の責任感に起因する振る舞いではないかと思う。たとえば多木さんがある時期に写真の撮影をすっぱり止めたことを考えれば、この才能至上主義的な辛辣な言葉は自らにも向けられていたことが想像される（「広い経験のもたらす」と書いてあるから才能至上主義でもないか）。そして、「建築の歴史家」というのがどのあたりの人のことを指していたのかは分からないけど、そこで重んじられているような直観の有無は、歴史家や研究者に限らず編集者にとっての問題でもある。

2012-06-02
これから観ようという映画についての評論を、映画を観るより先に読むことはほぼ無いのだけど、絵画については、それがもし気になるような評論ならば、先に読んでおいたほうがいい気がしている。映画の場合は事前に読むとネタバレということもあるし、映画を観たあとでも、その作品や体験を思い返しながら評論を読み、考えてみることはできそうだけど、絵画の場合は事後的にその作品や体験を思い返すのがなかなか難しい。その評論における切り口が、たまたま自分がその絵画を観ていたときの「まなざし」と一致すれば理解もしやすいけれど、そうでないと取りつく島もない。それは映画と絵画の構造的な違いということもあると思うし、映画の体験に比べて絵画の体験が少ないという僕個人の問題もあると思う。

2012-07-05
柴崎友香『虹色と幸運』（筑摩書房、2011）を読んだ。メインの登場人物は学生時代の友人同士である3人の女性で、いま30歳。その3人ないし2人の生活がときおり重なりつつも、基本的にはそれぞれ別々の生活が並行して描かれ、小説が構成されている。全体はある1年の出来事で、3月から翌年の2月まで、ひと月に1章が当てられていて（1月だけ抜けている）、それはもともとの「Webちくま」での連載の季節（2010年の2月〜12月）と大まかに対応している。こういう月ごとに分節された展開はこれまでの作品にもあったし（『フルタイムライフ』初出2004〜05年）、異なる体系の時空間を部分として、全体の小説空間を構成する（生成する）ような小説のあり方は、前に『ビリジアン』（毎日新聞社、2011）について書いてみたことでもあった 2012-03-05。けれども『虹色と幸運』はそういった形式性がさらに強い。というのは章（1ヶ月）ごとの区切りにおいて、さらに3人それぞれの生活の描写が短いスパンで規則的に繰り返されていくからで、その展開には、一定の時間のなかでシーンが切断/連続していく映画に似た印象を受ける。そしてそのリズミカルに反復する形式性は、この小説の空間を超えて、この小説で描かれているようなことが縦（異なる世代の人々の30歳前後のころ）にも横（同年代のほかの人々）にも広がっていくような印象をもたらすのではないだろう

か。そうした拡張性は、そもそもこの小説の主人公が「わたし」1人ではなく、三人称で3人いるという設定にも起因することだと思う。

ただ、この3人は必ずしも個々が自律した存在として正三角形を描いているわけでもない。読んでいて、3人のうちの2人の境界がぼやけるというか、どちらがどちらか分からなくなるようなことがあった。とはいえそれは2人の人物が技術的にうまく書き分けられていないということではないと思う。この2人はどちらもこれまでの柴崎さんの小説で主人公（わたし）として描かれてきたようなキャラクターで、だから2人の人物が書き分けられていないというより、むしろ1人の人物が2人に書き分けられたということではないだろうか。だとするなら、このことも個人からの拡張性ということに繋がる。そしてそれがまた別の形式をとって現れたのが『わたしがいなかった街で』（新潮社、2012）の、とりわけ最後の2人の女性の関係だと言えると思う 2012-03-09。

こうして書くといかにも形式主義的な作品に思われてしまうかもしれないけど、『わたしがいなかった街で』と同様、『虹色と幸運』も形式と内容（テーマ）が有機的に関係している作品に違いない。ここで描かれている30歳前後の人に特有であるような出来事や状況、それをめぐる感情は、3人の登場人物それぞれにとって、自分だけのことなのか、あるいは他の人たちと多少なりとも共通するのか、そのことは大きな意味を持つように思う。あるいはそういったことを考えるのが、学校を出てそれなりの時間が経ち、それぞれの人生が個別であることが実感されつつ、一方で社会に生きるなかで共通して向かい合わなければならない問題も見えてくるような、この年代に特徴的なことかもしれない。だからそれは小説の空間を超えて、僕にも響いてくる。

2012-08-04
子どものころ、布や糸やうねうねしたものを鋏でうまく切れないと、決まって母に「馬鹿と鋏は使いよう」と言われた。そのときの状況からして、僕はそのことわざの意味を「鋏を使うときもちゃんと頭を働かせないといけない」だとずっと思ってきたのだけど、この歳になり、あらためて文そのものの意味を考えてみて、その認識は間違えていることに思い当たった。僕にそのような長期にわたる誤解が生まれたということは、それを言った母自身もそのことわざを誤解していたのかもしれない。

2012-08-25
『窓の観察』と『建築と日常』No.2をTSUTAYA TOKYO ROPPONGIに納品。今回からの取り扱い。その足でhiromiyoshii roppongi「こころのなかの建築」展を観て、ギャラリー・間でまた「スタジオ・ムンバイ展　PRAXIS」を観た。ふたつの展覧会には対照的な印象がある。なにかを出すことが求められる場と、なにかが出てくるのが待たれる場。

たとえば前に長谷川豪さんの講演会のレポート（https://jp.toto.com/gallerma/ex120114/lctr_rpt.htm）で、「一般に、スタディ模型をたくさん作れば作るほどよい建築が生まれるということは言えないと思う」と書いたとおり、僕は日本のある世代以下の建築家が創作の積極的な方法としてスタディ模型をたくさん作るということ（実際そうなのかよく知らないけど）に今ひとつ実感が持てないのだけど 2012-01-19、このスタジオ・ム

ンバイの模型やモックアップを見ると、かたちや素材の確認という以上に、そこからなにかが生まれてくるという予感が共有できる。

考えられる両者の違いとしては、まず前者の模型が比較的小さいスケールで建築の全体を示すもの（が多そう）であるのに対し、後者の模型はそれより大きいスケールかノンスケールで、建築あるいは建築かどうかも分からないものの部分を示すもの（が多そう）であること。これは自分が文章を書くときのことを考えると実感を得やすい。つまり一度最後まで書き切ると、その文章は固まってしまい、後から文のあり方自体を左右するような手直しはしにくくなるので、試作というものは成り立ちにくい。けれども全体像を持たない文の断片ならば、しばらく寝かせたり、別の断片と関係させたりして、そこから生き生きとした全体を組み立てることは可能な気がする。というか、それはよりよい全体をつくるために有効な方法のひとつだと思う。

このこととも関係するだろうけど、もうひとつの違いは、前者がスチレンボードやスタイロフォームなどによって、物としての具体性よりも観念としてのかたちや形式を示すのに対し、後者はそれ自体がある程度手間をかけて作られ、物としての存在感を持っていること。そのことによって単なる主観に閉じずに、外部に通じる回路が生まれやすくなるように思える。

ただ、この「なにかが出てくるのが待たれる場」というのは、おそらくインドの社会システムによって成り立っているところもあるのだと思う。貧富の差が激しい社会のなかで、裕福なクライアントのほうを向いた仕事をしているからこそ、このような大らかなスタンスが可能になるのではないだろうか。正直に言って、スタジオ・ムンバイのプラクシスには非常に魅力を感じるけれども、それによってつくられた快適にちがいない豪邸をどう捉えてよいか戸惑ってしまった。そのことでスタジオ・ムンバイの社会的な責任を問うのは短絡的だと思うけれど、今回の展覧会ではそのあたりの社会との関係がよく分からなかった（僕はスタジオ・ムンバイのことをほとんどこの展覧会でしか知らないので、知っている人に聞いてみたいし、きっとメディア上でもすでにそのような議論はあるはずだろう）。

建築の歴史において、権力や貧富の差を前提にしてこそ優れた建築文化が築かれてきたということは言えるとしても、現在進行形の問題をそう達観視できるわけではない。それにたぶんこれはインドというひとつの社会圏に限られた、古典的な枠組みの建築文化の話ではなく、実際スタジオ・ムンバイの代表のビジョイ・ジェイン氏はアメリカで建築を学んだようだし、現代のグローバリズムのなかで捉えるべきことなのだろうと思う。

2012-08-28
やや出遅れつつも、雑誌や新聞などいくつかのメディアに向けて『窓の観察』を送ってみた。僕も雑誌の編集部にいたことがあるから分かるけど、こういうのはその組織内で誰が封を切って中身を確認するかで決まってしまうところがあるし、もともと売り込みは得意ではないから、これまでの号ではあまり積極的にしてこなかった。ただ、今回の別冊は読者に対しての間口を広げているので、多少なりとも自信と期待を持って送り出すことができる。そして単にこの雑誌のためというだけでなく、なるべく雑誌を多くの人

の目に触れるようにしてqpさんの作品を世に知らしめたい、という気持ちも引っ込み思案な自分を後押ししている。そうしないと「トップランナー3人が窓をめぐり奇跡のコラボレーション！」という宣伝文句が事実無根の誇大広告になってしまいかねない。

qpさんもあまり売り込みが得意そうな人には見えないけど、会って話をすると、自作について割と自画自賛をする。普通の人ならば謙遜するようなところで、「え？」と思うようなことを言う。ただ、自画自賛もするけれど、自分でよくないと思う作品については、こちらが理屈を付けておだてても、ひどい言い様をする。それはつまり、作品を評価するときに自然と「自分」を外しているということで、そういう人は信用できる。

以前、長いこと多木浩二さんの担当をしていたという編集者にお話を聞く機会があって、その方が「多木先生は新しくできた本を持っていっても、他の多くの著者のようには喜ばない」と言われていた。またこんな本を書いてしまったという感じで、徐々に不機嫌にさえなってくるのだという。それを聞いて僕も自分が知っている著者のなかでひとり、まさにそういうタイプの人の顔が浮かんだけれど、それはともかく、たとえば多木さんも、初版が絶版になってずいぶん経ってから復刊された文庫本のあとがきなどを読むと、自画自賛とは言わないまでも、その本の重要性を当たり前のように認識しているという態度が窺える。

そういえば昔、『ザ・藤森照信』（エクスナレッジ、2006）というムックを編集したとき、藤森さんに卒論（山添喜三郎伝）の転載をお願いしたことがあった。ふたつ返事で快諾してくださったのだけど、そのときの藤森さんの態度が印象的で記憶に残っている。学生時代（23歳）の拙い論文だと卑下することもなく、逆に学生時代にこれだけのものが書けていたと鼻にかけるわけでも勿論なく、きわめて客観的に、「山添についてはその後もほとんど言及されていないから出しておいたほうがいいですよ」と仰ったのだった。

2012-09-09
この3年間を振り返ってみてひとつ思うのは、この雑誌への批判らしい批判がないことは問題かもしれないということ。それは批判をするべき側だけの問題ではなく、この雑誌自体の問題でもあるように思える。

先日ひさしぶりに会った人に、『建築と日常』でqpさんの写真を取り上げることには挑発的な意図があるのではないかと言われた。言われてみれば確かにそういうところもあると思う。qpさんの写真に限らず柴崎さんの小説にしても、ただ単にそれが面白いから載せているということに嘘はないけれど、それと同時に、建築についての既存の認識に対して、「これも建築として考えるべき範囲でしょう」と見せつけるような意識がどこかにある。それは今回の『窓の観察』に始まったことではなく、たとえばNo.0の坂本一成インタヴューやNo.2の年表もそうだろうし、『建築と日常』のあり方に通底しているはずだ。自分の日常に根づいた内発的な雑誌にするというスタンスは、そうであるゆえに、「建築（建築雑誌）」というクリシェ化した枠組みへの批判を含む、と思う。

しかし一方で、そのような僕の挑発的な態度は往々にして状況を活性化させず、むしろ人を押し黙らせ、どちらかといえば状況を断片化させがちだということにも薄々気づいている。そしてそれは、あえてマイナーの立場を演じることによって、自分自身でなか

ば無意識的に仕組んでいることでもあるかもしれない。この3年間で雑誌として客観的な評価を確立したとか、着実に部数を伸ばしてきたとか、そういう具体的な実績はほとんどないわけで、相変わらずマイナーには違いないにもかかわらず、最近いつまでもそれを気取ってはいられないと感じている。

2012-09-26

近所のブックオフで購入。No.0 は1000部印刷して完売になり、そのうちどれだけ古本市場に出ているか知らないけど（その場の成り行きで買ってもらったりしたこともあったから、必ずしもゼロに近いとは言えない）、常日頃チェックしているというわけでもない最寄りのブックオフで見つけるのは、けっこう稀なことだと言えるかもしれない。雑誌の棚を端から眺めながら、なぜか今日に限って、ふと『建築と日常』がありそうな気がした。その数秒後にNo.0の背が目に留まった。

No.0は印刷した1000部すべてが一度僕の部屋に運び込まれて、そこから書店に卸したりしているから、この本も前にこの部屋にあって（あるいは僕の手に触れ）、たぶん3年ぶりくらいに同じ場所に戻ってきたことになる。そういう物の移動に不思議な感じがする。前にも一度、べつのケースでそれを感じたことがあったし 2010-02-05、僕が知らないなかでも似たようなことはたくさん起きているのだろう。というか僕が知るからこそ不思議な感じがするわけで、知らなければなんら特別なことではないのだろうけど。

2012-10-01

アッバス・キアロスタミ『ライク・サムワン・イン・ラブ』（2012）をユーロスペースで観た。えもいわれぬ映画体験。役者に対する演出や認識（役者の有名性や演技経験の有無にこだわらず、通りがかった一般人をエキストラに起用したり、主演女優に「ふつうに喋っているだけで大丈夫だから、芝居をしようと考えないで」と言ったり、すべての役者に翌日撮影する分の台本しか渡さなかったりするようなリアリズム）は、このまえ読んだ『ジョン・カサヴェテスは語る』に書かれていることと重なると思うけど 2012-09-15、そうして役者そのものの個性を引き出しつつも、キアロスタミはそれら個々の存在を要素として捉え、よりレトリカルで巧妙に全体を組み立てている。映画のなかで、嘘や演技、気まずさといったものを描くのは前作の『トスカーナの贋作』（2010）と共通する 2011-03-23。そして映画のわざとらしさ、虚構性をおそらく意図的に明示することで、この作品でも映画の登場人物としての人生と、それを演じているはずの役者その人の人生とが二重に見えてくるような感触が生まれるのではないか。その前提には監督のドライで非人情的な視線があるとしても（決してなにかひとつのテーマに回収できる作品ではないし、回収されるのを意識的に避けているようにも見えるけれど、そうしたなかでも比較的強いテーマとして「老醜」があるように思えた。ただそれは同時に、老人をある種の定型として描かず、デートクラブで働く女子大生やその恋人であるDV男と等価に、生きた人間としてその人をまなざしていることの現れでもあると感じられた）、その操作によって物語が豊かな広がりをもち、観客の人生にも響いてくるのだと思う。

そういった物語としての構造が機能するよりも先に、あるいは機能する条件として、個々の場面がすばらしい。物語から独立したものとして、その個別の時間、個別の空間に価値がある（それはカサヴェテスの映画も同じだ）。そのすばらしさはカメラや音声によって演出された、言ってみれば現実離れした（現実にはそのように見えない、聞こえない）映画技法によるもの、巨匠のセンスや円熟がなせるものかもしれない。しかし、別に比べる必要はないかもしれないけども、たとえば同じように映画という形式固有の時空間を見事に出現させたものとしてふと思い浮かんだホセ・ルイス・ゲリンの『シルビアのいる街で』（2007）と比べ 2010-08-26、作品をつくる上での根っこのようなものが、キアロスタミにはより確かにあるように思えてならない。だからこそそうした個々の場面が物語と一体化し、作品世界が有機的に現れてくるのではないだろうか。

2012-11-03

atelier nishikata《White Room》を見学。木造2階建ての住宅の倉庫として使われていた地下部分（RC造）の増築。地下といっても既存の家屋は崖状の林に向かって2mほど張り出しており、もとの地下室はそれを支えるような格好で崖に面していたので、全面が地中に埋もれているわけではなかった。とはいえその崖側も採光と通風のための最小限のハイサイドライトがあるだけだったので、増築計画では崖の木々を眺める窓が求められたとのこと。

もとの倉庫の平面は3×5m程度の長方形で、それを上階の張り出しのぶん2mほど崖のほうに広げた結果、約5×5mの正方形平面になったという。床の板もその正方形を知覚させるように対角線と中心とが明示して張られ、内部は名前のとおり真っ白でがらんどうだし、入った印象としては、とてもフォルマリスティックなデザインに思えた。

ただ、幾何学形態というと、現実の様々なコンテクストを無視したものと捉えられがちだけど（たとえば有機的形態と呼ばれるものと比べて）、ここはそういう印象はない。というよりむしろ、幾何学（geometry）の起源が大地（geo）の測量（metry）だったように（よく知らないが）、この正方形の空間も、既存の家屋や庭、崖状の林との関係のなかで（その崖は武蔵野台地の際だという）、人の理性によって新しく境界線が引かれた場所として感じられる。前にも大相撲の国技館についてちょっと書いてみたことがあったけど 2009-09-25、おそらくある種の幾何学形態による空間は、その物理的な床・壁・天井の枠組みだけでなく、より観念的なレベルでの世界の広がり、そしてその中での自分の位置というものを感じさせるのだろう。

一方、この《White Room》では、内部の壁面の縦方向に目地、横方向に段差があって、言ってみれば正方形の4つの角を打ち消すような操作がされている。これは、正方形というひとつの秩序だけでなく、それ以外の秩序を複合的に場にもたせたということではないだろうか。そもそも既存の地下室の拡張なので、出入口や梁の位置は正方形の秩序に従属していないし、崖に向かう大きな開口は空間に方向性をもたらしている。また、生活のなかで物や家具がランダムに置かれていくこともあるだろう。そうしたとき、単に正方形の秩序だけでは埋もれてしまいかねない幾何学性を、壁の目地や段差による秩序が複合的に維持する方向に働くと言えるのではないだろうか。下の動画（https://www.youtube.com/watch?v=zaPV5MdJTaQ）は設計者によって作られたもので、『Room with 3 Closets』というタイトルが付けられていることからしても、それ自体ひとつの作品として提示されていると思うのだけど、なぜわざわざ未完成の工事中の状態で撮ったのかと考えると、やはりあえてノイズを含ませておくことで、精度を上げていったが故に（映像として）顕在化してしまう決定的な破調を回避するためだったという気がする。

2012-11-26

例によってトークイベントで話したこと／話されたことは、終わったあと不思議なほど覚えていないのだけど、昨日のトークに関してはなにかしら手応えのようなものは残った。これから特別編集版の動画をまとめるに当たって、自分でも内容を反芻してみたい。

イベントの映像をネットで配信することにはこれまであまり積極的になれなかった。今回それをやってみようと思ったのは、おそらく当日の体験とネット配信での体験がまったく別物になるという見通しがあったからだろう。たとえネットで無料で配信したとしても、当日お金を払って見に来てくれたお客さんが理不尽に感じることはない気がするし、むしろ当日の体験の一回性を確認あるいは定着させるものとして、望まれさえするかもしれない。要するにそれだけ場の力が強かった。

昔から「盛り上がる」という言葉をうまく使えないでいる。「今日のイベントを盛り上げよう」とか「盛り上がった」とか、そういう言い方を素直に受け入れにくい。盛り上がることを否定して、盛り上がらないほうがよいというわけではなくて、どういう状態を「盛り上がる」と呼ぶかをめぐっての違和感とでも言えるだろうか。つまりひとつには、集団的に「盛り上がった」とされる場においては「盛り上がらない」個人の存在は否定されるという同調の圧力、暴力性があるということ。またもうひとつは、そこで「盛り上がる」ことが重視され、目的化することで、より本質的ななにかが見失われてしまうのではないかということ。そうした「盛り上がること」への懐疑やアンチクライマックスの思考があるなかで、それでも盛り上がれたのなら、それはすばらしいことだと思う（一方で、こういった考え方をしていること自体、僕が司会がうまくない一因になっているような気もする）。翻って昨日のイベントはどうだったのか。この手応えの感覚はなんなのか。自分の発言を聴く憂鬱に耐えることになりそうだけど、僕自身それを確かめてみたい気持ちがある。

S：いいライヴはそんな感じですよ。お客さんがいないように感じる。ホントにいいライヴというのは、ただ出て行ってパッとはじめて、ストーンて自分に落ちていくような感じがあるからね。そういうのはね、ホントに難しいと思うんだ、やってて。

○いわゆる客とのコール＆レスポンスというのは……。

S：そういうのは飽きちゃう。

○ライヴをコミュニケーションとしては考えてないということですよね？

S：どうだろうな、わかんないな。ただなんか、そういう気持ちって伝わるんじゃないかなって思うけど。ただライヴはあくまで一対一だとは思ってるからさ。いくら野音に3000人いたとしたって。3000人に向かって何かを語るよりはさ、ひとりに語った方がお互いに伝わるとは思ってるから。でも最後はそうなるんじゃないかな。みんなで楽しくやっているという感覚もあるとは思うけど。このバンドにしかできないことという意味では。あと、ライヴの時に涙が止まらなかったとか、オレ、そういうことのほうが全然重要だと思うんだけどなあ。聴く人との関わりの中では。自分で作った曲で何が言いたいかというと、うまく言えないけど、それは涙が出るとかそういうことなんですよ。そういう原始的な感覚を信じているというかね。（佐藤伸治）

＊『フィッシュマンズ全書』小野島大編、小学館、2006、pp.276-277（初出：『ele-king』vol.20、インタヴュー・文＝三田格、1998）

2013-03-29

なにがいいのか自分でも判然としないまま、なんとなく毎週見ていた「ゲーマーズTV 夜遊び三姉妹」（日テレ）が昨夜で最終回だった。光浦靖子、加藤夏希、小池里奈が同じマンションの一室に暮らす三姉妹という設定でされるコントがメインのバラエティ番組。テレビゲームもこの十数年まったくしていないし、特筆すべきところがそれほどあるようには思えない番組なのだけど、やはりそのコントが好ましかったのだろう（加藤夏希さんが好きなのかもしれない）。毎週見ることが習慣化していたテレビ番組が終わるとき特有の物悲しさをずいぶん久しぶりに味わった。最終回のストーリーは次のようなものだった。

スポイト1本分の三姉妹の涙が50万円で売れる（それを使って過去に戻れる薬を作るため）という怪しげな話を仕入れてきた三姉妹が、あの手この手で泣こうとする（泣けるゲームをしたり）。でも涙はなかなかうまく溜まらない。そのとき流される涙はいかにも安手のコントのわざとらしい涙で、それはそれで普通にほほえましいのだけど、泣くためにあらゆる手を尽くしたとき、一番下の妹が唐突に、自分が姉二人にひそかに書いた感謝の手紙を読めば泣けるかもしれないと言って、手紙を読み始める。その内容を聞きながら僕は、あ、もしかして今日が最終回なのかも、3月の終わりだし、と初めて気づくのだけど、それとともに手紙を読む妹が声を震わせ、今度は「本物」の涙を流し始める。と同時に、そのかなり年少の妹に対する姉二人の態度もまた、「本物」の姉の態度になっているのだった。

おそらくこれが「安手のコント」（のわりにしっかり演出されている）ではなく、毎回「完成されたドラマ」だったら、このささやかな感動はなかっただろう。虚構と現実にまたがる3人の関係を見つづけてきたからこそ、このちょっとした次元の重ね合わせの操作が有効になる。単に最終回のエンディングで出演者が挨拶して涙を見せるよりも、この番組が続いてきた時間の総体を一瞬にして想起させる。いかにも肩の力が抜けた気楽そうな番組だけど、たぶんそれなりにちゃんとした人たちが作っていたのだと思う。昨今

のみるみる劣化していくテレビ番組は、単にそのものの質が落ちているという以上に、世の中の流れを反映して嫌な方向に向かっていっているという印象がある。その嫌な感じは業界内でなし崩し的に「常識化」していくものだから、その空気に染まらずに、それなりに好ましい番組が作られているというのは、それだけで思想性すら見いだしてしまいそうになる。こうしてあまり詳しい内容に触れる人もいないだろうから、続きも書いておこう。

物語はそれから7年後に移り、エピローグの雰囲気を醸し出していく（小沢健二の「愛し愛されて生きるのさ」が流れだしたりして）。三姉妹はそれぞれの道を歩み始め、それなりに忙しく充実した日々を送っている。そんなある日、長女が過去に戻れるという薬を100万円で買ってくる。これで自分が若くて一番よかった頃に戻るのだと息巻く長女。しかしテレビでは、それを売っていた男が詐欺罪で捕まったというニュースを、女子アナになった三女が伝えている。長女はそれを知り、やけくそになって薬を体に振りかけるが、別段なにも起こらない。ところで今日は三姉妹がずっと暮らしてきたマンションから引っ越す日だった。部屋から出る3人。しかし忘れものに気づいた長女が部屋に戻ると、そこにはなぜか和気藹々とテレビゲームをする2人の妹の姿があった。そこは7年前の自分たちの部屋だった。いつものようにはしゃぐ3人…

2013-04-28

ページ構成の都合上、『多木浩二と建築』には奥付がなく、編集後記も書かなかった。あるいは『窓の観察』でも編集後記は書いていないから、別冊では書かないというルールだったのかもしれないが、せっかく長い時間をかけて作ったので、特集を振り返って、巻頭言を捕捉するような覚え書きを記しておくことにする。

巻頭言で書いたとおり、『多木浩二と建築』は「多木の仕事を現在や未来、あるいは歴史に開くという問題意識を持っている」。そのために、こうした回顧的な企画にありがちな「今、なぜ多木浩二か？」という問いは立てないように気をつけた。そもそも多木さんの死を直接のきっかけにした特集なのだから（だいぶ遅れてしまったけど）、「今、なぜ」などと問うてみせるのは誠実さに欠けたポーズでしかない。実質的には「今、なぜ」と問うてもよいほど多木浩二というテーマには今日性があると思うけれど、まずは問題をひとつの切り口で閉じずに、開放系を保っておくことが必要だと考えた。「前半」の網羅的な著作目録や、あえて客観的な5つの領域を設定した論考はそうした意図に基づくし、多木さんとの関係が深かった人たちへのアンケートは、時代の貴重な証言であるとともに、そのややシステマティックな誌面に故人の息づかいを漂わせることになる。

「後半」の坂本一成インタヴューと坂本論の再録は、開放系としてのバランスを欠いているかもしれない。ただ、「多木浩二と建築」というテーマで『建築と日常』がより充実した企画を作ろうとしたとき、「坂本一成」はとりわけ有効な題材に違いない。それは言い換えると、「多木浩二と建築」にとって坂本一成の存在はとりわけ重要であると僕には思えるということであり、そこを突きつめることで多木浩二の一断面が見えてくるだろうし、さらには固有名を超えた普遍的なレベルで建築のあり方や時代性、創作と批評の

関係などが浮かびあがってくるかもしれない。

また、特集の開放性ということを言えば、坂本一成に明らかに偏らせることで、「多木浩二と建築」に関わるそれ以外の部分を余白として残し、その余白をめぐるダイナミズムを生み出せるのではないかとも考えた。たとえばここで坂本一成に凝縮させることで、同様に篠原一男に凝縮された『建築家・篠原一男──幾何学的想像力』（青土社、2007）と相互に響き合うことになるだろうし、未だなされていない別の切り口でのアウトプットを誘発することにもなるのではないか。ともかくこの特集が「多木浩二と建築」を考える上で必須でありながら、「多木浩二と建築」のすべてではないと感じさせるものになっていたとしたら、この意図は達成している。言ってみれば、現在的視点のみで閉じるのを避けるとともに、完全版を装って閉じてしまうのも避けようとした（著作目録に「網羅編」などという名前を付けたのも似たような意味で、まさに雑誌記事まで網羅的に調べているというデノテーションと、網羅という主観的な言葉の選択をする程度には非公式的であるというコノテーションの重ね合わせを意識している）。

ただ、こうした開放系のバランスを成り立たせるためには、単に各記事の内容およびその総和というだけでなく、雑誌としてのページ構成のレトリックも大きく関わってくる。まず単純なヴォリュームとしては、坂本関連の部分がそれ以外の企画すべてよりも圧倒的に大きい。つまりヴォリュームとしてのメインは坂本関連の企画なのだが、それが支配的であるという印象はなるべく薄めたかった。それは全体を開放系に保っておきたいということでもあり、一方で販売戦略にも関わっている（たとえば『多木浩二と建築』ならば建築分野以外で多木さんに興味がある人も買うかもしれないが、『多木浩二と坂本一成』だと、建築分野内でさらに興味をもつ人を限定する）。目標は部分（各記事）の充実とともにその自律、さらにはよりよい全体としての関係性となる。結果として最終的なページ構成はそれなりにうまくいったのではないかと思っている。

例として一般的・慣習的な雑誌のページ構成を考えてみると、おそらく「アンケート」→「坂本一成」→「論考」→「著作目録」というような順番が妥当なところだと思う。しかしあくまでヴォリュームは「坂本一成」が圧倒的なので、これだとその他の企画がみすぼらしく付け足しのように見えてしまいかねない。かといって「坂本一成」のヴォリュームに拮抗させるために、若手執筆者による「論考」や単なるリストである「著作目録」を前半に持ってきて、「アンケート」とまとめてみせるのも不自然に感じられる。そうしたとき、「著作目録」＋「アンケート」＋「論考」と「坂本一成」をそれぞれ両開きで始めるのは有効な解決策に思えた。

もともと『建築と日常』はテキストの読みやすさを考慮して右綴じの縦組みを採用してきたが、「著作目録」は英数字が多くなるため、縦組みだと具合が悪い。縦組み／横組みの両開きにすれば、その問題も解決できるし、「著作目録」「アンケート」「論考」のヴォリュームをまとめることもできる。多木さんのポートレートの表紙からすれば、「坂本一成」は（ヴォリュームとしては特集のメインであるにも拘わらず）最後部になるわけだけど、《代田の町家》の（裏）表紙側

から記事を始めることで、その違和感は中和されている。色上質紙を使い分けて、240ページの分厚い全体を分節し、適度に軽く見せられたのもよかった。

また、「著作目録」に「アンケート」を分散配置させることは、ただ単に無機質な「著作目録」のヴォリュームに生彩を与えるというだけでなく、「アンケート」のほうからしても好ましい理由がある。8つの回答は300字程度から5000字を超えるまで、それぞれの量に大きなばらつきがあるのだが、それを一個所にまとめて載せると、その差が際立ってしまう。字数が少ない人はそれだけ故人への思いも小さいと、無意識にせよ感じさせてしまいかねない。しかし当然、実際はそのようなことはなく、そうした誤解はぜひとも回避すべきものだったのである。

以上書いてきたように、『多木浩二と建築』はあくまでそれ自体で「多木浩二と建築」を語り尽くそうというものではない。しかし、ここから多様な思考を誘発するという目標においても心残りだったのは、寄稿者の人選である。「都市論」の青井哲人さんと「建築写真」の阿野太一さんを除いては、いずれも多木さんと直接的な親交があった方に限られた。これはひとつの閉鎖性であるかもしれない（あるいは「建築論」の中井邦夫さんも直接的な親交はそれほどないのかもしれないが、坂本研究室の出身であるため「外側」から見れば「内側」に見える、というようなことを問題にしている）。上で、坂本さんに偏らせることでそれ以外の余白を感じてもらえるのではないかと書いたが、この執筆陣の偏りに関しては、それ以外の部分を余白と感じてもらえるかどうか心もとない。むしろ無意識的に（意識的ならばまだしも）断絶を感じさせてしまう可能性が高い。巻頭言で書いたとおり、多木さんの建築界での活動範囲は限定的なのだが（たとえば「篠原スクール」とその周辺）、それは多木さんが閉鎖的だったからというより、自由な主体だったからだと思う。しかしそのことを歴史的に位置づけるためにも、なんらかの「外側」からの視線は特集に持ち込んでおくべきだったかもしれない。

それをしなかったのは、率直に言って、誰にどう聞いてよいか思い浮かばなかったからだ。たとえば当時、多木さんとほぼ接触がなく建築メディアで活動していた人たち（たとえば長谷川堯さん、植田実さん、鈴木博之さんなど）に参加してもらうイメージが持てなかった。きっと取っかかりがまったくないわけはないだろうから、結局は僕の怠慢ということになるのだけど、特集のヴォリュームの制限や坂本インタヴューの準備もあって、その可能性は早い段階で見切ってしまったきらいがある。当時の建築ジャーナリズムと多木さんの関係は、多木さんの建築論のあり方を考える上でも興味深いテーマだろうから、今後、別の献身的な作業を期待したい。

坂本インタヴューについては、とりあえず現時点で僕にできることはやったという気がしている。長時間のインタヴューにお付き合いいただいたのはもちろんのこと、インタヴュー後の原稿の構成や追記なども一任してくださった坂本さんに感謝している。

インタヴューはうまくないが、その後の原稿をまとめる作業はそれなりにできるほうだという自覚がある。ただ、今回はいかんせん分量が多く（しかし実際に雑誌が出来上がってみると、意外と少ないという印象）、会話の流れがいびつなところが若干残ってしまった。各回とも対象範囲の資料を事前に付け焼き刃で詰め込み、ある程度のストーリーを想定しながらインタヴューに臨んだので、それが余裕のなさとして誌面に出てしまったかもしれない。多木さんも指摘するとおり、坂本さんは「考える建築家」であり、その結果、すでにご自身のなかでおおよそのことの認識は出来上がっている。そしてそれは折に触れご自身で書かれたり、メディアに載っていることでもある。だからそこを突き崩して新しい成果を得るためには、なるべく沢山の視点や話題を用意して手当たり次第にぶつけてみたり、若輩だろうが何だろうが、聞き手が主体的に話を進めていく必要があった。

インタヴュー原稿を整理する段階では、予備知識がない人にも読み進めてもらえることを意識しつつ、少なくとも情報の面でできるだけ充実させようと考えた。対話の内容と関連する事柄を後付けで組み込んでいったり、引用文を多く含ませたりするようにした。また、引用文はインタヴューの「地」の会話となるべくうまく関係づけるようにして配置し、長い対話のなかに第三者の存在を（明確な「図」としてではなく）浮かびあがらせるようにしたかった（引用文の書体をゴシック体ではなく、本文と同じ明朝体にすることも一応検討した）。それがうまくいっているかどうかは今のところよく分からない。

こうして書き綴ってくると、どうも自分で特集を振り返る言葉が、特集の対象が持っている言葉と似通っていることに気づく（開放系、コノテーション、構成のレトリック、図と地など）。巻頭言で書いた「多木の仕事を現在や未来、あるいは歴史に開く」ことが実現できるかどうかはともかくとして、こういった言葉づかいの共通性は、この特集の存在の必然性を示していると言えるような気がする。

2013-05-30
ここしばらくで、ホン・サンスの映画を4本、DVDで観た。『カンウォンの恋』(1998)、『秘花　スジョンの愛』(2000)、『気まぐれな唇』(2002)、『女は男の未来だ』(2004)。『秘花　スジョンの愛』はあまりうまくいっていない気がしたけど、それ以外はよかった（一番は『気まぐれな唇』）。今回観た4本では、内容的に前2作と後2作で線が引けるような気がする。そして自分なりの手法を獲得したかに見える後2作のほうがむしろロメールっぽいというのが興味深い（ホン・サンスの最近の作品は見ていない）。映画作家が先人の影響を受けて映画を撮るということは数え切れないくらいあるだろうけど、ここまで似通っていて、なおかつそれが単なるオマージュやパロディでなく、その作家自身の内的な必然性に貫かれているというケースは稀なのではないだろうか。両者の共通点としては、前に書いたような **2013-01-05**、「繊細の精神」（人間関係・男女関係の気まずさ、人間の卑小さ、センチメンタリズムなど）と「幾何学の精神」（全体の分節と構築、計画された偶然、故事や格言と物語の関連など）の調和ということになると思う。また、もっと丁寧に見比べればいろいろ言えるかもしれないけど、とりあえずホン・サンスに独特なのは、『アバンチュールはパリで』(2009)のラストに顕著に見られるような、人間の精神のきわどさ、狂気に触れる部分ではないかと思う。ロメールはもうすこし積極的に生を肯定している気がする。

ホン・サンスがロメールについて書いたり語ったりしているものがないか検索してみたところ、こんな記事があった。
- ホン・サンス監督がおすすめする「僕の作品の原点になった映画」　http://news.kstyle.com/article.ksn?articleNo=1938240

2013-05-31
『芸術新潮』6月号にホン・サンスのインタヴュー記事が載っていた。「軽やかに無造作に、暗黙の了解を揺さぶる　ホン・サンス監督」（聞き手＝筒井武文）。残念ながらエリック・ロメールの名前は出てこなかったけれど、いくつか興味深い発言があった。下記は、画家としてセザンヌが「完璧」であるというホン・サンスの発言の流れから。
──セザンヌは、ひとつのタブローの中に異なった時間が入っているわけです。すごく、ホン・サンス監督の映画に通じていると思います。
「どの画家にも具象性と抽象性の二つの側面があります。ある画家は具象性が多く、抽象性は低い。その逆の画家もいます。私には、セザンヌの立ち位置、具象性と抽象性のバランスがぴったりくるんです」
この具象性と抽象性は、まさに昨日書いた「繊細の精神」と「幾何学の精神」だと思う。（ピカソでもマティスでもなく）セザンヌがぴったりくるという感覚も、なんとなく分かりそうな気がする。
次のは最後の発言。僕が興味をもつ人は割とみな同じようなことを言う。
──［…］監督にとって、映画で目指しているものとは何でしょうか。
「普通の娯楽映画であっても、中に込められているメッセージがありますよね。イデオロギーとか、社会的なものとか、あるいは我々がこういう風に生きれば幸福になれますよとか。でもよく考えてみると、そういう映画の中のメッセージにならっても幸福になれないじゃないですか。あるいは世の中にあらかじめ準備されている、いろんな生き方をなぞっても幸福になれない。そうしたもどかしさを感じますが、それを拒否して新しいシステムを作りたいわけでもないのですね。ただ、私の映画を見ることでそういうもどかしさに気づいてほしい。気づくだけでも十分だと思うんです」

2013-06-02
北野武『アウトレイジ』(2010)をDVDで観た。モダニズムを感じた。すこしまえに日記で「このところ暴力を構成要素にした映画がどんどん受け入れがたくなってきている」と書き、でもジョニー・トー『エグザイル／絆』(2006)はそれなりに楽しめたと書いたけど **2013-05-03**、『エグザイル／絆』とはまた違ったあり方で、『アウトレイジ』もそれなりに楽しめた（反射的に目を背けたくなるシーンは沢山あったけど）。

例えば終盤、ある暴力団一派が次々と殺されていき、物語とほとんど関係がなかったような愛人まで皆殺しにされるのは、普通に考えればあまりにも凄惨なのだけど、むしろそこまで徹底して機械的に順序よく、かつ多様なやり方で殺されていくことで（ネット上の情報によれば、まず撮りたい暴力シーンを考えてからストーリーを組み立てていったらしい）、物語の現実味が薄れ、映画としての抽象性と運動性が前面に出てくる。しかしそれで暴力表現のためだけの形式主義になってしまうかというとそうでもなく、そのように個々の人間が単なる一要素として扱われるよう

な映画の構造は、この映画（脚本）で描かれる下克上のヤクザの世界の構造とも重なっている。

観客としては、ストーリーの展開上、その皆殺しにされる一派に肩入れするような感情が生まれる。けれどもそれは登場人物の人間性の描写によるものではなく（『エグザイル／絆』はむしろそこを丁寧に描くことで成立していた）、あくまで抽象性と運動性を前提にしている。言ってみれば、権力者や多数派に利用されて捨てられる人間たちには自然と感情移入してしまう、という構造的なレベルから生まれる感情だと思う（映画公開時のキャッチコピーは「全員悪人」だった）。現に激しい暴力描写を提供していることの倫理的な問題は残るとしても、このドライな表現は興味深い。ふと未来派の戦争賛美を思い出した。

2013-09-30
先週で『あまちゃん』が終わって今日から『ごちそうさん』が始まり、早起きしてその第1回を観た。『あまちゃん』は昼の再放送を観ることがほとんどだったのだけど、単に「作品を観る」ということとは違う「毎日決まった時間に観る」ことの効用を体験的に知ったので、今度は毎日朝の回を観て規則正しい生活を送ろうと目論んでいる。8時からの放送に合わせて7時50分にアラームをセットすると二度寝する可能性があるため、7時58分くらいがちょうどよい。ドラマの内容にはそこまで期待しているわけではないけど、主演の杏さんは割と好きだから、うまくいけば習慣化できるかもしれない。しかし今日の初回では杏さんは最初のほうだけ顔見せ的に登場して、あとは幼年期の話になってしまった。それがしばらく続きそう。日本の子役がおおむねひどいのは、その役者自身の問題というより、演出やマネージャーやプロデューサーなど、周囲の大人の価値観がそこに映った結果なのではないかと思う。

『あまちゃん』は最後の一月半ほどを観て（それ以前の回もダイジェストでなんとなくは知っている）、前にすこし書いたけど 2013-09-05 やっぱり震災の描き方はダメだった。表現がよくないというよりも、表現をしていないという印象。もっとも、震災を描けないのも、ここまで世間で話題になる作品がつくれるのも、同じ宮藤官九郎という人なのだろうと思う。

最近はテレビドラマやアニメをほとんど観ないせいもってか、毎日の15分の連続という朝ドラの構成形式（およびそれと生活との関係）はとても新鮮に感じられた。『あまちゃん』において、この構成形式に即した各回のトピックの盛り込み方やテンポのよい展開が成功していたことは間違いない。しかし一方でやや疑問なのは、そうして話が目まぐるしく展開するあまり、すこし離れて見てみると、ある時それぞれの登場人物が人生の一大事として経験し、視聴者もそれに感情移入して共に泣き、共に笑ったトピックが、その他に盛り込まれたトピックと（直列というよりも）並列にされることで、相対的に軽んじられているように見えてしまわないか、ということだ。僕自身は最初から通して観ていないので言いにくいことではあるけれど、例えばアイドルや女優を目指して様々に体験してきた出来事やそれにともなう思いは、地震の後に北三陸に帰るという新たなトピックと必ずしも直列的にきちんと関係づけて描かれていない気がするし（「説明不可能な衝動」という描写でもない）、東京での先輩との甘酸っぱい恋の話（と元カノとの関係）は、そ

の後、放ったらかしではないかという気もする。

方法としては、複数のトピックの関係をそれほど考えずに、その個々の充実だけを考えて部分を積み重ねていくことで全体がひとつの漲った状態に至る、ということも可能だと思うのだけど、『あまちゃん』はそこまで振り切って作られている感じはしない。それはNHKの朝ドラという枠組みではやはり難しいことに違いないし、このドラマが基本的には（日本語の意味の）ポピュリズムを基盤にしているということにも起因していると思う。このドラマを構成している様々な要素は、基本的に「この操作をすれば視聴者はこう感じる」という一対一対応的な関係に基づいている。そうした個々の要素の巧みさや的確さによって、あれだけの人気を得たのだろうし、僕も最後まで観続けたわけだけど、やはり一対一対応の言ってみれば機能主義的な各要素は、作品の内部でお互いに響き合ったり有機的な関係を生成したりはしにくいのではないかと思う。

と同時にこうしたポピュリズムは、それが想定している範囲外の属性の人には作品を閉じたものに感じさせてしまう（実際『あまちゃん』も話題になっている割りにすべての朝ドラファンから支持されているわけではないらしい）。ただ、そこでその閉鎖性から比較的自由でありえるのが生身の役者の存在なのだろう。『あまちゃん』では何人かの役者たち、とりわけ能年玲奈と薬師丸ひろ子が輝いていた（宮本信子はいつもカツラに違和感を抱かせた）。ほとんど新人の能年玲奈に対して、薬師丸ひろ子はすでに様々な歴史を抱えていて、その対照的なふたりの輝き方には脚本やキャスティング、演出の力も当然作用しているのだと思う。

こうやって考えてみると『あまちゃん』は、ポピュリズムの閉鎖性とポップなものをとりこむことの開放性や可能性を両方感じさせるドラマだった。

2013-12-01
柴崎友香「きょうのできごと、十年後」（『文藝』2013年冬季号）を読んだ。タイトルの通り、2000年に刊行された『きょうのできごと』の10年後が描かれている。柴崎さんの作品は単体の小説でも、ある種の時間性が内包されているけれど、特にこの小説に含まれる10年間には読者（僕）の10年間も編み込まれているような感じがする。それはこの小説の登場人物たちと僕が同世代であることが大きいだろうし、また大学院を出ていたりメディア関係の仕事をしていたり（先が見えなかったり）、経歴や生活の形式が部分的に重なることも関係しているかもしれない。『きょうのできごと』を初めて読んだのは、刊行から6、7年は後だから、登場人物たちの10年と僕の10年がそのまま重なっているわけではない。でもその間に柴崎さんの他の小説も読んできて、作品の空間が僕の記憶の空間と入り混じっているというか、小説の全体が内側からアクチュアルに響いてくる。

僕はわりと同時代性というものを疑ってかかるほうで、むしろ時間や空間を超えたところで共感できるものに価値を見る傾向がある。同時代であるからこそ遠く感じるとか、時空間を隔てているからこそ近く感じるとか、そういう心理的な作用も多少はあるかもしれない。「よりぬき」0000-00-01 を整理していて、柴崎さんの作品について書いた文は比較的多かった。しかしそこでは基本的に同時代性というものを外した

ところで、人間や空間・時間の描き方などにおいて興味を惹かれるものとして、作品を捉えている。もし柴崎さんが100年前の人で、100年前の情景を100年前の言葉で書いていたとしても、それを丁寧に読む機会さえあれば、おそらく僕はその作品に興味を惹かれるだろう（いま僕が100年前の漱石を読むのと同じように）。

けれども「きょうのできごと、十年後」を読み終えて、作品が同時代に存在することの価値を強く感じた。もちろんこれまでの作品にも感じてはいたのだろうけど、あまり意識して考えることはなかった。その〈同時代性〉は個別的・現象的・感覚的なものであり、言語化するのはなかなか難しい。小説として現代の風俗が描かれていることは当然影響しているだろうけど（柴崎さんの小説はそこをわりと率直に描いている）、現代の風俗が描かれていれば〈同時代性〉を感じるというわけでもなく、描かれているからこそ決定的に自分との距離や断絶を感じてしまう場合もある。

だからこの〈同時代性〉は、先に書いた「時間や空間を超えたところで共感できるもの」との関係のなかで表れてくる。こんなこと書かなくてもよいかもしれないけど、たとえば同じく「よりぬき」でたびたび登場する佐藤伸治（フィッシュマンズの音楽）と忌野清志郎（RCサクセション等の音楽）には、どちらにも大いに共感し敬意をもつけれど（佐藤伸治は忌野清志郎に共感し敬意をもっていた）、しいてどちらかを挙げようとすると前者になるのは、この〈同時代性〉が関係しているように思える。〈同時代性〉とは、「時間や空間を超えたところで共感できる」ことを踏まえた上で作品の優劣とは別に表れてくる、しかしだからこそ、それぞれの作品と同時代を生きる人にとってかけがえのない価値をもつものだ。

2013-12-16
頼まれて桑沢デザイン研究所でレクチャーをした。与えられた時間は90分。初めての単独レクチャーで、90分なんてとても無理だと思ったけれど、なるべく90分に近づくようにと用意していったスライドは、結局時間が足りずに途中から飛ばし飛ばしになってしまった。大勢の前で一方的に話をするのはやはり苦手というほかない。それは人前に立つ緊張に加えて、発話としての言葉を文章としての言葉と同じように捉えようとしているせいではないかという気がする。とはいえ、とりあえず慣れるしかないことかもしれない。

レクチャーの内容にとくに指定はなかったけれど、全6回のシリーズのタイトルが「空間デザイン論」だったので、日頃感じていた雑誌の（広い意味での）デザインと建築のデザインとの共通性を意識しつつ、『建築と日常』の活動を振り返ってみた。あまり丁寧に考えずに思いついた限りでは、雑誌と建築では下のような性質が重なるはずで、こうした点がそれぞれのデザインの方法をある程度規定しているように思える。

- 現実的な多様な要素で構成される
- 身体的・慣習的な機能を前提とした形式性をもつ
- 部分ごとに経験される
- 社会性・公共性をもつ

これらのことは、とりわけ『建築と日常』を始めて、レイアウトや販売まで含めて有機的に雑誌の全体を考えだして意識するようになったことだから、専門領域を隔てずに日常の地平で物事を捉えることやアマチュアリズムの重要性についても話をした。

はたして学生たちにはどう伝わっただろうか。雑誌を刊行して、それが読者にどう伝わったかも分からないものだけど、雑誌の場合はそもそも読者は自分と離れた空間にいるので、どう伝わったかが分からないことにも慣れてしまった。しかしレクチャーの場合、相手は目の前にいるから、どう伝わったかが分からないという気持ちが一段と強くなる。

一人の学生から、『建築と日常』No.0の編集後記の「半分夢の中」という見出しはフィッシュマンズの歌詞から取っているのかという質問があった。2009年に刊行して以来、その指摘は受けたことがなかった。ただ、それは半分正解というべきで、確かにフィッシュマンズの『SEASON』（および『LONG SEASON』）に「夕暮れ時を二人で走ってゆく 風を呼んで 君を呼んで 東京の街のスミからスミまで 僕ら半分 夢の中」というフレーズがあるけれど、その歌がつくられる20年ほど前、RCサクセションの『甲州街道はもう秋なのさ』にも、「たばこをくわえながら 車を走らせる 甲州街道はもう秋なのさ ハンドルにぎりながら ぼく半分夢の中」というフレーズがある（『SEASON』のほうには「季節の中を走りぬけてもうすぐ秋だね」というフレーズもある）。「半分夢の中」はその両方から取った。

2013-12-18
昨夜の演劇は『窓の観察』に寄稿していただいた著者の方と観ていたのだけど、終演後、椅子から立ち上がって振り返ると、『窓の観察』の別の著者の方がいた。去年のジュンク堂のイベントの日 2012-10-09 以来の『窓の観察』のおふたり。折角なので中華街で一緒に食事をした。いま観た演劇の感想や恋の話に花を咲かせつつ、新国立競技場問題にも若干話題が及んだ。

新国立競技場の問題については、以前一度だけこのブログで触れたことがある 2013-09-26。触れたというか、かすったくらいのものだけど、これ以外はネットでの署名なども含めて、公的なアクションはなにもしていない。基本的には馬鹿げた計画だと思っているので、メールで回ってきた署名の呼びかけくらいは応じようかと思ったけど、そこで賛同を訴える文に違和感があって、結局返信しないままにしてしまった。

一昨日のレクチャーでも話したけど、もし『建築と日常』がなんらかの力をもっているとしたら、それは一人の人間の日常の実感に根ざしているからだと思う。というか、それしか資本がない。そこだけに懸けている。だから逆に、日常の実感の範囲から外れることにはめっぽう弱い。震災でさえそうで、No.2では特集のテーマを建築の所有の問題にずらして、なんとか成り立たせられた。景観問題や建築の保存についても、本当に自分の内的な問題意識で関わったのは《代田の町家》くらいではないかという気がする（とくに関わったわけではないけど、No.1で短い文を書いた楳図かずお邸もそれなりに実感はあった）。

これは我ながら消極的な態度だと思う。ただその一方、世の中の多くの問題に対して、そのそれぞれに実感があるそれぞれの人が、きちんとその実感に根ざして行為・活動をすれば、世の中はそう悪くならないのではないかという思いもある（もう既にかたちづくられている「今の世の中」では楽観的すぎる考えだろうけど）。それはこのまえ観た『ハンナ・アーレント』2013-12-04 でテーマになっていた、一人

一人が思考を持続する大切さにも繋がるかもしれない。そのような個人の集合による動的な均衡をもった社会こそ、ひとつの理想になりうる。

たとえば僕が日常の実感のなかで新国立競技場問題を捉えようとすると、どうしても問題は競技場よりオリンピック反対というところに行きつかざるをえない。そして現在の計画を問題視する人たちの具体的な主張を見ても、それらは資本主義や国民国家の制度を批判するものとして、その延長線上にはオリンピック反対が位置づけられるように思える。けれども競技場計画を批判する人たちの中で、オリンピックの開催自体に反対している人はあまりいないように見える。

オリンピックの開催をくつがえすのは大変で現実的ではないから、建築や都市の専門家としてとりあえずそこには目をつぶり、競技場だけを問題にするというプラグマティックな判断は納得しうるし、専門家としての責任感の現れとしても捉えられる。しかし実際には、そうした割り切った意識（社会の中での役割分担）に基づいて行動をするのではなく、より大きな日常的な問題に対して思考停止になっている人が少なくない気がする（より大きな日常的な問題とは、今きっとオリンピックでさえない）。

もし建築家を特筆大書するなら、理想主義者であるべきだと僕は思います。そういうことを言うとアナクロニックに聞こえるかもしれませんが、どこかで理想主義者にならないとメタ原理も出てこないし、自己と他者の間の境界に対する解決も出てこない。そういうことを言うと、確かにアナクロに聞こえるけれど聞こえてもいいと思う。そう言えるくらいに世界がむちゃくちゃになっているから、もう言ってもいいんだという気がしているわけです。［…］現代世界が一番めちゃくちゃなのは、あした戦争が始まっても不思議ではないところです。理想主義という場合、そこまで押さえている必要があり、それに反対する立場をとることを含んだ理想主義です。［…］今人間も社会もおかしくなっているわけで、その中で建築をつくることは、人類の能動的な活動に意味を与えることができるかどうかという瀬戸際まで来ているわけです。（多木浩二）

*多木浩二・奥山信一・安田幸一・坂牛卓「建てるということ――多木浩二と若い建築家3人との対話」『建築技術』2003年2月号

2013-12-19
社会的になんらかの望ましくない問題があったとして、その問題に立ち向かわなければいけないとして、そのために大きなエネルギーが必要だとしても、その問題が存在しないときより自分が生き生きとしてしまうことには自覚的であったほうがよいと思う。

2013-12-22
鈴木博之「問われた遺産の継承と創造」（『毎日新聞』12月11日夕刊）を読んだ。この1年の建築を振り返る論説。新国立競技場の問題について触れられているということで、図書館に行ったときに探してみた。鈴木博之さんは新国立競技場コンペの審査員の一人。

しかし出だしの一文、「今年の建築界に明るい話題を提供したのが、東京の新しい歌舞伎座の開業であった」に、まずぴんとこない。そうなのだろうか。建築界のメインストリームがどのへんにあるのか定かではないけれど、少なくともデザインの分野で歌舞伎

座がそれほど話題になったという印象はない（たとえばより大きなニュースとしてはオリンピックの東京開催決定があるだろうし、鈴木さんとしても、そちらを「明るい話題」の一番に挙げるのが自然というか理に適っているように思える）。

鈴木さんの論評では、「修復工事でも保存工事でもなく、改築工事でありながら」「劇場の意匠は極力これまでの歌舞伎座を踏襲し」「先代の歌舞伎座に最大限の敬意が払われている」とされる。紙幅の制約などから十分に論理が説明できていないとしても、この歌舞伎座の高い評価の評価基準には違和感がある。これは建築の保存／開発をめぐるここ数十年の文脈において、鈴木さんやDOCOMOMO Japanその他の保存運動を推進する人たちが根ざしてきた評価基準とは異なるのではないだろうか。

たとえば東京中央郵便局（JPタワー）も「極力」ではないにしても意匠は踏襲されているから、「最大限」ではないにしても先代の建築に「敬意が払われている」と言えるのだろうか。また、三菱一号館は「極力」意匠は踏襲されているだろうから、先代の建築に「最大限」の「敬意が払われている」と言えるのだろうか。たぶん「言える」のだろう。というか実際に言われていると思う。けれどもそういう空疎な論理がまかり通る場所を、鈴木さんたちは批判してきたのではなかっただろうか。

岩波書店の『世界』2013年7月号に、歌舞伎座を設計した隈研吾氏と歌舞伎の評論家である渡辺保氏の対談「21世紀歌舞伎座の『顔』」が載っている。以下、渡辺氏の発言。

しかし、昔のままがいいという気持と同時に、昔のままでいいのか、という気持もある。［…］そこで考えさせられたのは、「いま、歌舞伎は保守なんだ」ということです。昔の歌舞伎座どおりにまとめるのは、時代の要請でもあるのかもしれない。時代が復古調を求めている。これが、私が問題だと思う点です。

歌舞伎のことはほとんどなにも知らないけれど、おそらくかつて歌舞伎は前衛的なポップカルチャーだったのだろう。歌舞伎座の建築についても、これまでの4期（今回が第5期）はそれぞれ、「時代の先端を行く洋風」、「日露戦争後の復古調の和風」、「大正デモクラシーを代表する和洋折衷」、「何とかして日本人が立ち直らなければならないという思いを背負った戦後復興」といった、「ある時代のテーマを持っていました」と渡辺氏は指摘している。だとするならば、たとえ今回の歌舞伎座が先代の姿形を踏襲しているとしても、それは歌舞伎という文化の本質を継承していることにはならない。むしろ今回のデザインは、鈴木さんが評する「文化遺産の新しい継承のあり方」というよりも、既存の資本主義のシステムや極端に説明責任が求められる現代社会の風潮に、無難に乗った結果という気がする。

論説の後半では、新国立競技場計画に対する槇文彦氏らの批判をめぐって書かれていた。その部分にも違和感はあるのだけど、新競技場の問題はもう背景の政治色が強すぎて、書かれている内容自体にまともに反応するのは空しいような気がしてしまう。一方、冒頭の歌舞伎座の高評価は、文章の後半で「再開発」を「未来に残る建築遺産の創造」と言い換えるのに必要な段取りだったのかもしれないけど、そうやって大きな政治的な問題に従属するかたち

で、これまで築かれた建築の価値基準がなし崩しにされていくことに、人間の活動の脆さを感じてしまう。すこし前、号外『日本の建築批評がどう語られてきたか』から宣伝目的でたまたま抜き出した鈴木さんの言葉 2013-12-09 が、期せずしてより深い意味をもつことになってしまった。

2014-01-04
去年のある忘年会でのこと。一堂が車座になって映画の話をしているとき、流れのなかでエリック・ロメールが好きだと言うと、年長の女性から「あのエロじじいが?」という反応があった。その人はヌーヴェルヴァーグならロメールよりリヴェットが好きだと言って、別にロメールを批判するつもりはぜんぜんなかったと思うけど（以前その人が『獅子座』が素晴らしかったと言うのを聞いたことがある）、それはともかく僕には「ロメールがエロい」という言い方がどうもぴんとこない。確かにロメールの映画ではセックスを前提にして物語がつくられているものが多い。でもそれは本人がエロいというより（エロくないとも言わないけれど）、もうすこし客観的に扱っているというか、たぶん「性」と「生」の漢字が似ているのと同じ意味で、人生における重要な問題や人間関係を描くためにセックスが前提にされているという感じがする（僕にとって「ロメールがエロい」と類似した問題に、「坂本一成が難しい」「フィッシュマンズが暗い」がある）。
このことは、より性的な描写が露骨なホン・サンスの映画や、露骨というより普通にポルノに分類されるいまおかしんじの映画さえ同じではないかと思う反面、昔のアート系のロマンポルノや、いわゆるエロティック路線の映画すべてにおいて、性と生とがつながっているという印象は必ずしもない。ロメールの映画におけるセックスは、その部分だけを抜き出して対象化されるものでもなければ人間の本能的な面の追求でもなく、あくまで社会性や日常性と不可分なものであり、それは個人差や男女差はあるとしても、人生の大きな問題のひとつなのだと思う。
ところで前にすこし書いた『ごちそうさん』 2013-09-30 を、なんだかんだ文句を言いつつ観続けている。最近主人公の夫婦に子どもが産まれたのだけど、しかしそこに至る一連の物語にセックスの気配はまったく感じられなかった。もちろん NHK の朝の連ドラでセックスシーンを描く必要はないし、そんなリアリズムは鬱陶しい。けれども実際、まだ妻の妊娠が発覚する以前に、妻が小姑からひどくいじめられる場面や、ある出来事によって夫婦が喧嘩し離縁まで考える場面を観ていて、この夫婦は果たしてセックスをしているのだろうかという疑問が湧き上がってきたことがあった（ふたりが 6 畳くらいの部屋で布団を並べて寝ている場面はたびたび描かれていたので、類推はできるのだけど）。結果的に時間のつじつまを考えると、妻はすでにそのとき妊娠していたわけだから、セックスもしていたことになる。しかし、もしこの若い新婚の夫婦が「本当に」セックスをしていたとしたら、妻が小姑にいじめられたとき、あるいは夫婦が喧嘩したとき、彼女および彼はもっと別の感情を抱いて、別の振る舞いをしたのではないか、という気がしてならない。単に表だってセックスが描かれないだけではなくて、ふたりが生きる世界にセックスというものが存在しないかのように見える。そのことで作品世界もつ自律的な秩序のリアリティは薄れ、登場人物たち

は自ら感じ考え動いているのではなく、その世界の外側から別の論理によって動かされているように感じられてしまう。
セックスのことを抜きにしても、このドラマは（登場人物それぞれの存在に寄り添うよりも）個々に検討したドラマ的要素を組み合わせることで全体を成り立たせようとしているような雰囲気がある。テレビドラマというのは大抵そういうものなのかもしれないけど、役者陣の演技は基本的によいと思うから、もっとそちら側にリアリティの軸をゆだねてもいいのではないだろうか。とりわけ夫役の東出昌大と妹役の高畑充希はよい。どちらもこれまで知らなかった人で、『あまちゃん』の能年玲奈にしても、そういう人たちをきちんと抜擢するのは好ましい。

2014-01-08
新年に持ち越した大掃除でセレクトした DVD ボックス 3 箱と映画 DVD3 本と音楽 CD28 枚をブックオフで売却。合計 14,010 円で、思っていたより高かった。先に行った近所の CD ショップは店が潰れていた。VHS が一般の中古屋で売れなくなってからずいぶん経つけれど、きっと CD や DVD も遠からずそういう日が来るのだろう。
音楽 CD はすべてパソコンに取り込むこともせずに売ってしまった。なんとなく身軽になりたいという気分が強い。あるいは全体の量を減らしたいというより、自分の持ち物を厳選させたいということかもしれない。
DVD はいちばん数が少ないから、ほとんどが思い入れのある作品と言える。けれども個々の物体そのものに愛着があるわけではないので、なにかのきっかけに売ろうと思えば、比較的抵抗なく売れる気がする。CD はそれなりに（よくも悪くも）自分の歴史と結びついている。今後あまり聴く可能性がないと思えても、手放すのは憚られるものが多い。しかしその気持ちも時間とともに薄れていっている。本は物体としての存在感も強いし、世俗的なしがらみも強い。特に好きでもない本でも、いつかまた仕事などで必要になるかもしれない。また、たとえこの先一度も開くことがない本でも、その本が本棚にあるということだけで、なにかを考えるときに、その 1 冊のぶん、思考の広がりが確保されるような気がする。しかしそういった未来への意識を持つことも、最近はなんとなく重たく感じられる。

2014-01-27
2 週間ちょっと前、鈴木博之さんの「それでも、日本人は『五輪』を選んだ」（『建築ジャーナル』2014年 1 月号）という文章を本屋で立ち読みした。掲載誌では「新国立競技場案を考える その 1」という特集が組まれている。この前 2013-12-22 の新聞論説からの続きで、あらためてじっくり読んで考えてみようかと思ったのだけど、身近な図書館では置いていないようなので、とりあえず文章のタイトルについてだけ。
「それでも、日本人は『五輪』を選んだ」というのは、現状の新国立競技場案に対する批判への反論として、「それでも、日本人は『五輪』を選んだ」のだから、（オリンピック開催自体に反対するほどの気概がないのなら）四の五の言わずに現状案に基づいてよりよい建築を目指していこう、というような意味だったと思う（文章全体では、そうした認識のもと、現状案の魅力やメリットが具体的に列挙されていた）。
このタイトルがよくないと思うのは、まずひとつに、

鈴木さん自身は必ずしもオリンピック開催に賛成ではないと匂わせているところ。社会的責任を全うするような姿勢を見せつつ、自分の思想性を超越的な高みに押し上げ、守っているように見える（もちろん、もし賛成ではないことを明らかに表明してしまえば、そもそもなぜコンペの審査員を引き受けたのかという点を問われることになる）。もうひとつは単純に事実と違っているところ。例えば僕はオリンピック開催を選んでいないのだから、僕は日本人ではないのだろうか。要するに、日本人でも五輪を選んだ人もいれば選んでいない人もいるのは明らかなのだから、そもそも「日本人」という概念で括ることが間違っている。ちょうど物語が戦時下に入った朝ドラの『ごちそうさん』では、「日本人なら贅沢はできないはずだ」という標語が街中に掲示されていた。こうしたナショナリティの語り口は、国民／非国民を選別するような全体主義の思想に繋がっている。
もしも現状のタイトルと同じようなことを客観的に正しく言おうとしたなら、例えば「それでも、日本政府は『五輪』を選んだ」だと、事実として間違いはない。でもそうすると、「日本政府が選んだのだから四の五の言うな」とは言いづらい。反対派の心情に訴えかける力が弱いし、自分を完全に体制の側に置くことになってしまう。だから鈴木さんとしては、「それでも、日本社会は『五輪』を選んだ」と書くべきだったのではないだろうか。「日本社会」ならば一概に事実に反しているとは言えないし、その社会の要求に応えるという意味で、一定の説得力もある。とはいえこの論理も完全無欠なわけではなくて、下のような批判が成り立ちうる。号外『日本の建築批評がどう語られてきたか』にも記載した、1987 年のある批評文から。
「その社会が建築をつくる」
という建築家の発言がかつて話題になったことがあるが、現実追従型のリアリズムは最終的にはここに行きつく。
この発想法は強い。何と言ったって現実に「現実」がそこにあるのだから。嘘だと思ったらよく見てみろ、実際に現実はそうじゃないか……こう言われれば、確かにそのとおりだ。
しかし、そうした発言は、プロフェッションをもった存在としての建築家、つまり現実に対して何らかの専門的ヴィジョンを呈示する者としての建築家の存在を、自ら否定するものだ。
「そんな重ったるいことを言ったって始まらないじゃないか」
そのような気分のなかで、この新現実主義は力をもつ。時代自体が、この新現実主義に浸り切っているのではないか。
現実というものの圧倒的な迫力と面白さに驚いている新鮮な精神は、あっという間にその現実なるものの内側にとり込まれて安住してしまう。これが新現実主義である。そこには批判精神、現実に対置されるべき存在である精神の王国が決定的に欠落している。
おそらく現在のわれわれを支配しているものは、この新現実主義である。これから自由になるためには、古風な言い方をすれば、志がいる。述志の心である。これは「正しい」だけの正論ではなくて、一種肉体的な痛みを伴った理想である。
＊鈴木博之「建築横議の場の確立を」『建築文化』

1987年7月号

ずいぶん回りくどく皮肉っぽい書き方をしてしまった。今回の「それでも、日本人は『五輪』を選んだ」を一読して思い出したのは、鈴木さんが42歳のときに発表された上記の文だった。ふたつの文章は驚くほど明快に対立する。

引用文で触れられている「その社会が建築をつくる」は、「なぜ、実力のほどが知れてしまう、自身の非人間性が暴露してしまうほど巨大な仕事に、建築家は手を出すのか」という神代雄一郎の批評（「巨大建築に抗議する」『新建築』1974年9月号。神代雄一郎の「巨大建築に抗議する」とそれに続く「裁判の季節」を含むいくつかの文章は、明治大学の「神代雄一郎著作アーカイブ」（http://meiji-architecture.net/meiji_archives/kojiro_archives_writing.php）のサイトで公開されている）に対する日建設計の林昌二の反論を指している。

建築をつくる立場は、単に注文者の要請通りにつくるだけであってはならないことはもちろんですが、だからといって、建築という形で世に生まれでる過程のすべてについて、建築家が責任を負うべきだとするいい方は、社会の構造を無視しているだけでなく、建築家または建築界に対する不当な過大評価に他ならず、ここにこそ成長志向が生み落としたみにくい思い上りが見られることを指摘しておきます。
＊林昌二「その社会が建築を創る」『新建築』1975年4月号

これはこれで、先週 2014-01-20 抜粋した桐敷さんの文章と明快に対立するけれど、

建築家は常に工費の不足と法規の束縛について不満を述べるが、今日ほど建築家の社会的な力と自由が肥大化した時代はない。建築に関することは、法規も含めて、事実上、ほとんどすべて建築家自身が決めているのである。安建築も欠陥建築も違法建築も、もし建築家が絶対に容認しなければ出現するはずがない。現代の建築家は、自己の力を過小評価し、安易に社会と時流に妥協している。
＊桐敷真次郎『近代建築史』共立出版、2001、p.262

それはともかく、こうした理想と現実の対立の構図は、神代さん（1922-2000）や林さん（1928-2011）や桐敷さん（1926-2017）、そして多木さん（1928-2011）の世代までは、それなりにリアリティや葛藤をともなって存在していたように思える一方、今は対立自体がだいぶ見えにくくなってしまったのではないだろうか。何十年も前の文章を蒸し返されるのはきっと誰にとっても煩わしいに違いないけれど、そうやって「いま、ここ」とは違う地点をできるだけ具体的に見いだし、そこに楔を打ち込んで現在の位置を定めようとすることは、たぶんなにかを批判する場面だけではなくて、評価したり擁護したりするときにも有効なのだと思う。『日本の建築批評がどう語られてきたか』の発行も、そのような意図に基づいていた。

ただ、おそらくそれも楔を打ち込めるだけの地盤がある限りにおいてなのだろう。こうした批判的な作業は、今むしろ政治の領域でこそ執念深くされるべきだし、そのためのネタも山ほどあるはずだ。けれども、はたして楔を打ち込めるほど確かな地盤が、現代の日本の社会にどれだけあるだろうか。オリンピックにしても、一国の首相が多数の生命の危機に関わる問題（福島第一原発の放射能汚染水）において他国に嘘をついてまで招致を進めたという、その一点だ

けでも開催を批判する根拠になると僕には思えるのだけど、そんなことさえ現実にはもう過去の出来事として流され、今をつなぎ止めるだけの力を持たない。

2014-02-01
アルフォンソ・キュアロン『ゼロ・グラビティ』（2013）を渋谷TOEIで観た。3Dよりも2Dのほうがよいという話を聞いていたので、あえて2Dで。3Dの映画は未だに観たことがない。

このところ映画に限らずどんなジャンルの作品でもテキストでも、そこに通底する思想が感じられないと、なかなか自分との接点を持てないでいる。その意味で、純然たるハリウッド映画である『ゼロ・グラビティ』を楽しめるかどうか不安もあったのだけど、この映画は十分に面白かった。例えばカサヴェテスやロメールの映画にあるような思想は、ある程度その思想なりの物語が前提にされているけれど、『ゼロ・グラビティ』では物語は余計で、むしろもっと物語性をそぎ落としたほうが（サンドラ・ブロックの過去の経験やジョージ・クルーニーの濃いキャラクター）、思想として鮮明になると思った（とはいえ完全に物語性をゼロにするのではなく、人間の行為や感情がそこにあることは必要だと思う。あるいは、余計と思われる要素をもっとそぎ落としたほうが「物語」が鮮明になるとも言えるかもしれない）。たぶん双方の思想は質が異なっていて、カサヴェテスやロメールが個人的な思想だとするなら、『ゼロ・グラビティ』のほうは匿名的・時代的、あるいは人類的な思想とでも言えそうなものがある気がする。

とにもかくにも『ゼロ・グラビティ』は空間表現・空間体験が新しい。そしてその新しさは、それ自体の技術的・身体感覚的な新しさだけでなく、宇宙開発の先進性を映画開発の先進性で擬似的に体験することによって増幅されているように思える。宇宙という未知の領域に挑む心性と、映画の未知の領域に挑む心性とがオーバーラップする。

2014-02-07
今回の都知事選では宇都宮健児さんが当選するとよいなと思っている。宇都宮さん以外でもこの人ならまあいいか、という人もいない。

僕は政治の具体的な問題について特に熱心に勉強しているわけではないので、「この人は無知で無能で低俗で傲慢だけど、これこれこういう理由で、この人がトップになると結果的に世の中がよりよくなる」というところまで考えがおよばない。あくまでその人自身と、その人が言っていること自体で判断することになる。

そうなると、たとえばテレビやインターネットでの候補者による討論番組を見ていて（そういう場合はたいてい有力とされる4候補のみだけど）、誰を選ぶべきかは明らかなように思える。おそらくだからこそ、既報のとおり、討論を避けたい何人かの候補者の意向によって、予定されていた公開討論会がことごとく中止になっていったのだろう。4人の候補者を見る限り、選択は知性で判断すべきことではなく、常識感覚で判断すべきことではないかとさえ思う。たとえ今の日本や東京の現実をまったく知らない人であっても、成人として人間の社会に暮らした経験があれば、述べられている政策の内容だけでなく、それを語るときの論理の組み立て方や、それぞれの思想に根ざしているはずの有機的な言葉の繋がりや広がり、他者の発言（問いかけ）に対する持論の展開（あるいは収

束）のさせ方、またその際の口調や表情といったことがらで、誰を選ぶべきかはきっと判断できる。選挙としては、知性による判断が求められるような状況（候補者陣）のほうが健全だとは思うけど、今回の場合は生半可な知性よりも常識感覚のほうが信用できる。

ただ、僕個人がそれで判断するのはいいとしても、宇都宮さんが当選するために、他の人にも宇都宮さんに投票してもらおうとしたとき、そこで常識感覚に訴えるのはいかにも心もとない。とりわけインターネットが浸透した社会において、互いに常識感覚を共有できない人たちの存在が顕在化している。社会の構成員が多様であるのは今に始まったことではないにしても、常識感覚はそうした多様性のなかでも人々に共通の感覚だったはずで、だからこそ常識感覚（コモン・センス）と呼ばれてきたのだろう。しかし、それが現代では急速に失われつつあるように思えてならない。

実際のところ、そうした状況にどう向き合ってよいかは分からないけれど、ひとまずこのブログを読むような人たちとは常識感覚を共有しているだろうから、こんなことを書いている。

2014-02-13
昨日高画質版PDFを公開した坂本一成インタヴュー（『建築と日常』No.0、2009）では、坂本先生とフィッシュマンズを関係づけるようなことをしていた。すこし前にふと思ったことで、例えば《egota house B》や《散田の家》での増築・改築のあり方と、フィッシュマンズにおけるスタジオアルバムに対してのライヴアルバム（もしくはライヴ演奏）のあり方は、すでに存在するものに対しての振る舞い方という点で通じるところがあるのではないか。ただ単に新しくよりよいものをつくるということではなく、新たな創作を加えることで既存の世界がどういう状態になるか、についての意識というような。

そのことをすこし書いてみようかと思って『フィッシュマンズ全書』（小野島大編、小学館、2006）をめくったりしたのだけど、あまり深いところまで届きそうにないので、今はこれ以上考えるのをやめておくことにした。『フィッシュマンズ全書』を読むと、至るところに引っかかる言葉があるのだけど（そしてそれらが自分のなかで響きあう）、いかんせん音楽について語る言葉をもたないので、フィッシュマンズの活動の総体として捉えることができない。

なにかについて（一定以上のヴォリュームで）書いたり表現したりしたいというとき、それを実行するベストのタイミングはどう決まるのだろうか。おそらく若い頃にしか書けないことはあると思う。自分の未熟さを自覚しながらも、現実との兼ね合いのなかで思い切って書いてみることで得られる充溢や清新さがある。それを臆病や怠惰によって先送りにしていると、いつしか大事なことが書けないばかりか、それが大事であったことさえ忘れてしまう気がする。

しかし一方で、あまりに未熟なまま焦って書いてしまうと、それはそれで次への踏み台にさえならずに、むしろ可能性の芽を摘んでしまう気がする。それもまた取り返しがつかない。とりわけその書きたい対象が書き手の人生と重なっているようなものの場合、自分の人生の経験を積み、認識を得ていくことが、そのまま、いつか書かれるべきテキストの厚みになりうるのではないだろうか。単にその対象をめぐる専門知識の量が増えるというだけでなく、書き手が生きてき

た人生をそのまま投入できるようなあり方。それはどちらかというとアマチュアのスタンスかもしれない。

2014-02-23
最近DVDで観た映画。近所のレンタルショップが古い邦画を仕入れていたことによるラインナップ。山中貞雄『人情紙風船』(1937)、伊藤大輔『王将』(1948)、西村昭五郎『競輪上人行状記』(1963)。

『人情紙風船』は若いころ観たことがあったけど、『王将』にしても、やはりそれなりに歳を重ねてからでないと分からないものではないかと思う。昔はこういった映画が作られるだけでなく、それなりに大衆の支持を集めてもいたのだろうから、よい時代だった。あるいはいま僕がこうした作品を「分かる」と思えるのは、単に歳をとったからということではなく、自分自身がそれ相応に貧しい暮らしをしているからだろうか（当時の大衆と同じように）。「貧しい」を「不安定」と言い換えてもよいかもしれない。自分が「不安定」だからこそ「分かる」芸術があるというか、芸術は「不安定」な者のためにこそあるというか。建築家はいわゆる豪華建築（五つ星ホテルとか）を体験していないと「よい建築」は設計できないと言われることがあるけれど、逆に「貧しい」あるいは「不安定」な状態を体験していないと「よい建築」は設計できない、ということはないだろうか。

『競輪上人行状記』の西村昭五郎という監督は知らなかった。小沢昭一が主演で、軽いノリのコメディかと思ったら意外と重たい話だった。

2014-04-11

例の講義の準備で、学生の頃に訪れた開智学校(1876)や中込学校(1875)の写真を引っぱり出す。日本の大工が見よう見まねでつくった擬洋風の建築は様式的にちぐはぐで洗練されていないかもしれない、しかし洗練や完成度といった既存の評価軸の枠内でつくられる作品よりも、往々にして自明の価値体系とは無縁なところで闇雲につくられる作品のほうが人々の人生に響いてくる、ということを講義で言おうかと思った。

たしかゴダールに「処女作はその人のそれまでの人生すべてがかけられる」というような言葉があった気がするけど（気がする程度の不確かなことも、文章では書きにくいけれど講義では言えてしまうのでよい）、その意味であなた方も社会に出て最初と言える作品に魂を込めることが大切です、と言うことにしよう。

しかし考えてみれば、それは人生で最初の講義をする僕にとっても同じことなのだった。ここで中途半端に「体裁を整えた」ような講義をすると、それが自分のなかで一つの枠組みとなって、以後、もし別で講義をする機会があったとしても、その次元を出ることが難しくなってしまうように思う。特に講義のように、講師／学生の不変的な上下関係だけがあって、その外部からの批評的視線がない状況の場合。

あるいはもう一度他人のこととして裏返してみると、世間で優秀とされる若者が、その活動の最初期に外から与えられた取るに足らないテーマの仕事を器用にこなしてみせたとする。本人はそれを将来の価値ある仕事のためのステップとして利用するつもりでいたとしても（仕事の経験を積むという意味でも、世俗的な評価や人間関係の構築という意味でも）、じつはその最初の取るに足らない仕事によって自身の初期設定がされてしまい、結局その後もその次元で小さくまとまってしまう、ということが起こるかもしれない。そしてそのとき、その若者に初期設定を与えるということに、編集者は大きく加担しうる。もちろん一方では、そうやって自分を将来の価値ある仕事から遠ざけるような流れを忌避できない人は、そもそもそれだけの人なのだということが言えるとしても。

写真は中込学校の中央にある小さな鐘楼の内部。太鼓が吊されており、天井には中込（長野県佐久市）を中心として、各方向に日本や世界各地の地名が書かれている。時代が与えた彼らの初期設定。

2014-05-06
講義の場でもし僕が5分間無駄な話をしたとしたら、学生が20人いたとして、100分間の無駄な時間が生まれるというような意識が頭のどこかにある。5分ならともかく、それがどんどん短くなって、30秒くらいでもそんなことを感じてしまっているかもしれない。

2014-05-14
今のところまだ学生の名前を一人も覚えていない。提出物や講評会のやりとりをするうちに覚えることもあるとは思うけど、たとえ覚えたとしてもなるべく覚えていないフリをしたい。全員覚えていないか全員覚えているかのどちらかの状態が理想的であるような気がする。

2014-06-23
柴崎友香『星よりひそかに』（幻冬舎、2014）を読んだ。『パピルス』の2009年5月号から2013年10月号にかけて連載された6編の連作短編＋書き下ろし1編。前にも引用した文だけど 2013-02-03、柴崎さんの短編集『週末カミング』（角川書店、2012）のあとがきに下のようなことが書かれていて、

いちばん時間の経っている「蛙王子とハリウッド」から、数か月前に書いた「ここからは遠い場所」まで、「週末」という共通点以外は、つながりを設定していたわけではないのですが、通して読むと、ある小説のすみっこが、別の小説の中に通じているように感じるところを、あちこちに見つけました。
わたしの小説はどれもそうなのですが、小説を書いたり読んだりする現実のわたしたちと同じ街にいる誰かの話と思って書いているので、ある小説に出てきた人物が別の小説の誰かと知り合うということも、現実と同じように起こるんだろうな、と思います。「世間って狭いよね」みたいな感じで。

今回の『星よりひそかに』は、まさにそうした別の小説の登場人物どうしを出会わせ（すれ違わせ）ながら、部分（各短編）と全体（短編集）が構成されている。逆から言うと、こちらも前にブログ 2012-07-05 で書いた『虹色と幸運』（筑摩書房、2011）の、3人の友人関係の距離感を引き延ばし、ほとんど縁のない他人どうしにまで希薄にしたという感じ。しかしだからこそむしろその微妙な縁が作品のエッセンスとして浮かび上がってくるわけで、それらの人物たちの関係を知るのは各短編が集合したこの1冊の本を読み通す読者しかいない、その視点の超越性も際立ってくる。

たとえば2編目で下のようにだけさりげなく触れられている女子高生が、

携帯電話を開くと、友だちからメールが来ています。
〈おはよー！ かなみん！ 今電車で目の前に座ってる女子高生が「宿坊ガイド」凝視してるんだけど！ しかも鞄に「葉隠入門」入ってるんだけど！ どんだけ悟りたいんだよ！ なにがあったんだよ！〉
えり子のメールには、朝でも夜でも「！」がたくさんついています。☆やハートや絵文字も多い。

3編目と4編目では主人公として描かれるというような微妙な関係づけが、いろんなやり方と強弱で、全編にわたって複雑に行われている。読者はしばらくこの本を読み進めるとそれぞれの短編の世界が重なり合っていることに気づき、立体的な空間の広がりを感じる。さらにその綿密に組み立てられた空間は本のなかで完結しない。新たに書き下ろされた1編が元の連載の4作目と5作目のあいだに挿入されることで、全体のあり方と意味が変化し、物語は短編集の外部に開かれる（要するに、書き下ろしの1編にはその短編内では説明しつくされない謎の多い人物が登場し、「あ、今度のこの人はどういう素性の人なんだろう」と、読者は後ろのページで説明されるのを当然のごとく期待しながら読み進めるのだけど、結局その後にその人が触れられることはなく、それによって宙吊りにされた感覚は作品世界を相対化する）。映画監督のホン・サンスが自身の創作をめぐって「私には、セザンヌの立ち位置、具象性と抽象性のバランスがぴったりくるんです」2013-05-31 と言う、その言い方に倣えば（ホン・サンスと柴崎さんの作品は少なくともその具象性と抽象性のバランスにおいて通じると思う）、この書き下ろしの1編の挿入は、セザンヌの絵画における塗り残しに対応すると言えそうな気がする。形式的な完結を避けることでダイナミズムを生み、作品世界を現実に開放する。

柴崎さんの他の作品のいくつかと同様、この『星よりひそかに』も、シーンの移り変わりや異なる時空間をつなぐ編集の仕方に、映画的な雰囲気を感じた。関係がない（あるいは現実には関係が見えない）人どうしを客観的な視点から関係づけるためには、たとえば16世紀のモンテーニュ以降のエセーという形式（書き手自身を主体とした形式）よりも、近代的な小説という形式（超越的な視点をもつ形式）のほうが向いているのだろう。前に読んだ『モラリスト』（竹田篤司、中公新書、1978）という本では、「安定したアンシャン・レジームの崩壊に伴って、人間はひとりひとりまったく別であり、そもそも人間に本質など存在し得るかどうかという新しい疑問が人びとの心を捉えたとき、モラリスト[モンテーニュたち]はその席を小説家に譲らなければならない」(p.221)と書いてあった 2014-02-08。しかしそれをもっと進めて言えば、そうした小説よりもさらに後の時代に生まれた映像というメディアのほうが、おそらく「関係がない人どうしを関係づける」ことにはより適しているように思う。たとえば『建築と日常』No.0 に掲載した下の写真に写っている人たち（別々の方向に歩く人、屋内のベンチに座って本を読む人、ガラスに映るカフェの人々）はそれぞれ赤の他人だとしても、こうして1枚の写真のなかに収まると、なんらかのレベルにおい

ては関係しているはずだと感じられてくる（それはフィクショナルな感覚だということになるのかもしれないが）。「この感じ」を文章で表現しようとすると、わりと大変なのではないだろうか。

映像は対象を外側から捉える。そして事物間の関係を客観的に捉える。柴崎さんの作品はこうした映像的な質を持っている（僕が知っているなかでは、パリを舞台にしたエリック・ロメールのオムニバス映画『パリのランデブー』（1995）に、『星よりひそかに』とよく似た印象を受ける。『映画空間400選』ではその映画を紹介して、「物語上は接点のない三話が同じ都市空間における出来事として立ち現れてくる」と書いていた）。とはいえもちろん柴崎さんの作品にも、映像的な外からの思考だけでなく、小説的な内からの思考があるだろう（そう考えてみるとロメールの映画は逆に小説的だと言えるのかもしれない。実際に小説も書いているし）。柴崎さんの作品の魅力は、そのような外からの思考と内からの思考の両方が不可分であることを前提にしているのだと思う。たとえば下のリンク先は、CREA WEBでの『星よりひそかに』に関する柴崎さんへのインタヴュー記事だけど（http://crea.bunshun.jp/articles/-/5566）、上で問題にしている全体構成のあり方や映像的な質とはまるで別のことが注目されている。しかしそこで語られているようなことも、きっとその作品における独特な構成と別個にあるのではなくて、柴崎さんの思想なりなんなりに根ざして、ある必然性をもって全一的に存在しているのだと思う。

2014-07-06
テレビで放映していた、ブラッド・バード『レミーのおいしいレストラン』（2007）を観た（たぶんテレビ用に相当カットされていたと思う）。ピクサーによるアニメーションで、たぐいまれな嗅覚・味覚をもったネズミが人間社会のレストランのシェフになるという話。ネズミと人間とが会話できたりはせず、ネズミがレストランの厨房で料理することは非現実的であるという感覚を残しながら物語が作られている。そのあたりの現実／非現実の組み立てがよいのだろうなと思った。一方では「誰にでも可能性はある」という基本的に押しつけがましくなるメッセージがネズミを主人公にすることで直接性を消し、もう一方ではファンタジーの世界の豊かさがそのメッセージに裏打ちされることでリアリティを増す。たとえばこの映画と比べると、同じピクサーの『トイ・ストーリー3』 2010-08-20 は、メッセージのほうが若干支配的になっていると言えるかもしれない。現代の良質な寓話。面白かった。

2014-08-19
深夜にテレビで放映していた、ハロルド・ライミス『恋はデジャ・ブ』（1993）を観た。ビル・マーレイ主演で、ある同じ1日を延々と繰り返すことになった男の話。朝目が覚めるといつもその日の朝に戻っている／記憶は蓄積されている、という設定。その設定を理解した主人公の心理や行動が、同じ日を反復する

なかでさまざまに変化していく。コミカルでありながら哲学的であり、非現実的でありながら多くの人の日常にも通じる。面白かった。

2014-09-01
ホン・サンス『ヘウォンの恋愛日記』（2013）、『ソニはご機嫌ななめ』（2013）をシネマート新宿で観た。「映画の日」で料金が安かったので2本続けて観たのだけど、むしろちょっともったいないことをしたかもしれない。それぞれもっとゆとりをもって観るべきだった気がする。

2作の構造を図式的に単純化すると、『ヘウォンの恋愛日記』は（現実と夢の）入れ子、『ソニはご機嫌ななめ』は環状または三角錐（女1男3の四角関係）と言えると思う。とはいえ『ヘウォンの恋愛日記』は完全に明快な入れ子ではないところに映画のテーマや表現の味わいがあるだろうし、『ソニはご機嫌ななめ』も、そのすぐれて幾何学的な形式性は、映画の目的そのものになっているわけではない。たとえば、ある人物が発した言葉が無意識のうちに伝染して別の場面で別の人物から発せられる、ということがコミカルに繰り返される。その反復とズレはこの作品の見どころのひとつであり、そのとき観客は登場人物たちがいる場から引き離され、超越的な視点を得て、物語の環状構造を体験している。それは映画というメディアにおける形式的な面白さ、新鮮さに違いないけれど、かといってそのような形式性ばかりが優先されているのではなく、他人の言葉を自分の言葉として口にしていくという行為を明示するその構造は、同時に「自分とは何者なのか」という人間の真に迫る問いを成り立たせている。

どちらの作品もホン・サンスのいつものモチーフ（男／女、先輩／後輩、先生／生徒、インテリ、酒席、ケンカ…）を用いて、ごく日常的なシーンを描きながら、その表現における抽象性と具象性のバランス 2013-05-31 によって普遍的な物語となり、人間の真実に触れる。映画の余韻が残っているなかでたまたま目にした『NOBODY』の最新号、『カイエ・デュ・シネマ』の編集長であるステファン・ドゥロルムの言葉に共感するところがあった。

黒澤明、溝口健二、大島渚、小津安二郎、今村昌平……彼らが偉大なシネアストであったのは、彼らが映画を撮ること自体に向き合っていなかったからです。彼らには見せるべきものがあり、撮るべき顔があり、言うべきことがありました。形式遊びには少しも興じなかったのです。［…］私は形式（フォルム）は二の次で、主題の方が重要なのだと言っているのではないのです。単純に言うなら、主題の力が形式を作品に与えるということです。

*ステファン・ドゥロルム インタヴュー「明日の映画に備えるために」聞き手=田中竜輔・楠大史、『NOBODY』41号、2014

『ソニはご機嫌ななめ』では、環状や三角錐といった閉じた構造の外側にいる人々（たとえば繰り返される酒席のシーンで、背景の窓の外を行き交う人々）の存在も意識して写されているように見えて印象深かった。道路から建物（3階）のなかにいるだろう人に呼びかけたり、逆に建物（2階）から道路にいる人を呼び止めたりするシーンも何度かあった。

2014-09-11
代官山のヒルサイドテラスでSDレビューの展示を観

た。訳あって今年はいつもよりも丁寧に観たけれど、例年僕がSDレビューの会場に足を運ぶときの要因のいくらかは、ヒルサイドテラスの空間的な魅力にある。そのモチベーションは、「一度訪れたことがあるからあの建築は知っている」という価値観とは一線を画すものだ。とりわけ2階の奥のほうの展示室の窓から見える眺めが好きなのだけど、残念ながら今日はロールカーテンが降りていた。街路との距離感が心地よい。

SDレビューの入選作（の展示品）すべてよりもヒルサイドテラスの建築のほうが価値がある。それは紛れもない事実だろう。こんなことを書くのは別にそのことでSDレビューの作品を批判したい（あるいはヒルサイドテラスの建築を持ち上げたい）からではなくて、その一見比べる必要がないようなふたつを比べる視点もあってよいのではないかと思ったからだ。展示を観ているとき、おそらく授業の課題かなにかなのだろう、どこかの大学の学生らしき一群がやってきて、スマホでバシャバシャと手当たり次第に展示品の写真を撮り、持っていたプリントに簡単にメモを取って、またわいわいがやがやと足早に去っていった。きっと彼らにとって、建築のコンテストに入選した輝かしい作品群と、その単なる展示会場である建物とは、まったく別の次元に位置するものなのだろう。しかしそれは、なにか気づくきっかけさえあれば、すぐに更新できる認識ではないかとも思う。SDレビューの入選作とヒルサイドテラスの建築を同じリアルな地平で見ることができるような視点に立って初めて、SDレビューの入選作自体も主体的にきちんと見ることができるようになる気がする。

2014-10-20
あることを知ると、それを知らなかったときの自分をすぐに忘れて、あたかも昔からそのことを知っていたかのような気になってしまう。

2014-10-21
○仮説
　建築家Aと建築家Bがいたとする。ふたりともそれぞれに優れた建築aと建築bを設計した。その魅力ゆえに、それぞれの建築が建つ地域の人たち（あるいはAやBよりも下の世代の建築家たち）は、それぞれの建築を真似た建築を自分でも建てようとした。しかしそれらはいずれもaやbのようには優れた建築にはならなかった。aを真似た建築は取るに足らない凡庸な姿になり、bを真似た建築は見るに堪えない無残な姿になった。このとき、建築家Aと建築家Bを隔てているのは倫理や常識といった概念ではないか。または建築bのように優れた建築でありつつも、他の人に真似しようとは思わせない建築b'というあり方も考えられる。

2014-12-08
千葉市美術館「赤瀬川原平の芸術原論展——1960年代から現在まで」を観た（〜12/23）。この前の

SDレビューの展評では、建築を展覧会というメディアで表現することの難しさに触れたのだけど、割と似たような意味で、赤瀬川さんの活動も大々的な回顧展という形式とはあまり相性がよくないのかもしれない。赤瀬川さんの活動は基本的にその時その時の「今、ここ」を前提にし、その状況においてどう振る舞うかということが作品の質を決めているように思う。だから作品をその個々の状況から引き剥がして等価・並列（時系列）に配置し、それを鑑賞者が順々に見て回るという回顧展の形式は、それぞれの作品の制作時に無意識的にでも想定されていた作品体験の仕方とはまったく別物になる。もちろん充実した内容の貴重な展覧会には違いないのだけれども。

かといって過去の作品にアプローチするのにじゃあどうすればよいのかと聞かれてもよく分からない。「今、ここ」において作られたものを別の「今、ここ」に繋ぐこと、あるいは復活・再生させること。それこそ赤瀬川さんが宮武外骨を紹介したようなやり方はありえるかもしれないけれど（『外骨という人がいた!』の表紙では赤瀬川さんが外骨に化けている）、それは少なくとも個人の作家の回顧展という範囲は超えている。

ショップにあった分厚い図録は、パラパラとめくってみて買わなかった（1995年の名古屋市美術館「赤瀬川原平の冒険──脳内リゾート開発大作戦」展の図録を持っている）。その代わりというか、展覧会の開会直後に開かれたトークショーの記録が掲載された『週刊読書人』が売っていて、その内容が興味深かった。

松田　荒川さんと赤瀬川さんは高校の同級生ですよね。同じ美術部で一緒に絵を描いていた。でも荒川さんのことは嫌っていましたよね。
藤森　荒川さんは社会の動きとかもよく見て、自分をどう売るかに関して相当熱心な人だった。仲間でアメリカに最初にいったのも荒川さんだった。自己マーケティングに熱心な美術家は最近の日本にも大勢いますが、赤瀬川さんはそういう人たちを本当に嫌っていた。
- 藤森照信・秋山祐徳太子・松田哲夫「赤瀬川原平さんのこと」『週刊読書人』2014年11月21日発行

こういう言葉は、あまりメディアに載せたりブログで引用したりすべきではないという類のものだろうけど、おそらく藤森さんも松田さんもそのことを当然認識していながら、それでもなおというつもりで紙面に載せたのではないかと思う。載せてもらって僕はよかった。なにかグッと来るものがある。赤瀬川さんが「今、ここ」に対応しながら作品を作っていったというのも、この辺りのこと関係していそうな気がする。あらかじめ確固たる自分、あるべき自分、表現すべき自分が存在していたわけでなく、その時その時で自分を取り囲む世界にどうしても反応してしまう繊細さ、あるいは世界を切断できない優柔不断さ。

忘れられない光景がある。路上観察の発表会を浅草でやった時、終った後、さてどこかで一杯という段になると、観衆として来ていた美学校の生徒さんたちが赤瀬川さんの後をゾロゾロと付いてくる。終った後の一杯は発表会に関係したオトナたちがやるのであって生徒さんたちに来られても困るのだが、赤瀬川さんはそうした客観的には困った状態をそのまま受け容れて、シッシッぽい態度は一切見せず、かといってその状態を解決するわけでもなく、ただじっと歩いている。夕暮れ時の浅草の裏街を往くいかつくともおだやかな表情をした一人の人物と、それにすがるように従う気弱そうな若者の一団。この光景を私はイライラしながら脇から眺めていて、赤瀬川さんの一面を見たように思った。ハイレッドセンター、ニセ札、馬オジサン、アカイアカイマッカナ朝日的な攻撃的前衛イメージとはまるで違うやさしさ。ダメなヤツ、困ったヤツでも、何ら判別ということをせず受け容れてしまうやさしさ。"来る者はこばまず"と言ったという西方の聖人のようなやさしさがある。
- 藤森照信「路上観察の頃──視覚の罪の救済」、「赤瀬川原平の冒険──脳内リゾート開発大作戦」展カタログ、1995

情景が目に浮かぶ。

2014-12-11
良いものを悪いと言うより悪いものを良いと言うほうが罪は深い気がする。

2014-12-12
あるインタヴュー原稿をまとめる作業をしている。しかしなかなか捗らない。その一因として、インタヴューの話し方があると思う。実際に伺った話自体はとても分かりやすく、また心に響いてもきた。ただ、それはあくまで特定の話し手が特定の聞き手に話しかけるという、特定の対話のなかでの言葉なのだと思う。疑問形や問いかけや独白の多用、感情を込めた同意の表現、同じ内容の言い換えや反復といったレトリックは、その場で話をしているぶんには生き生きとした密度の高いコミュニケーションを成立させる。けれどもその場から切断して、文字に抽象化して誌面に定着させようとすると、話し言葉をそのまま文字にしただけではうまくいかない。むしろ有機的な秩序が破綻して、部分がバラバラになってしまう。対話の場での実質を誌面で復活・再生させようとすると、なんらかのための構成の手法が求められる。

2015-01-05
昨夜寝る前に飲んだウィスキーのロックの氷が朝起きてまだ溶け残っているというくらいには部屋が寒い。

2015-01-12
レンタルしていたDVDや何かをお店で返却するとき（特に店員に直接手渡すのではなく、返却ボックスのようなものに入れるとき）、なんらかの偶然や誰かの悪意で返却手続きがなされずに、知らないまま延滞料金が加算されていったらすごく嫌だなといつも思う。

2015-01-18
外で仕事をしようと思って、よく行く近所のドトールを訪れたら満席だった。なのでその近くのこれもよく行くベローチェを訪れたらこちらも満席だった。受験シーズンの週末ということも影響しているのだと思うけれど、自分が座れないとどうしても気持ちが苛立ってしまう。しかし、もしもその2軒が僕が初めて行くカフェだったなら、「あー残念」というくらいで、苛立ちという感情は生まれなかったかもしれない。普段ならばいつも座れる、自分は普段からよく行っているという経験によって、その場所を自分の居場所や領域のように感じていて、だからそこに入れない時に、自分が不当に扱われたような気分になってしまうのではないだろうか。ある場所を自分の居場所のように感じることは必ずしも悪いことではないと思うけれど、あまりその場所に慣れすぎるのも考えものかもしれない。そもそもそういった場所に仕事を持ち込んでも、リラックスして捗らないということがある。むしろ初めて訪れるカフェや図書館、電車の中といった、自分の領域外の場所のほうが、緊張感を持って作業できるような気がする。

2015-03-30
テレビで放映していた、フランク・ダラボン『ショーシャンクの空に』（1994）を観た。学生のころ以来。『ニュー・シネマ・パラダイス』（1989）や『レオン』（1994）あたりと並んで、いわゆる「マイ・フェイバリット・ムービー」企画の上位に挙げられる作品という印象があるけれど、十数年を経て観ても、よくできていると思った。分析的に考えれば批判すべきところも見つかるかもしれないけど、漫然と観る限りでは素直に感じ入る。

「欠点が気にかからない作品＝（一定以上）よい作品」というような認識を持っていると、以前、ある新作建築の見学会の帰りに坂本先生が仰っていた。その判断基準は僕もわかる気がする。マイナスが感じられないということ自体がプラスであるということ。そういった作品のあり方は一般にあまりクリエイティヴではないと思われるかもしれないけど、ハリウッド映画のようにそもそもがものすごい技術や労力の蓄積でできていたり、建築のように取り立ててクリエイティヴでなくても存在価値があったりするようなものの場合は、そこに欠点が感じられないということが作品の質を保証する。そのことは新刊の編集後記で書いた「保守性」とも重なってくると思う。

2015-04-04

『建築と日常』No.3-4に協力してくださった方たち何人かと、川崎の富永讓さんのお宅を訪ねた。1955年に建てられた平屋の木造家屋に富永さんの設計で増築がされたご自宅は、《武蔵新城の住宅》（1980）として発表されている。既存の環境と新築部分との関係づけや、建築の幾何学性の強さとその意図的な明示は、No.3-4に掲載したatelier nishikataによる《4 episodes》2014-02-11と比べることもできるかもしれない。過去から連続する環境と未来の生活とを建築の建築性によってどう成立させるか、それが富永さんの建築の大きなテーマであることが察せられる。そこに人間の場所が生成する。以下、明晰な自作解説。

柱、梁、斜材によって構成される架構単位の連続は、この「建築の装置」の規則的な秩序をつくり出す。それは重力を受け持つ架構という強度的な仕組みであると同時に、この直方体の籠の中に、必要に応じて分散的に配置される開口部、手摺、机、衣装棚、本棚、中空に浮かぶ三階の床といった形の要素などに座標を与え、その配列の関係性を知らせる、美的な統合要素でもある。斜材の交差は面内の位置を決定づけるから、垂直と水平のみの単純な柱梁構造の場合より、その要素の統合力は著しく強められているように思う。実際に住んでみて、家具が入り、雑多な日用品が入り、本や用具が散乱するときも、それらを位置づけ、全体へと結びつける変わらぬ強い統合要素である。現代の住宅という、それぞれ断片化し、異質なものの集合する場を、

一つの象徴的な表現としてではなく、物の関係性を提示することで各要素の形や内容を保存しながら全体に結びつけていくことはできないだろうか。架構の規則的な秩序（強の装置）に対して被膜（用の装置）は別の体系として扱われ、相互のズレが浮かび上がる。二つの体系の重なりを操作する手法を見いだすことは、建築という多くの体系の重なり合った複雑な装置の美的効果を問題にするとき、新たな表現を示唆しているように思う。現在のところ、被膜は外部に、構造体は内部に露出しているので、薄い構造体のゾーンが内部に生まれ、その内側に取り付けられた障子と外部の既製のアルミサッシの間は二重になり、防音、防寒、遮光などの役目を果たす。その結果、外部と内部の表情は著しく異なったものとなった。

＊富永譲「武蔵新城の住宅 1979」『［建築家の住宅論］富永 譲』鹿島出版会、1997、pp.49-50

居心地のよい場所と美味しいご馳走とお酒と楽しいお喋りが渾然一体となって、つい時間を忘れ、気づけば7時間以上も長居してしまっていた。しかしそこで経験された時間というのは、時計の針が示す均質で定量的な時間というより、時間と空間とが未分化で、瞬間でもあり永遠でもあるような、総体的・全一的な時間なのだと思う。様々な話をしたなかで、僕が小津安二郎の映画について、特定の好きなシーンや好きな作品を選び出そうとしてもそれができず、ただ〈小津安二郎の映画〉という総体の印象だけが思い浮かぶということを言い、富永さんもそれに同意してくださっていたようだけど、そう言ってみたときの小津安二郎の映画を経験する時間も、この「総体的・全一的な時間」であるかもしれない。作品の核心を考えたとき、客観的に定量化したり、要素に分解して前後の因果関係を問題視したりすることにリアリティがない。それは吉田健一の小説にしてもそうだし、僕が惹かれる作家の多くにはそういったものを感じる。そしてそのことを個々の作品の創作論として考えると、今回のインタヴューで富永さんが言われていた、「だから小津安二郎と吉田五十八は近い感覚で、構造の秩序を弱めて、曖昧な関係を操作して原初的な感覚を生もうとしたんじゃないかなという気がしますね」（p.84）ということや、僕が前にホン・サンスの『自由が丘で』をめぐって書いたこと 2014-12-29 にも繋がっていく気がする。また、一人の作家の存在論として考えれば、坂本先生へのインタヴューで指摘した、すべての作品にまたがる人生をかけての〈単純な一つの行為〉（p.185）という見方が可能になるように思う。

2015-05-07

ある酒の席で、一人の学生に『建築と日常』No.3-4の感想を聞くことがあった。しかし、「今の建築メディアでこれだけのものが作られることに驚き…」みたいなことをしゃべり出したのを思わず遮ってしまった。そんな業界内の相対的な位置づけではなく、もっと雑誌それ自体の感想を聞きたいのだと。

まあそれは冗談交じりの会話だったのだけど、やはり率直なところ、他の雑誌と比べてどうこうというのはあまり興味がない。その手の言い方は大した実感がなくても相手の顔色をうかがいながらできてしまうものだし、そもそも他と比べての相対評価なら、自分でだいたいどの程度のものか分かっているつもりで

いる。これは別に雑誌でなくても、なにかものを作っている人ならば、概してそういうものではないだろうか。

仮に相対評価をしてもらえるなら、もっと別の対象、例えば5月の新緑の公園で過ごす時間とか、お弁当で最後まで残しておいた好物のおかずとか、そういうものと比べてほしい。いや、実際に比べてくれなくていいし、そういったものより低い評価でも「そりゃあそうだ」と思うのだけど、そういうものごとと同じ枠組みに入るようなものを作りたいという気持ちがある。例えば子どもの頃の僕にとってのコロコロコミックとか週刊少年ジャンプはそういったものだった。

2015-06-20

日本人力士の優勝が見たいだとか、日本人の横綱の誕生が待ち望まれるだとかいうことはもう何年も前から言われ続けていて、そうした発言が外国人力士を差別する差別主義や排他主義であるという非難や批判もしばしば見受けられる。その批判の理屈は分からなくない。けれどもそういう批判をする人たちが、例えば2012年の5月場所の旭天鵬（モンゴル出身だけど日本に帰化した）の優勝 2012-05-20 を引き合いに出して「旭天鵬は日本人として認めないのか！」というような論調をとるとき、非常に観念的なものの捉え方だなと思う。

日本人力士の優勝＆横綱待望論を公言する代表的な人物の一人として、現在の大相撲解説の第一人者である北の富士（第52代横綱）が挙げられるだろう。おそらく北の富士は旭天鵬の優勝を「日本人の優勝」だとは思っていない。しかしそれが差別主義で排他主義かというと決してそんなことはなく、北の富士にとって旭天鵬の優勝は素直に喜ばしいことだったろうし、「日本人力士の優勝が見たい」という北の富士の言動で旭天鵬が傷つくようなこともないと言い切れる。それはある程度大相撲に馴染みのある人にとっては常識的感覚で直観されることだ。いったい日本人待望論を批判する人の誰が（例えば）北の富士以上に相撲の文化に親しんで、現実の個々の外国人力士のことをよく知り、その存在に敬意を払っているのか。批判者が用いる理屈とそうした現実とのずれが気にかかる。

確かに「平等」という概念が今の世界のなかで重要であるのはよく分かる。僕自身もどちらかと言えば「平等」に対する意識は強いほうだと思う。しかし「平等」はあくまで観念であって、現実に先立つものではない。まず人々の日常があって、それがなにごともなく送られている限りにおいては「平等」などという概念はなんら必要ない。「平等」が必要とされるのは、その日常がままならなくなったとき、日常を保守するための要素として現実から抽出される場合においてだろう（もちろんそのときに抽出されるのは必ずしも「平等」ばかりではなく、例えば「自由」や「正義」その他の概念や、それらの複合であったりもする）。もしも「平等」が絶対的な原理として現実に先立つ世界なら、例えば「女性が大相撲に参加できないのは差別だ」という理屈も通るようになる。

ところがややこしいのは、北の富士を始めとするまともな相撲関係者や相撲愛好者とは別に、実際に差別的・排他的な意識で日本人待望論を主張する人もたぶんいるということであり、北の富士その他の言動が多少なりともそうした連中の力になっているかもしれないということだろう。そのことはどう考えれば

よいだろうか。やはりまともなほうの人たちも、日本人待望論について口をつぐむべきなのか（まだ断言はできないけれど、僕はどうもそうではないような気がする。もちろん今のモンゴル勢の強さや外国人力士の一般化など様々な現実の状況を前提として。曙や小錦の時代だったら話は別だ）。

少なくとも大切なのは、まともなものとそうでないものと、そもそもその境目も自明ではない両者を、しかし一括りにして捉えてしまわないことだろう。それらを悪ないし敵と一括りにして対象化し、断罪してみせるような様は、それ自体世の中を貧しくするし、その批判対象であるはずの差別主義や排他主義と根底で通じることにもなると思う。とりわけ現代のインターネット環境では、誰もが短文で容易に他者の批判（自己主張）ができるようになっている。というか短文のほうがむしろ自然に感じられるようなシステムになっていることで、発言の対象や文脈や論理や自身の立ち位置をあやふやにしたまま公に対して断定的な言葉を発しても、それが不誠実な態度であるとは思われにくくなっている。そんななかで自分の批判的振る舞いを際立たせようとすると、敵は大雑把に一括りにして、なるべく大きくて強固なものに見せてしまいたくなりやすい。

新国立競技場とザハ・ハディドをめぐる言葉が行き交うツイッターの空疎で殺伐とした空間を眺めていて、以上のようなことをあらためて考えた。

2015-07-14

去年 2014-07-26 と同じく、学生たちのレポートを添削して返却。文字数1600字以上が23人分。去年は提出時の状態で全員分のコピーを配布してから各自に添削したものを渡したのだけど、今年は添削した全員分をコピーして全員に配布した。言葉遣いの間違いや論理の甘さなどもかなり指摘しているので、そういう書き込みをクラスメートに見られるのは恥ずかしく感じるかもしれない。しかし、他の人の良かった点や悪かった点もそれなりに自分のこととして読めるだろうし、自分のレポートに書き込まれた朱字を他の人のものと比べながら相対化して見ることもできるだろう。先生－生徒の個別的・絶対的な上下関係によってレポートが判断されているのではなく、ある種の客観的な価値基準に根ざした批評的な空間があるということを学生のうちに肌で感じておいてもらいたい。書籍の読解や作文の技術的な修練とともに、そのような空間に馴染んでおくこと自体が自らの教養になるのだと思う。

今の世の中で批評や批評的なものが許容されなくなっているのは、結局世の中から教養がなくなっているせいではないかと思う。教養は知識や知性とは別のものだ。普段クレバーでスマートに振る舞っている人でも（あるいはそういう人こそ）、教養に欠けていると、自らに向けられた些細な批判に対し、我を忘れてヒステリックな反応を見せてしまうことがある。自らを超えた大きなもの（歴史や文化と言ってもいい）の存在を心底認めること、それが教養ではないだろうか。それがあることで、正当な批評に対しては客観的にそれを受け止めることができるだろうし（「大きなもの」を前にして、批評と批評されるものとが共同作業の関係になる）、くだらない批評はなんなく受け流すことができる。

2015-07-22

昨日は１限の僕の授業の後、２限の「インテリアデザイン概論」（鈴木紀慶さん担当）で、ゲストの鈴野浩一さん（トラフ建築設計事務所）によるレクチャーがあった。せっかくの機会なので、このまえの代々木体育館の見学 2015-07-07 に引き続いて、僕も参加させてもらった。内容はトラフのデビュー作《テンプレート イン クラスカ》（2004）から現在に至るまでの、様々なジャンルや規模の作品の自作解説。知っているものも多かったけど、作者ご本人の言葉を介して、あらためてまとめて見てみると、トラフの活動の総体としての像が結ばれていくような感触があった。

基本的には「設計」というより「発明」という言葉のニュアンスに近いような質を感じる。科学的というよりは工学的。「建築と家具のあいだ」といった、ジャンルの掛け合わせのようなことを意識しているという話があったけど、そこでキーになっているのが「機能」という概念なのだと思う。いま機能主義というと、近代主義と重なるものとしてあまりイメージがよくない。しかしなぜ機能主義がこれだけ世界を席巻したかといえば、それは「機能」という実体のない抽象的なものが、それゆえに客観的・普遍的で、みんなが共有できるものだったからだろう。だからそうした強い力をもつ「機能」を、それ自体で一元化させずに、他の要素と組み合わせて一般的な認識からずらして再構築することで、ある新鮮な魅力を効率よくもたらすことができる。トラフの仕事の多くは、そうした「機能」の扱いによって成り立っているように思う。

レクチャーを聴きながら、『生きられた家──経験と象徴』（改訂版、青土社、1993）の第４章第４節「物と記号」や第５節「小さな次元」あたりで論じられていたことを思い出していた。

●おそらく、近代デザインのひとつの功績は、「機能」を実体から解放したことであろう。［…］構造的な思考は、物を、かつてそれが発生したときにさかのぼって、テーブルにしろ、椅子にしろ、動作というもともと空間的なものの形態による分節として考え直す。（p.126）

●一般に人間は自らがつくる道具のなかで機能素を合成したり、分解したりしている。たとえば電気釜と保温器がいっしょになったり、逆に魚を切るナイフと肉を切るナイフをわざわざ分けたりする。自然物ではなく人工物についてみるなら、この機能素の合成もしくは分類的操作を、あたらしいかたち（あたらしい分類のクラス）によって進めていくのが道具をつくる知能の基本的な構造であると考えてよい。［…］家のなかにはこのような動作素（機能素）がいくつも浮遊しており、直接的ないとなみは、いつのまにかそれらからより高次な形式を構成、あるいはより低次な形式に分解していくのである。このいとなみとは、新しい形態の発見というかたちをとる。（pp.130-131）

＊多木浩二『生きられた家──経験と象徴』岩波現代文庫、2001

そこで例に挙げられている、「スープや食物を入れるために椀のようにまるいくぼみがいくつも彫りこんである」テーブル（西洋の農民の家具）や、「急な階段の側面がそのまま居間のなかにむいて抽出しや戸棚になった」箱階段（日本の古い商家）の魅力は、まさしくジャンルの掛け合わせという意味で、トラフの作品の魅力に通じるように思う。それらは伝統的な物

のかたちの例だけども、近代以降の作家たちはそうした機能素の合成をより意識的に試みたのだろう。

一方ではそこに、近現代における可能性とともに難しさも感じる。つまり形式のずらしや重ね合わせ自体が専門業界内で目的化して、それらが単なる観念的な形式操作のゲーム、あるいは自身の創作の論理的なエクスキューズといったことになってしまいかねない。そこでは人間の生と連続した現象としての異なる体系の接触の面白さが損なわれてしまう。「もっともこの操作が、あまりにトリヴィアルな物の上に生じると、物をうさんくさいものにみせかけることも少なくない」（p.132）という多木さんの言葉も、（いまいち真意を確定しづらいのだけど）そんなことを指しているのかもしれない。

ただ、こうした危険性に関しても、鈴野さんは意識されているようだった。質疑応答で学生に「建築と家具のあいだ」をデザインすることの難しさについて聞かれて、（実際の鈴野さんの言葉は忘れてしまったけど）単純に別々のジャンルの物を足して２で割ればいいというような問題ではないということを言われていた。例えばドールハウスと椅子を組み合わせること（《ドールハウスチェア》2014）にそもそもどのような需要があるのか、そういう現実的な条件・状況を意識することは常に重要であるという認識を示されていた。それぞれの作家性・作品性は異なるけれど、これは石上純也さんが言う「建築家の仕事の99%は調整（アイデアを出して、そのアイデアを実現するための調整）」や、坂本一成先生が言う「形式と現実との緊張関係」と、そのまま重なることだと思う。

担当講師の鈴木紀慶さんは、トラフの作品には普通の人が忘れてしまったような子どもの視点があると言われていた。僕なりに言葉を換えれば、確かな現実的感覚と人間の日常を外れない創作のスタンスが、形式主義とは一線を画した、生き生きとした作品を生むのだと思う。

2015-07-26
府中市の新庁舎設計者選定公開プレゼンテーションを観覧した。今日中に審査があり、結果は明日、市のホームページで発表されるとのこと。最前列の報道者席に座らせてもらったので、一応メモを残しておくことにする。

○この手の公開プレゼンを観るのは初めてだった。２次審査に残った５案なので、いずれもコストや施工方法などの実務的・専門的な条件もそれなりに踏まえられている。それを複合的に把握する難しさに加えて、基本的な予備知識もなかったので、プレゼン１者目・２者目の案の良し悪しはいまいち判断できずにいた。ただ、昼の休憩時間に展示パネルを見たり、敷地に隣接する神社（その神社との関係が設計で重要になる）でおにぎりを食べたり、だんだん計画のコンテクストが分かってきて、各案のキャラクターが見えてきた。

○これが選ばれるべきと思える案が１案あった。そしてそれに対抗しうる案がもう１案。それら２案とは別の某案が選ばれる可能性もあると思うけど、それを選ぶなら最初から無駄な手間をかけずにプロポーザルなんてしなければいいという気がする。

○「市民参加」という要素はいずれの案にも含まれていたけれど、それを最も強く打ち出した案のプレゼンを観ていて感じた違和感は、（よく言われる建築家

の創作の主体性の喪失ということよりも）そこで想定されている市民が実際の府中市民約25万人のごく一部でしかなく、府中市民の意志を代表しているわけでもなく、市民のなかで「参加する人」と「参加しない人」の格差を広げるデザインのように思われたことに起因している。「参加したくない人」や「参加できない人」のことも尊重するのが公共性に違いない。この違和感は、対象となるコミュニティの規模やあり方が違えばまた変わってくるとは思うけど、公共性がそのような原理を持つ概念であることは不変だと思う。

たしか「市民参加」について「自治」という言葉を使った案が１案あった気がする。「市民参加」を「自治」と捉えるか「市民サービス」と捉えるかというような認識の違いも、意外と大きな差になるかもしれない。以下、「市民参加」に関連した『建築と日常』最新号からの引用。

いかにもみんなで決めましたということが、いわゆるビューロクラシーの基となっている民主主義の、市民の税金で建てるということの逃げ道に使われている。地方自治体なんかもそういうことを望んでいるわけです。何か起きた時に「あなたがた自分たちでやったんでしょう」と言うための道具に使われているんですね。建築家が市民の調停者になって、結局建築を政策遂行の道具に貶めている。それで建築の人間的な部分はことごとく砕け散る。

＊富永讓インタヴュー「伝統とモダニズム──大江宏の言葉から」『建築と日常』No.3-4、2015

○「府中らしさ」なるものが存在することを自明のように捉えて（例えば建築の素材や仕上げ、最上階から競馬場や富士山が見えること、活動的な市民性、などにおいて）案を組み立てている発表者がいた一方、「府中らしさ」なるものの存在の確かさを疑いながら案を検討している発表者もいた。

私見では、設計の指針としてあらかじめ「府中らしさ」を掲げることが、「今、ここ」の政治的な大義名分になるという以上に、建築にどれだけの持続的価値をもたらしうるのか疑問に感じる。日本あるいは東京、大阪、沖縄くらいのレベルの括りならばまだしも、府中にそうした観念を求めるのは厳しいのではないだろうか。例えば香川県庁舎は（日本的という以上に）どれだけ香川県らしいのか、ストックホルム市庁舎は（スウェーデンあるいはスカンジナビア的という以上に）どれだけストックホルムらしいのか。カンポ広場に面したシエナの市庁舎はもともと宮殿として建てられたものだけど、その建築もあらかじめ「シエナらしさ」を意図して作られたというより、現実の都市や社会のあり方に率直に対応したことで（つまり歴史や伝統を観念的にではなく体験的に捉えたことで）、事後的にシエナを象徴する建築になったと言えそうな気がする。よく知らないけれども。

○むしろ「府中らしさ」より「市庁舎らしさ」に対する意識のほうが重要であるように思う。シャルトルの大聖堂は「シャルトルらしい」よりまず「大聖堂らしい」。かといってそれは必ずしも過去の市庁舎建築の形式を踏襲ないし展開すべきという話ではない。例えば上で書いた「自治」か「市民サービス」かという認識の違いも、結果として建築の「市庁舎らしさ」に影響してくるように思えるし、ルイス・カーンがいう〈ビギニングス〉（〈既成の制度やプログラムを超えて普遍的にある〈はじまり〉。例えば学校の〈はじ

まり〉は、自分が学生であることを知らない学生に対し、1本の木の下で1人の男がその経験的認識を語ること。そうした〈はじまり〉の意志に遡ることで、学校の設計が人類の歴史と連続した行為になる。」『建築と日常』No.3-4、p.70)のように、むしろ過去の市庁舎の形式に囚われず、市庁舎なるものの根本や本質を問い直す行為も、現代の「市庁舎らしさ」を導くだろう。そうした意味も含めて、都心の商業建築やオフィスビルなどとは一線を画す「市庁舎らしさ」が（なんとなしにでも）感じられるのが、最初に触れた2案だった。

2015-08-03
以前書いた「熟成する空間」（『東京人』2013年3月号）という短い文章を、小学6年生用の学習塾の教材（非売品2500部）に使いたいという連絡があった。去年『ベスト・エッセイ2014』（光村図書出版、2014）に収録されたのを読んでくれたらしい。使用料も出るそうなので、断る理由はなにもない。

しかしあの文章がよりによって小学生の教材になるというのは妙な気がする。「熟成する空間」では、それこそ僕が小学生の頃に経験していた故郷の空間が、30歳前後にあらためて訪れてみてどう感じられたかという、その率直な実感を書いたのだった。だから当然ながら、それは小学生に共感できるものでは到底ないと思う。ただ、理想的に考えれば、その共感のできなさにこそ、小学生があの文章を読む意味があるとも言えるかもしれない。今自分に見えている世界が大人には違って見えていること、あるいは年を経て自分にも違って見えてくるかもしれないこと。もしそんなことを示唆するためにあの文章を教材に選んでくれたのだとしたら、すごくうれしい（しかしそうではない可能性も十分にあると思う）。あの文章を読んでいる小学生を想像すると、タイムマシンで小学生の頃の自分に会いに行くような感覚がある。

2015-08-05
しばらくぶりに好きな女性のタイプを聞かれた。面倒くさいなと思いつつ、その場がさらに面倒くさくなるのを避けるため、つべこべ言わずに「気取らない人」と答えた。「あー、自然体の人ね」と言われた。

男女問わず、気取らない人（自分を欺瞞的に大きく見せようとしない人）に好感を持つというのは嘘ではない。「気取らない」と「自然体」に重なるところがあるのも理解できる。けれども「気取らない人が好き」と「自然体の人が好き」には、なんとなく同一視できないニュアンスの違いを感じる。「自然体」は「自然体を気取る」こともできるというか、「自然体」であることは本当に自然なのかとか、「自然体」と「天然」はどこが違うのかとか、疑問が生まれる余地がある。それに対して「気取らない」のほうは、より範囲を限定して、正確に対象を捉えようとする言葉の厳密さがあるような気がする。

「自然体」はそれ自体が肯定的な意味を帯びた言葉であり、積極的に対象そのものの性質を示すのに対し、「気取らない」は「～でない」という否定形として、消極的に対象の輪郭をかたどる。ものごとを否定形で捉えるとき、そこには相対的な良し悪しの判断が介在している（「気取らない」は「気取る」という「悪し」と対になっているけれど、「自然体」はそれに対する「悪し」が存在しなくても成立する）。このような良し悪しの判断を前提にすることは、とくに対象が実

在の他者である場合、（結果的に「良し」と判断するにせよ）上から目線で傲慢なことに感じられるかもしれない。しかし見方を換えれば、積極的にプラスを求めるのではなく、マイナスでなければ「良し」とするわけだから、謙虚と言えば謙虚なのかもしれない。

「自然体」を積極的で絶対的な形容とするなら、「気取らない」は消極的で相対的な形容だと言える。そしてその消極性・相対性ゆえに、例えば誰かを好きであることの理由を説明するとき、ひとつの形容では足りずに、並列的に複数の形容が必要とされる傾向があると思う。「～だから好き」に比べて「～ではないから好き」は、その一言ですべてを言い切る力は弱い。だから複数の否定形がもたらす関係の網の目が、その対象を浮かび上がらせることになる。下の文はその優れた表現の例だろう。必ずしも否定形ばかりが用いられているわけではないけれど、最後の「ただ　ただ楽しい　あなたが好きさ」以外は、基本的に良し悪しの判断を前提とした相対的な形容（好きでないものとの対比）がされていると思う（そのことで最後の「ただ　ただ楽しい　あなたが好きさ」の絶対的な形容も生きてくる）。

> きらいな言葉　言わないから好きさ
> タバコを立ててすわないから好きさ
> いっしょうけんめい話すから好きさ
> わかったような顔しないから好きさ
> 自分の言葉で話すから好きさ
> 悪口ばかり言ってるから好きさ
> ただ　ただ楽しい　あなたが好きさ
> 暗い僕を盛り上げるからね
> ＊フィッシュマンズ「チャンス」より（作詞・作曲＝佐藤伸治）

一見消極的で遠回りであるようなこうした表現（否定の身振り）が、むしろ対象を正確に捉え、その生きたエッセンスに触れるために有効であるように思える。

2015-08-14
『建築と日常』No.3-4の香山先生へのインタヴューの註として、吉田健一の以下の言葉を引用した（最後の一文は割愛）。1957年、長崎を訪れた印象を綴った短い随筆から。

> 戦争に反対する最も有効な方法が、過去の戦争のひどさを強調し、二度と再び、……と宣伝することであるとはどうしても思へない。戦災を受けた場所も、やはり人間がこれからも住む所であり、その場所も、そこに住む達も、見せものではない。古傷は消えなければならないのである。
>
> 戦争に反対する唯一の手段は、各自の生活を美しくして、それに執着することである。過去にいつまでも拘つて見た所で、誰も救はれるものではない。長崎の町は、さう語つてゐる感じがするのである。
> ＊吉田健一「長崎」『朝日新聞』1957年4月19日（出典：『吉田健一全集 第十巻』原書房、1968年）

このうち、「戦争に反対する唯一の手段は、各自の生活を美しくして、それに執着することである。」の一文は小西康陽氏による引用でよく知られていて、僕もその経由で知ることになった。とても魅力のある言葉で、吉田健一らしいとも感じる。
-01_うたうことば.flv　https://www.youtube.com/watch?v=OGcV5q3SUfU

ただ、吉田健一の原典を当たってみると、前後の文脈ですこし印象が違ってくる。戦後12年を経

て長崎を訪れた吉田健一は、そこに原爆や戦争の痕跡があまり見られないことを肯定的に捉えて（「今日、丘の上に立つて全市を見渡しても、原爆の跡と解るものは何も残つてゐない。」）、この言葉を書いたのだった。言い換えれば、長崎とは別のあり方を否定的に捉えてこの言葉を書いた。そこではもしかしたら、広島の原爆ドームの保存や平和記念公園（1954）の建設のことが念頭にあったのかもしれない。そう言い切ることはできないけれど、そのようにこの言葉が批判しているものを考えてみると、軽々とこの言葉を反復するわけにはいかなくなってくる。この言葉を自分も口にするには、ひとつの判断が求められる。負の出来事に対するモニュメントを残すあるいは建てるということに対して、それを批判するにはそれなりに強い意志がいる。

ただ、吉田健一がこれを書いたのが戦後12年の時であるのに対し、今年は戦後70年であるという違いも当然あるだろう。吉田健一がもし今生きていたとして、当時と同じように考え、行動したかどうかは分からない。吉田健一の友人で同じ1912年生まれの福田恆存は、戦後の新憲法の改憲論を提唱していた。それも読んでみるとたいへん説得力があるのだけど、同様に福田恆存が今この日本の状況を生きていたとして、かつてと同じく護憲派の大江健三郎氏を批判し、改憲を訴えたかというと、必ずしもそうではないような気がする。吉田健一にせよ福田恆存にせよ、少なくとも彼らの保守思想は絶対的な原理原則の保守ではなかったはずだと思うから。かつての彼らの批判が成り立っていた場はもう底が抜けてしまった。

> 断言しても良い、現行憲法が国民の上に定着する時代など永遠に来る筈はありません。第一に、「護憲派」を自称する人達が、現行憲法を信用してをらず、事実、守つてさへもゐない。大江氏は憶えてゐるでせう、座談会で私が、「あなたの護憲は第九条の完全武装抛棄だけでなく、憲法全体を擁護したいのか」と訊ねた時、氏は「然り」と答へ、続けて私が「では、あなたは天皇をあなた方の象徴と考へるか、さういふ風に行動するか」と反問したら、一寸考へ込んでから「さうは考へられない」と答へた。記録ではその部分が抜けてをりますが、私はさう記憶してをります。或は氏が黙して答へなかつたので、それを否の意思表示と受取つたのか、いづれにせよ改めて問い直しても恐らく氏の良心は否と答へるに違ひ無い。が、それでは言葉の真の意味における護憲にはなりません。大江氏は憲法を憲法なるが故に認めてゐるのではない、憲法の或部分を認めてゐるのに過ぎず、また憲法を戦争と人権の防波堤として認めてゐるに過ぎないのです。
> ＊福田恆存「当用憲法論」『潮』1965年8月号（出典：『日本を思ふ』文春文庫、1995年）

2015-08-17
大岡昇平による小説「野火」（1951）と、後の版で削除されたという「野火（初出導入部）」を読んでみた（『大岡昇平全集3』筑摩書房、1994）。昨日 **2015-08-16** 観た塚本晋也監督の映画版『野火』（2014）とはだいぶ印象が異なる。

このまえアップした岡本喜八監督『肉弾』（1968）の短評では、「物語はユーモアに覆われている。そのユーモアによって戦争という出来事との距離がとられている。戦争が事物の距離を無化して即物性を

強いるものの究極であるなら、この映画のあり方自体に、戦争に抗する人間の人間らしさがある。」と書いていたけれど 2015-08-10、塚本版『野火』は、逆に意図してその「距離」を無化する方向で戦争を体感的に描いている。

しかし原作の大岡版『野火』は、ユーモアが用いられるのではないにしても、やはり「距離」をとる方向で戦争（そして自然）を写生することに意味を見ているように思える。デカルトの「私は考える、ゆえに私はある」的な、人間の理性や思考の力をもって戦争を（主観を貫いて）客観視すること。この小説が戦地から帰国後の回想形式であるのは、ストーリー展開の必然性というよりは、主人公が自らを試験体のようにして相対的に認識し、その思考の運動を記述するのに、ある時間的・空間的な「距離」が必要だったということではないだろうか（やはり戦場の現場でいちいちこれだけの思考をしていたら不自然だ）。

或いはこれもすべて私の幻想かも知れないが、私はすべて自分の感じたことを疑うことが出来ない。追想も一つの体験であって、私が生きていないと誰がいえる。私は誰も信じないが、私自身だけは信じているのである。

*大岡昇平「野火」『大岡昇平全集3』筑摩書房、1994年

こういった思考そのものを映画で描写するのは不可能と言ってもいいのではないかと思う（そこに小説と映画のメディアとしての違いがあり、また映画による戦争の描写がスペクタクル化しやすくなるという危うさもあると思う）。単純に主人公のモノローグにすればいいわけでもない。原作との近さという意味では、どちらかというと塚本版『野火』よりも市川崑版『野火』(1959)のほうが雰囲気は近い気がするけど、塚本版『野火』は大岡昇平の『野火』を映画化したというより、大岡昇平が描いたひとつの時空間を、また別の次元で描いたものだと言ってみることができるかもしれない。

塚本版『野火』は、戦争への意識だけでなく、日々の食べ物を大事にするとかいう地味なところでも影響力を持つといいなと思った。べつにそれが前面に出なくてもいいけれど、そういうところと乖離した「戦争反対」は結局脆そうな気がする。

2015-09-05

旧所沢市立第2学校給食センターで、展覧会「引込線2015」（〜9月23日）を観た。といっても、22日のトークイベントに向け、利部さんのインスタレーション作品《垂直の波》を集中的に。左の写真はその一部。

利部さんの作品への関心をあえて建築と日常への関心と重なるように言うと、ある種の古典的な彫刻（よく知らないけど）のように一つのクライマックスの状態に永続性を求めるのではなく（利部さん自身も彫刻家を自称している）、作品を構成する複数の部分が釣り合いや中庸を保ちながら生き生きとした開放系をなす、様々な物の組み合わせや位置づけによって鑑賞者それぞれの過去や記憶に体験が響き合っていく、といったようなことになるかと思う。ある物がもつそれ固有の意味（極端な例で言えば「原爆に遭った人の衣服」や「津波に流された家の瓦礫」のような、無視しがたい絶対的な履歴や痕跡、物語性）を適度に脱色したり（明らかな「廃材」が主だった以前の作品よりも、近年の作品は扱われる物の抽象度が高くなっているように見える）、一般の建築に比べて重力に対する脆さや施工のほころびを感じさせたりするのも、そうした他律的で開放系の世界を成り立たせることに寄与しているように思う。作品を理解する者としない者とを分け隔てるような、完成された自律的な世界ではなく、これまで生きてきた日常の経験がある者なら誰しもに開かれた世界。

たとえばこの会場の面白さもそうしたことと繋がっているだろう。僕個人の経験で言えば、小学生の頃には学校給食があって、それが毎日どこかから運ばれてくることは知っていても、どこでどんなふうに作られているかを知ることはなかった。もちろん僕が食べていた給食は、この所沢の給食センターで作られていたわけではない。しかし、この旧所沢市立第2学校給食センターという場所が、それそのもの（固有性）としてだけでなく、モダニズムの建築言語を媒介にして「学校給食センター」という抽象化された形式を感じさせることで、この場所の「今、ここ」の経験が、まったく別の場所にいた小学生の頃の僕の過去とも響き合ってくる。給食の調理に関わる様々な専門的な物からは、それを初めて見る目新しさとともに、給食を食べていた頃の自分を思い出す懐かしさも生まれる。同じ建物の内部に従業員たちが休める比較的大きな畳敷きの部屋があるのを見たりしても、そんなものまであったのか（昼夜問わず稼働していた?）という新鮮さと同時に、僕の給食を作ってくれていた見知らぬ人たちが記憶のなかで動きだす。

「引込線」という展覧会は、閉鎖された古い学校給食センター（現在は災害時用の物資や機材の保管場所にされている）を会場にしたサイトスペシフィックな展示が一つのユニークな特徴になっている。建物の詳しい履歴は知らないけれど、戦後のある時期、田舎町の畑の中に、その土地の歴史や伝統や場所性を無視して機能優先でつくられた建物が、それから数十年後、その機能を果たし（あるいは果たせなくなり）、今では（自らと同じように）機能優先で制度化された美術館の空間を批判する場として働いている。建築とイデオロギーや時間のあり方を考えると興味深いことだと思う。

2015-09-26

先週、安全保障関連法案が成立した。なにか書こうと思っていたのだけど、結局なにをどう書いていいのか分からない。インターネットを眺めていると、安保法案関連（に限らずだけど）の言葉が多すぎるように僕には思える（おそらく、逆にもっとたくさん言葉を発しなければならないと考えている人も少なくないのだと思う）。一連の政治に反対や批判をするのでも、もっと慎重に言葉に心を込めないと、現実的な効果には繋がらないのではないだろうか。そのあたりはデモと言葉（文字）が異なるところで、デモはどんなかたちであれ参加することから意味が生まれうると思うけれど、言葉の場合、安易な紋切り型や勢いまかせの雑な言葉はむしろ総体としての意志をぼやけさせてしまう気がする。それぞれが現実にくさびを打ち込むような、石垣を一つずつ積み上げていくような、確かな言葉が発せられるべきであり、それ以外の言葉はないほうがすっきりする。

そのときの言葉は必ずしも専門的に高度な内容である必要はないし、単一の意見に集約されなくてもいい。要は個々の人間としての実感がともなっているかどうかだと思う。そもそもそのような生きた言葉を基盤にした世の中ならば、多様性を含む動的な秩序のなかで、ある限度を超えるひどいことは起きないのではないか。少なくとも今回のような法案が生まれることはなかっただろう。言葉の空疎化については「現在する歴史」特集の巻頭言でも触れたけど、以下50年前の対談で言われていることの連続として現在の状況が感じられる。

小林　[…]それからもう一つ、あなたは確信したことばかり書いていらっしゃいますね。自分の確信したことしか文章に書いていない。これは不思議なことなんですが、いまの学者は、確信したことなんか一言も書きません。学説は書きますよ、知識は書きますよ、しかし私は人間として、人生をこう渡っているということを書いている学者は実に実にまれなのです。そういうことを当然しなければならない哲学者も、それをしている人がまれなのです。そういうことをしている人は本当に少ないのですよ。フランスには今度こんな派が現れたとか、それを紹介するとか解説するとか、文章はたくさんあります。そういう文章は知識としては有益でしょうが、私は文章としてものを読みますからね、その人の確信が現れていないような文章はおもしろくないのです。[…]

岡　ありがとうございます。どうも、確信のないことを書くということは数学者にはできないだろうと思いますね。確信しない間は複雑で書けない。

小林　確信しないあいだは、複雑で書けない、まさにそのとおりですね。確信したことを書くくらい単純なことはない。しかし世間は、おそらくその逆を考えるのが普通なのですよ。確信したことを言うのは、なにか気負い立たねばならない。確信しない奴を説得しなければならない。まあそんなふうにいきり立つのが常態なんですよ。ばかばかしい。確信するとは2プラス2がイコール4であるというような当り前なことなのだ。

文士は、みんな勝手に自分の思うことを書きますよ。その点では達人です。これは一種の習性のうえでの達人なんですな。[…]もしもみんなが、おれはこのように生きることを確信するということだけを書いてくれれば、いまの文壇は楽しくなるのではないかと思います。

岡　人が何と思おうと自分はこうとしか思えないというものが直観ですが、それがないのですね。

小林　ええ、おっしゃるとおりかも知れません。直観と確信とが離れ離れになっているのです。

*小林秀雄・岡潔『人間の建設』新潮文庫、2010年（初出1965年）、pp.110-112

例えば下のサイトの取り組みは、言葉というより情報やデータといったものだろうけど、現実にくさびを打ち込むような、石垣を積み上げていくような、相手の首根っこを掴まえるような、確かさを感じる。客観的な情報であっても、そこに制作者の実感がともなっているか否かで、その情報の生き方が変わってくる。
- 国会議員いちらんリスト　http://democracy.minibird.jp/

また下のような動画も、言葉（文字）を超えるものだろうけど、ある現実が凝縮された粒のような存在と

して、ストックしておける気がする（動画をたくさん見ているわけではないので、もっと適当なものもあるかもしれない）。
- 福山哲郎｜2015 年 9 月 19 日｜参議院本会議 https://youtu.be/9xoUbAXhiNI?t=2m34s
- 村上誠一郎｜2015 年 6 月 30 日｜日本外国特派員協会　https://youtu.be/GBWZf17Q7Uo?t=3m50s

2015-10-31

昨日はまあ書いてもいいかと思って書いてしまったけど、基本的に誰かから本をもらったりしたことをネットで公表するのには抵抗がある。たとえば僕がその本の制作に関わっていたり、僕がもらって然るべきだということが一般にも明らかな場合は別にして、これまでほとんど「〜をご恵送いただきました！」みたいなことは書いていないと思う。それを書くことで、その本のなんらかの宣伝になるはずだという意図は分からなくもないけれど、それならば別にタダでもらったことは書かなくてもいいというか、むしろ書いてしまうと、「わざわざ自分で身銭を切って買うことはしなかった本」という意味を伴示してしまって、無意識のうちに本の価値を下げてしまうような気がする。さらに「あの人には贈って自分には贈ってこないのか」とか「自分はお金を出して買ったのに、ああいう人たちにはタダで配るのか」というようなネガティヴな感情を広い範囲で生んでしまう可能性もあり、それはせっかく贈ってくれた人にも申し訳ない。そしてそのようなマイナスの可能性が想定できるにもかかわらず、なお献本されたことを明示しようとするということは、結局「〜から本を贈られるポジションにある自分」を見せたいだけなのかと思われてしまいそうな気もする。

2015-12-28

もう一つおまけに qp さんのツイートから。

僕も最近ちょうど似たようなことを考えていた。フィッシュマンズに「A PIECE OF FUTURE」（作詞・作曲＝佐藤伸治）という曲がある。1998 年にライヴで演奏され、翌 99 年に佐藤伸治が死んでしまわなければ次のシングルとしてリリースされていたというもの。歌詞はほとんどなく、タイトルの言葉が何度も繰り返されるほか、最後に「テーブルの向こう側で座っていた君は／僕のたったひとつだけの未来のカケラ」と歌われる。しかしそれが「僕のたったひとつだけの未来のカケラ」であると真に実感できるのは、あくまでそれを失ってからではないだろうか、と僕の経験は直観する。たとえ本当にそれが「僕のたったひとつだけの未来のカケラ」であったとしても、それが実際に現存する状態においては、「たったひとつだけ」ということは意識されず、未来は広がって感じられているのではないだろうか。その「たったひとつ」とは、「僕」の人生の全体にそのような作用を及ぼすものなのではないだろうか。

文の前半、「テーブルの向こう側で座っていた君」が、「座っている」という現在形ではなく、過去形になっているのはどういうニュアンスなのだろうかと思う。すでにもう二度とそのテーブルには戻ってこないという断絶した過去とも解釈できるけど、曲の雰囲気としては未来をもつ明るさが通底しているように感じられる。「君」はまだ失われていない。

僕自身は、「君」が「僕のたったひとつだけの未来のカケラ」だと真に実感できるのは、あくまで「君」を失った後、事後的にだと思うのだけど、もしかしたら佐藤伸治は違うのかもしれない。以前の日記 2015-04-08 で引いた歌詞の一節——「君が今日も消えてなけりゃいいな／また今日も消えてなけりゃいいな」に窺えるような彼独特の時間感覚（現在が持続することへの願望、あるいは不穏な未来の先取り）が、この曲を成り立たせているとも考えられる。ふと、かつてフィッシュマンズが坂本九の「涙くんさよなら」（作詞・作曲＝浜口庫之助）をカバーしていたことを思い出した (https://www.youtube.com/watch?v=XjmHPGro7SY)。「涙くんさよなら　さよなら涙くん／また逢う日まで」「だけど僕は恋をした／すばらしい恋なんだ／だからしばらくは君と・逢わずに暮せるだろう」。ここにも不穏な未来の先取りがある。

2016-01-04

一昨日、昨日と、NHK の E テレで再放送されていた「浦沢直樹の漫勉」という番組が面白かった。ホスト役の浦沢直樹氏も含め、登場した漫画家（東村アキコ／藤田和日郎／浅野いにお／さいとう・たかを）の作品はほとんど読んだことがないし、興味を持てるかどうかも定かではないけれど、やはり創作の現場を映像で記録し、同業者同士でそのときの行為をなぞっているのが面白い。それぞれが培ってきた方法や思考の重なりとズレ。きわめて専門的でありながら門外漢にもよく分かる。建築もこういう見せ方・捉え方ができればと思う。けれどもそれは漫画というジャンルでこそ成立するというところもあるかもしれない。

例えば基本的に紙とペンがあればできるという漫画の単純性や原始性は、一般の人の日常と連続している。しかも絵画などと比べてメディアの形式性が強く、他人同士の創作の比較がしやすい。アシスタントや編集者はいても、建築などと比べて創作を規定する外在的な条件（当事者以外にはうかがい知れない）が少なく、作品を作家個人の主体性の範囲で捉えやすい一方、他のジャンルの芸術作品と比べて個人としての表現が自律するわけでもなく、読者や販売部数のことも強く意識せざるをえないため、一定の客観性や一般性を帯びやすい。紙とペンがあればできるのは小説なども同じだとしても、小説のようにそれなりに時間をかけて全体を体験する必要があるタイプの作品に比べて、特定の部分だけを抜き出すことでも、その作品の性格や魅力を認識しやすい。ストーリー／構成／言葉／絵といった様々な要素の複合として成り立っていることも、それを体験する人たちの認識の網の目に引っかかりやすいのだと思う（例えば同じように複合的な作品としての映画が、写真や小説や音楽やダンスなどと比べて気安く論じられやすいのと同様に）。

2016-01-28

2 月 14 日、代官山蔦屋書店での香山先生とのトークイベント「建築と言葉の関係について」では、『もしも建物が話せたら』から「建物の声に耳をすます」という流れで、先生が改修設計を手がけて 1 月にオープンしたロームシアター京都（旧京都会館、前川國男設計、1960 年竣工）のことも話題にしたい。

京都会館の改修計画には批判や反対運動も多かったけど、結局できあがったものに対する評価はどうなっているのだろうか。インターネット上では、反対意見を表明していた組織や個人からの総括的な見解は今のところ提示されていないように見える。僕自身は、例えば昨日の日記で書いた鎌倉の近代美術館と比べても、建物や場所に馴染みがないので評価しにくいのだけど（馴染みがないものについては黙っておくという態度は、前に大相撲をめぐって書いたように 2015-06-20、文化的な意味でも大切だと思う）、ともかく社会的な意義を考えても、なんらかのまとめはあってしかるべきという気がする（もちろん今度のイベントがそれをする場というわけではなく）。以下、計画時の代表的な批判や反対運動の言葉からの抜粋。

【省略】

この辺りの言葉から、建築と言葉の関係について考えてみることもできると思う。例えば今回の計画で、結果として京都会館は「建築的な価値や周囲の景観に対する落ち着いたたたずまいが大きく損なわれ」たと言えるのかどうか。「建築的価値、歴史的価値、都市環境的価値」は「十分に尊重」されたと言えるのかどうか。「かけがえのない文化遺産」は「後世に継承され」ていると言えるのかどうか。上記のそれぞれの組織およびそれに所属する個人は、自分たちが発した言葉と、現実にできあがった建築との関係を、どう認識しているのだろうか（と書いて気づいたけど、僕も DOCOMOMO Japan のフレンド会員だった）。

また、「京都の歴史にとっても将来への禍根を残す」、「京都の未来を左右する歴史的な問題」と言われるのが一体どの程度のことなのかも、決して自明ではない。京都の歴史を引き合いに出すということは、少なくとも平安京設立（794）以来の数多の出来事と同じ地平で、この京都会館の改修計画を見るということだろう。それを可能にする歴史観を僕自身は持たないけれど、例えば戦後に限っても、京都タワー（1964）や京都駅（1997）の建設、あるいは金閣寺の焼失／再建（1950/55）といった出来事よりも、今回の京都会館の改修計画のほうが歴史に対する影響は大きいと言えるのだろうか。

また別の例を挙げれば、現在の新国立競技場の計画と比べて、どう位置づけられるのか。京都会館の保存を訴えた鈴木博之さん (http://kyoto21c.exblog.jp/16761925/) は新国立競技場のデザイン・コンクールの審査委員として計画推進派だったし 2014-01-27、日本建築学会は一連の問題について沈黙を続けている。このことはなにを意味するのだろうか。規模や話題性としては京都会館よりもはるかに大きい新国立競技場の問題だけど、再開発に際しての建築的・歴史的・都市環境的な危機意識は、（少なくとも鈴木さんや日本建築学会にとっては）京都会館のほうが上だったということでよいのだろうか（京都会館が日常的に身近だった人たちにとって、新国立競技場よりも京都会館の問題のほうが重要だっただろうことはもちろん理解できる）。それとも新国立競技場の問題では、建築的・歴史的・都市環境的な価値よりも、（それぞれの個人や組織が考える）別の価値が優先さ

れたということだろうか。

歴史や文化が人間にとって大事であることは分かっているつもりでいる。けれどもそれをより具体的に、個々のものごとの相対的な関係のなかで捉えようとするとよく分からない。もちろんそれらは、言葉のレベルで厳密に比較できるものではないだろう。しかし一方で、完全に断絶して考えることもできないからこそ、この現実の世界のなかで複雑に絡みあう、人間の歴史や文化の問題でありえるのだと思う。そして建築と言葉は、どちらも過去からの連続のなかで人間が生きる環境を形成しているものなのだから、建築（都市的環境）を大事に思うなら言葉（言語的環境）も自ずと大事に思わないと、辻褄が合わないという気がする。

2016-02-27

こういう発言をしていいのか分からないけれど、星田は分譲ですが、当時でだいたい四、五千万くらいだったかな。周りは一億近いような、より高級な住宅地なんです。で、そこの子供たちと向こうの子供たちが同じ学校に行くわけですが、そのときに子供たちに誇りを持ってほしいなと。そのことを実現できないかという思いはありました。そこに住んでいることの誇りが持てるような街をつくりたかった。（坂本）
＊対談＝坂本一成・塚本由晴「〈建てること〉の射程」『建築と日常』No.2、2011年12月

コモンシティ星田（A2ゾーン設計＝坂本一成、1991/92年竣工）を見学した。大阪府交野市。高台の北側斜面に112戸の分譲住宅が細かく群をなしながら散在する。通例、各敷地ごとに雛壇状に造成される傾斜地を、元の地形を生かしてスロープ状に造成し、大中小さまざまな道を通しながら、自然発生的な集落のような在り方の住宅地をつくっている。こうしたイレギュラーな形式を採用することで、いわゆる設計のデザインや図面作成だけにとどまらず、施主や施工者も交えた現実的な調整作業が膨大に発生しただろうことは想像に難くない。実際に現地を訪れてみて、あらためてそれをするという信念の強さを思い知らされた。他の人だったらなかなかやらないと思う。

その結果かどうか、築25年を迎えてところどころで劣化は目に付くものの、明らかな空き家もなく、今もひとつの街として息づいている。このまえ訪れた熊本の託麻団地 2016-01-21 と異なり、戸建ての分譲なので、なにか不具合が出れば個々の住戸で保全・改修がされるという仕組みも機能しているのだろう。住戸の改修に関しては、住民のなかから交代制で担当が選出され、事前に改修計画のチェックがされるという。実際の改修部分を見た限りでは、それほど厳しいデザイン規制ではないようだけど、そのような自治が続いていることも、街が息づいていることの要因でもあり結果でもあるのだと思う。

この街の道はすべて公道なので、制度上は誰が歩いていても差し障りない。しかし、例えば外国の見知らぬ集落を歩くときのように、自分がよそ者であることを強く感じさせる。このことは、「その空間がすでに私のものではなく特定の誰かのものであることを強く感じさせる」2012-06-26 という坂本先生のほかの作品の在り方とも通じるかもしれない。コモンシティ星田では、単に形状や形式が伝統的な集落風というだけでなく、その場所の質まで含めて伝統的なものと繋がっている。いわゆる制度的なコモンスペースを排してパブリックとプライベートを直接向かい合わせるという設計意図は、あくまでそういう全体で統合された場所の質を前提に成り立っている。そうでなければ、金属やパステルカラーの外見に依存してテーマパーク的になるか、個々の部分が断片化して全体がばらばらになってしまう気がする。

ところで今、建築界でコモンシティ星田というと、イコール坂本一成の設計作品と認識されていると思うのだけど、実際に坂本先生がコンペで選ばれて担当したのは、住戸数にして全体の1割強の部分にすぎない。コモンシティ星田全体は、他にもより高級な戸建て住宅地区（雛壇造成）や一般的なマンション、デザイナーズ的な集合住宅、それらに付随するコミュニティ施設など、多様なものを含んで計画・実現されている。そして坂本先生が担当した地区に住んでいる人も、どちらかというと「その地区に住んでいる」というより、「コモンシティ星田全体に住んでいる」という感覚のほうが強いらしい。それぞれの地区や住戸のタイプは異なるとしても、同じ名前の住宅地に住み、同じ自治会に属してコミュニティ施設や季節のイベントを共有し、子どもたちが同じ学校に通うという共同性を考えてみれば、そうした感覚は日常的で当たり前のものかもしれない（坂本先生が設計した住宅に住んでいた家族が、子どもの成長に応じて、より一住戸の規模が大きい地区のほうに移っていくという傾向もあるそうだ）。

例えばコモンシティ星田が、ある種のニュータウンのように特定の世代に依存して高齢化することがなく、街として持続的に息づいているのは、こうした複数のタイプの住戸が併存していることにもよるのだと考えられる。つまり、異なる規模や間取り、文化性・社会性を持つ住戸が、異なる属性の人々を招き、混在させる。その多様性が、街全体の新陳代謝やダイナミズムをもたらしているのではないか（この学区の子どもたちの学力が相対的に高く、そのことがまた新たな若い住人を呼ぶ、という話も聞いた）。

おそらく坂本先生にとっては、他の地区の住戸のタイプ（社会で一般的につくられる住宅のタイプ）にはそれなりに批判意識があり、だからこそ強い信念をもって、ユニークで魅力ある街を生み出しえたのだと思う。そしてそこでは画一的でない、多様な場の在り方が目指されていた。ただ、それと同時に、別のレベルでの社会的な多様性がこの街の構造を担っているらしい。その重なりもまた興味深いことだった。

112の住戸の構造は、前作の《House F》（1988）と同じく、下部が鉄筋コンクリート造、上部が鉄骨造。下部で地形の高低差を吸収しつつ、その固さや閉鎖性によってパブリックとプライベートの境界を明確にする。一方で、基本的に主室は上階に置かれ、開口部を多くとり、街と連続する。下階のコンクリート部分も、街に対してある雰囲気をつくっている。

竣工時にはコンクリートの打ち放しだったはずの外壁が、モルタル吹き付けになっていた住戸がいくつか目に付いた。さらにそうした住戸が2～3軒でまとまって点在していたのが面白い。しかも隣り合う住戸で微妙に色が変えられたりしている。おそらく隣人同士のなんらかのやりとりを介して、同じ業者が同じ時期に塗り替えたのだと思う。地域のなかにより細かい地域性が生まれている。こうしたことは壁以外の部位でも見られるのかもしれない。

竣工時の写真では分からなかったことのひとつで、自動車の存在の大きさを知った。例えば託麻団地の場合、自動車は敷地の端のほうの駐車場にまとめて置かれていたけれど、ここでは各住戸にカーポートがある。こういう有機的に統合された街を自動車が行き来している光景が妙に印象深かった。伝統的な人間のための空間に、自動車の通行という異質な力の系が重なることの新鮮さ（本当はそこにさらに水路が、人間が行くことができない道として重なっているのだけど、今日は水が流れていなかった。流れているときといないときがあるらしく、『ぼくの伯父さん』の妹夫婦の家の噴水を思い出した）。それぞれの道は、ところどころで車止めのポールが出ていて、自動車では完全に敷地を通り抜けることはできない設計になっている。つまり敷地内に入ってくる自動車は、それぞれある特定の入口から特定のエリアの住戸に向かうようになっている。そうしたシステムにもこの場所の鍵があるのだと思う。

2016-03-27

大相撲三月場所千秋楽。結びの白鵬対日馬富士。白鵬勝てば優勝、負ければ稀勢の里との決定戦という一番で、白鵬が立合いに変化して日馬富士がそのまま土俵の外へ飛び出し、白鵬が優勝した。横綱同士の対戦、それも千秋楽の結び、しかも怪我をして

不調かつ小柄な日馬富士に対して万全の第一人者である白鵬が立合いに変化するというのは常識はずれと言ってもいい、極めて異例のことで、解説席の北の富士も強く苦言を呈していた。場内では拍手や歓声は少なく、野次やブーイングが多かったようだった。ふだん優勝決定後の表彰式はあまり見ないのだけど、これはなにか起こるなと思って見ていたら、想像以上のことが起こった。かなり強い野次も飛んでいたらしい（テレビ中継では客席からの声をはっきり聞き取ることはできないけれど、音の印象から、それが相手を切りつける言葉であることは分かる）。あの白鵬が優勝インタヴューで言葉に詰まり、なにも喋れずに涙を流していた。見ていてふと、このまま引退するのではないかという気がしたほどだった。

正直なところ僕も今日の白鵬の相撲はひどいと感じたし、「優勝したい一心で」というのは理由にならないと思う。多少強い非難でも浴びせられて自覚したほうがよいという気もしていた。僕自身、もし観客席にいたら、なにかしら声を上げていたかもしれない。ただ一方で、優勝インタヴューの白鵬の姿を見て、それ以上とやかく言う気にもならない。だからインタヴューが終わった後、「自分も言いすぎたかもしれない。もうこの件はこれでおしまい」というようなことを言った北の富士の素朴な態度にまったく共感する（それに引き換え舞の海には「お前が精神を語るな」と言いたい）。きっと「この取組でこの立合いはありえない」と思わせる感覚と、白鵬のインタヴューの姿を見て「この人をこの件でこれ以上責めることはありえない」と思わせる感覚は、どこかで通じるのだと思う。

2016-03-28

昨日の続き。よく相撲の立合いの変化に苦言が呈されると、「ルール違反ではないのだからとやかく言うな」、「立派な駆け引きであり戦術だ」といった声が上がる。さらには「だから所詮相撲は真剣勝負のスポーツではなく、お客を喜ばせる芸能あるいは興行なんだ」と言われたりもする。

立合いの変化が一般通念として容認されるようになると、おそらく相撲のあり方が変わる。立合いの激しい当たりは少なくなり、レスリングのように間合いをとるようになってくるだろうし、力士同士がお互いに呼吸を合わせることで取組が始まるという、現在の相撲の根本も揺るぎかねない。力士の体格も変わってくるかもしれない。それは言ってみれば、自由主義的なシステム（明文化された制度に反しなければなにをしてもいい）において、勝ち負けを唯一の条件にして相撲のあり方が最適化される、ということだ。はたしてそれはよいことだろうか。

こうした変容は、これまでの相撲の歴史でもあったことだろうと思う。そもそも立合いの強い当たりは、相撲が丸い土俵の上で取られるようになったことで始まったということを、一般向けの相撲の解説書で読んだ記憶がある（それまでは競技の場所が限定されておらず、したがって相手を地面に倒すことでのみ勝負が決まったらしい。押し出しや寄り切りという決まり手は存在しなかった）。それは今となってはどちらがよかったか、一概に言えることではないけれど、ともかくルールの変更に則して相撲のあり方が変容したということだろう。

相撲の立合いの変化を考えてみるとき、サッカーでの味方キーパーへのバックパスや、野球での敬遠のフォアボールなどが比較対象になると思う。いずれもルール違反ではなく、勝ち負けに徹したとき、局所的に有効な戦術になりうる。しかし時と場合によっては野次やブーイングの対象にもなる。正々堂々ではない感じがつきまとう。

確かにサッカーでは、味方からの足でのバックパスをキーパーが手で触ることはルールで禁止された。ただ、たとえ手で触れなくても、キーパーを含めたバックラインでボールを回して時間を稼ぐことは、ある程度の技術があればできなくはないだろう。しかしそれをメインの戦術として、リードしている時間すべてで徹底して露骨にやるというチームは、僕がサッカーに詳しくないからかもしれないけど、聞いたことがない。そしてなぜそれがされないか考えると、単に観客から非難されるからとか、超法規的な存在である審判に止められるからとかいう以前に、選手同士で「それをやっちゃあお仕舞いよ」という無意識の感覚があるからではないだろうか。

サッカーがイングランドでどういうふうに始まったのか知らないけれど、きっと最初は観客も審判もいない、身内の簡単な遊びだったのだろうと思う。ただ単に、楽しいからやっていた。楽しくなければやらなかった。その後ルールが整備されていくなかでも、その初源の動機は基本的には生かされてきたからこそ、現在まで世界中で親しまれて続いてきたと言えそうな気がする。

そうやってその初源の動機に根ざして無数の人たちが関わってきた時間的な総体こそ、文化や伝統というものではないだろうか。だからあまりにもその初源の動機や時間的な総体に反するような行為には、文化や伝統を身につけている人ほど、「それをやっちゃあお仕舞いよ」という感覚が働く。それをすると、サッカーがサッカーでなくなる。同じように、たとえルールとして明確に禁止されていなくても、常識としてやってはならないという行為は、大抵のスポーツにはありそうな気がする（それは例えば野球で故意に危険球を投げるとか、そういう誰にでも分かる反スポーツマンシップとはすこし意味が異なる）。相撲における立合いの変化も、それに類するひとつだと思う。それが一般化すると相撲が相撲でなくなる、のかどうかはともかくとしても。そしてそのとき、相撲が伝統芸能であるのに対してサッカーは近代スポーツであるとか、そういう線引きはあまり本質的でない気がする。

2016-08-06

先月 2016-07-05 買った『LONG SEASON '96 〜 7 96.12.26 赤坂 BLITZ』を聴いている。これは僕の能力の問題だと思うけど、フィッシュマンズのような馴染みのあるものでも、音楽は聴いてすぐそれがどの程度のものか分かるということはなく、何度も聴くうちに自分のなかでの位置が定まっていく。これが本や映画の場合は、たとえ最初の数ページや数シーンでも、それなりに「すぐ分かる」という感じがある（もちろん時間による変化もあるけれど）。考えてみれば、本や映画と比べて音楽こそ本来は一回性の芸術なのだから、これは妙なことに思える。

2016-09-10

5月に訪れた広島県立呉南特別支援学校（左手前）の遠景写真。坂本先生の最新作。他の雑誌の取材

に同行させてもらっていたので、当日の日記では詳細は書かずにいた 2016-05-13。これも含め、今回『建築家・坂本一成の世界』の制作に当たって、これまで見ていなかった坂本先生の建築を6作観て回った。結果、坂本先生の実作28作のうち21作を、見学可能な範囲で観ていることになる（未見は《散田の家》（改修前）、《登戸の家》、《南湖の家》、《坂田山附の家》、《今宿の家》、《南堀江 COCUE》（閉店）、《上海当代芸術博物館ミュージアムショップ》）。

この経験はかなり大きい。図面と写真だけではなかなかその建築の実態を把握することができないというのは僕自身の能力の問題かもしれないけど、実際にそれぞれの建築を訪れていなければ、今回の作品集はこういうかたちでは完成できなかっただろうと思う。特に《星田》や《託麻》や《幕張》など規模が大きいものは、解説文を書いたり、写真をセレクトしたり、それらを各10ページ前後のヴォリュームのなかで図面と組み合わせて配置したりすることに、確信が持てなかったと思う。言ってみれば『建築家・坂本一成の世界』の制作で一貫してあったのは、実際に坂本建築を訪れたことがある人が、訪れたことがない人に対してそれを正確に伝えるという意志だった。個人の解釈を優先させるのではなく、あくまで建築の存在に従うつもりで作っていたとは言えると思う。以下はこのブログに掲載されていた、坂本建築を訪れた日の日記。

- House SA　　2010-01-10
- 水無瀬の町家／水無瀬の別棟　2010-10-30
- egota house A　2012-06-26
- 改築 散田の家　2013-06-09
- egota house B　2013-08-31 / 2013-09-01
- 改築 散田の家　2013-11-23
- 雲野流山の家　2014-05-18 / 2014-05-19
- 改修 代田の町家　2014-11-30
- 祖師谷の家　2015-02-02
- Hut AO　2015-04-19
- 水無瀬の町家／水無瀬の別棟　2015-06-21
- House SA ／ Hut AO　2015-11-23
- 熊本市営託麻団地　2016-01-21
- 宇土市立網津小学校　2016-01-22
- コモンシティ星田　2016-02-27
- Hut T　2016-03-21
- 幕張ベイタウン・パティオス4番街　2016-03-29
- House SA　2016-04-10

2016-09-26

『建築家・坂本一成の世界』が刊行される前、制作作業の終盤に、版元の担当者が作成したリリースの文章を確認することがあった。いくつか問題点を指摘するなかで、文末の「必読の一冊です」というのに違和感を持って「必携の一冊です」に変更してもらったのだが、いま振り返ってみると「必携の一冊です」もまるでハンディなガイドブックを紹介しているよう

でおかしい。そのときは本を作るほうが大変で、あまり落ち着いて考える余裕がなかったのかもしれない。

「必読」に違和感を持つのは、その言葉遣いに「とりあえず一度読めばオッケー」というニュアンスを感じるからだろう。基本的に建築の作品集はそういうものではないし、たとえ文章がメインの書籍だったとしても、いま読んで分からない本が10年後には分かるということが起こりえる。「必読」という言葉遣いはそういった時間の作用を無視し、本来それぞれ固有であるはずの読書体験が、いつでも誰にとっても均質であるかのようなニュアンスを含んでしまっているように思える。最近ネットを中心に「必読」があまりにも無分別に濫用されているので（自分が読んだものをことさら「必読」と言いたがる人が多い）、「必読」という言葉の価値が急速に下落しているのだと思う。『建築家・坂本一成の世界』は「必携」や「座右」というほど近くでなくても、日常のなかで存在感が持続するような本であってほしい。

青山ブックセンターでの刊行記念イベント 2016-09-06 の記録を公開するため、文章を整理している。坂本先生から「相補性」というキーワードが出たりして、この本のコンセプチュアルな側面が大いに語られている。しかし、（おそらく坂本先生の建築がそうであるように、）たとえこれが極めてコンセプチュアルな作品集だとしても、それによって日常の使用に差し障りがでるということはない気がする。ふつう建築の作品集がどう読まれるか考えてみると、買った直後は全体が通覧されるとしても、その後はなにかの機会に本棚から取り出され、作品単位で断片的に読まれることが多いはずだ。そのとき、ある種のコンセプトによって全体が統制された作品集だと、そういう断片的な使用を疎外することになるように思える。作品集自体が一種の作品として、あくまでその全体的な鑑賞を求めてくる。しかし今回の本はコンセプチュアルであれ、たぶんそのような在り方ではない。べつに作っている最中にそんなことまで想定していたわけではないけれど、コンセプトに先立つ出版の意志や目的意識が、そういった日常における断片的な使用を必然的に許容するのだという気がする。

2016-10-21

昨日 2016-10-20 見学した《宮代町立笠原小学校》（1982年竣工）は、同じ象設計集団の設計で、同時期にすぐ近くに建てられた《進修館》（1980年竣工）2016-01-13 と比べても、格別によいものだと感じられた。そしてそれは単純にふたつの建築のデザインの差というよりも、社会における「小学校」と「コミュニティセンター」の存在の必然性の差に大きく起因するような気がした。それぞれ建てられてから30年以上経ち、様々な状況の変化はあるとしても、やはり建築はそれが建てられる目的や意志に、より深く根ざしているほうが強いのではないかと思う。ゴシックの大聖堂なんかは、歴史上まさにその顕著な例だと言えるかもしれない。

　　［…］エジプトのピラミッドや、インドの塔のような巨大な遺物を見ると、建築術の最も偉大な成果というものは、個人個人がつくったというより、社会がつくったのだということがわかる。建築術がどの程度まで原始的なものであるかを悟らせてくれるのである。そうした建築は、天才の頭から生まれたものというより、むしろ営々として働いた諸民族の努力の産物であり、民族が残した沈殿物であり、いくつもの世紀が積み重ねたものであり、人間社会がつぎつぎと発散させていったものの残り滓なのである。
　　＊ヴィクトル・ユゴー『ノートル゠ダム・ド・パリ（上）』辻昶・松下和則訳、岩波文庫、2016年、p.229

2016-11-05

固有性と普遍性の関係。昨日の日記で書いた「～さんらしい言葉を期待したい」ということと、カーンから引用した「あなたが、行うことの内で、あなたに属していない部分は、あなたにとって最も貴重な部分」ということは、一見矛盾しているように思えるかもしれない。確かに論理的に整理されてはおらず、なんの気なしに併置してしまった。しかしこれが矛盾しないということが実は大切であるのだと思う。事実、カーンの建築は普遍性を感じさせると同時にカーンらしさも感じさせる。つまり普遍性というのは、実際にかたちとして現前するときには、あるレベルの固有性をともなって現れてくるのではないだろうか。あるいは何かが何からしくあることが、そのまま普遍性に通じるということ。以下のような言葉と重なる気がする。

●二科の研究所の書生さんに「どうしたらいい絵がかけるか」と聞かれたときなど、私は「自分を生かす自然な絵をかけばいい」と答えていました。下品な人は下品な絵をかきなさい、ばかな人はばかな絵をかきなさい、下手な人は下手な絵をかきなさい、と、そういっていました。
　＊熊谷守一『へたも絵のうち』平凡社ライブラリー、2000年（初版1971年）、p.143

●"音楽はまず、（やっている）その人ありき"、っていうのをいつも思ってて。だから……すごいカッコイイ人はすごいカッコイイことをそのままやればいいし、カッコ悪い人はカッコ悪いことをやればいいし、って。なんか、そういうことは俺、二〇歳前後ぐらいに思ったから。［…］なんか、あの、TVとかダラダラ見るじゃないですか。その一、俺、TVすごい好きなんです。だから「そんなTVばかり見てる人間に、何が出来るんだよ」っていうところもね、音楽にないと、楽しくないかなっていう。だから自分に忠実でさえあれば、何でもいいのかなって。
　＊佐藤伸治インタヴュー「静かなリアル」『Quick Japan』VOL.18、聞き手＝編集部、1998年（復刻版2012年）

●ぼくらみんな、ジーナ、ぼく、そしてみんなにとって、映画を作る上で重要なのは、映画作りには作り手次第でいろいろと違ったやり方があり、いろいろと違ったアプローチがあるって気づくことなんだ。つまり、誰にもぼくのことを見習ってもらいたくないんだよ！　自分が何者か言ってごらん。何者になりたいかってことじゃないぞ。どうならなくちゃいけないかってことでもない。ただ自分が何者なのか言ってごらん。ありのままの自分で充分なんだよ。
　＊『ジョン・カサヴェテスは語る』レイ・カーニー編、遠山純生・都筑はじめ訳、ビターズエンド、2000年、p.329

2016-11-07

なにかを好きでいるということは、それ以外のものに対しての排他性を強めることにもなるだろうか。「好き」という言葉が「嫌い」という言葉と対になっている以上、そういった相対的な評価が発生することは否めない。しかし現実はそれほど単純な対立関係には収まらないと思う。

例えば自分が好きな建築になんらかのモダニズムのエッセンスを見出したとしたら、モダニズムというものを容易には否定できなくなる（別にモダニズムをポストモダンや古典主義に言い換えてもいい）。自分が好きな思想家がデカルトの影響を強く受けていると知ったら、デカルト批判をする人と同調することにためらいが生まれる（これも別にデカルトでなくても誰でもいい）。自分が好きなミュージシャンがテレビを好きでよく見ていると知れば、テレビなんてくだらないものだと一概に軽蔑することはしづらくなる。自分が好きなアメリカ映画や韓国映画やイラン映画があったとしたら、それらの映画が生まれてきたそれぞれの国を簡単に切って捨てるようなことは言えなくなる。

「好き」は「嫌い」を生み出すこともある一方、現実の世界をより細やかに捉えることを促す場合もある。それは現実の世界が様々なものごとの複雑な絡み合いのなかで成立していて、そう簡単に割り切れるものではないからだろう。その複雑な絡み合いの在り方を文化（culture）と言い、自らもその絡み合いのなかに取り込まれて生きていることを教養（culture）と言うのかもしれない（関連 2016-02-08／2016-02-20）。

2016-12-24

一般にデザイナーは本の裏表紙のバーコードを外したがっているという話がされているのを聞いた。その気持ちは分からなくない。けれども僕自身は、まあ他の本にもみんな付いているし別にいいんじゃないかくらいの意識でいる。

『建築と日常』にはバーコードは付いていない。付いていたものを外したのではなく、もともと付けていない。バーコードを付けるのにも多少の手間とお金がかかるので、それを渋って現在に至っている。一方、バーコードがないと書店のレジではいちいち数字を打ち込まないといけないので、その状況を想像して若干申し訳ないという思いも持っている。そうした感情のせめぎ合いのなかで、『建築と日常』にはバーコードが付いていない。

バーコードは付いていないがISBN（International Standard Book Number）は付いている。No.0とNo.1では付けていなかったのを、日本図書コード管理センターにいくばくかのお金を納め、No.2から付けるようにした。ISBNも、バーコードと同じく、裏表紙などの所定の位置に表記をするよう定められている。しかしそれをデザインにおいて邪魔だとは思わなかった。むしろ、これで自分が作る雑誌がより広く書店に流通する！　図書館に所蔵される！　そういう充実感のほうが大きかった気がする（現実はさておき）。

僕が書籍からバーコードを外したいと別段思わない背景には、あの無機質な画像の内に、そういう出版の根本的な意志を象徴するようなものを感じているせいもあるのかもしれない。バーコードを否定することがそもそもの出版行為自体を否定することにも通じる、そのようなものとして出版を認識しているとも言えるだろうか。

2017-01-30

夜中にふとネットで財布を購入してしまった。いま使っているのは大学1年の初めに横浜のそごうで買ったもので、それから実に20年が経とうとしていた。この財布については以前にもブログで書いたことがあった 2011-05-04。これを買ってから「20年」と

いう響きには驚くべきものがあるけれど、以前ブログで言及してから「6年」という響きにも、僕のなかでは「20年」と同じかひょっとするとそれ以上に驚くべきものがある。

ボロボロになった財布の写真（蓄積された時間の厚み）を撮ってここにアップしようかという気がしたけれど、それはしないことにした。死んだ人の顔の写真を撮影してネットに載せるようなことに対する抵抗とおそらく似ているだろう感情をわずかに抱いた。これは保守の感覚ではないかと思う。

2017-02-06

あなたの好きな映画10本を挙げてくださいという原稿依頼を受けた、そんな空想をした。掲載媒体にもよるだろうけど、ある程度融通が利きそうなら僕はすこしルール違反をして、作品10本ではなく監督10人で答えると思う。生年順で言うと、小津安二郎、ロベルト・ロッセリーニ、川島雄三、イングマール・ベルイマン、エリック・ロメール、ジョン・カサヴェテス、オタール・イオセリアーニ、ウディ・アレン、アッバス・キアロスタミ、アキ・カウリスマキ、ホン・サンス、いまおかしんじ……。10人に絞るのは骨が折れるので、実際には原稿依頼が来てから考えたい。

なぜ作品ではなく監督を挙げるかというと、そのほうが選びやすいからだけど、なぜ選びやすいかというと、それは僕が作品を見るときの根本的な態度によるのだと思う。昨日の日記の最後で引用したイオセリアーニの言葉 2017-02-05。ああいう言葉に共感するのなら、選ぶのはやはり物（作品）ではなく人（監督）になるだろう。それは作品を見る態度として専門的ではなく、素人くさいような気もする。しかし仕方ない。去年久しぶりに読んだ富岡多恵子の次の一文にも共感した。

わたしは、ひかえ目になされた行為から、結果として出てくる表現者の「愛」や「教養」や「人柄」や「思想」に出会うのが好きだ。

*富岡多恵子「ひかえ目の美学」『写真の時代』毎日新聞社、1979年

実際、上で挙げた監督たちは、基本的に（川島あるいはそれに加えてロッセリーニを除いて）「どの作品も大体同じ」系の監督だと言える。作品歴にわたってテーマや設定が共通している、あるいは似通っている。個々の作品を作るというより前に、人生をかけて一つの大きな作品を作っているという印象を受ける。そうした作家においてどれか1作を選び出すのは、特に今回の依頼のような場合、便宜的・暫定的という以上の意味を持ちにくいと思う。その監督のうちのどれか1作ならまだなんとか選べないこともないとしても、そこで用いた判断基準と、また別の監督の1作を選ぶときの判断基準とは必然的に違ってくるので、「好きな10本」という括りが成り立ちにくい。途方に暮れる。

とは言うものの、もしこれが好きな映画10本ではなく5本や3本や1本という依頼だったら、むしろ監督では選びきれずに、やはりなんらかの作品を挙げることになるかもしれない。それも上で挙げた監督とは違う監督の作品になるかもしれない。

2017-03-01

今日は『建築のポートレート』（LIXIL出版）の発行日。ちょうど香山先生の80歳の誕生日でもある。見た目はずいぶん違うけど、去年の『建築家・坂本一成の世界』（LIXIL出版）に引き続き、この本もこれまでの『建築と日常』の活動が結実したようなものになった。

発端は一昨年から昨年にかけてJIAで行なわれた香山先生の連続レクチャー 2016-08-09 だった。香山先生の写真がうまいのは前から知っていたけれど、スクリーンに投影されたスライドを久しぶりに見て、やはりいいなと思うと同時に、いくつかのフィルムが劣化して退色しているのが目に付いた。それが惜しい気がして、写真そのものを見せるような本の企画を思い立ち、先生と版元の賛同を得て、出版に至ることになった（後で確認したところ、結局、退色しているフィルムは現時点でごく一部だった）。しかしそういう企画の前提には、建築の写真や断章集の形式に対する僕自身の興味もあったと思う。

作業の初期段階から、先生との間では主に以下のような点が了解事項にされていた。

- 書き下ろしの文章は、旅行記のような体験談にはせず、各建築を客観的に捉える
- 予備知識がなくても読めるような文にし、それぞれの具体的な建築の説明というより、そこに見られる建築のエッセンスを抽出する
- 写真と文章はどちらかがどちらかに従属するという関係ではなく、それぞれが自律的に併存し、全体で響き合うような在り方にする（全体は時代や地域などで分類したり体系づけたりせず、ばらばらに見えるように配列する）

こうした意図によって、香山先生のこれまでの著作のなかでもとりわけ、建築の有り様を簡明かつ広く一般に伝えるような本になったと思う。小ぶりな本ながら、先生のことを知らない読者にとっては最初に手に取る1冊としての役割を果たし、先生のことを知っている読者にはかつて読んだ本や聴いた講義のことを想起させる、そんなものになったのではないだろうか。ブックデザインは（僕よりも）若い郡司龍彦さんにお願いし、上品さとともに、ある種の軽さを出してもらった。本のタイトルや表紙のデザインの意図はこのまえ書いたとおり 2017-02-02。

巻末のテキストは、先生の勧めもあって僕が執筆することになった（「思い出すことは何か」約4000字）。はじめは写真についての文章を書くのに自信がなくて、先生との対話形式にしたほうがよいのではないかと消極的に考えたりもしたのだけど（対話形式は対話形式で、写真と文章が粒のように凝縮された本編に対し、どうしても間延びした印象をもたらしてしまう）、フィッシュマンズの「LONG SEASON」を聴きながら（「思い出すことはなんだい？」という歌詞がある）、そこにインスピレーションを得たことで、結果的にきちんとした必然性のある要素を本に付加することができたのではないかと思う。本の解題を中心として、建築家が写真を撮ることの意味、建築写真の時間的な在り方、写真にうかがえる香山先生の建築観や歴史観といったことに言及した。それぞれ深く考察することはできなくても、一続きの文章のなかで、考えるに足る問題の枠組みは提示できた気がする（1点、本文中で「直観」と書いたところは「直感」とすべきだったかもしれない）。

以下、写真と文章が対になった見開きのサンプル。明日の日記で、MAPを作成するときに利用したGoogeマップの全36件のリンクを載せる予定。

2017-03-02

昨日の日記で予告したとおり、以下、MAPページを作成するときに利用したGoogleマップのリンク【省略】。写真を掲載した全36件の各位置にアクセスし香山先生が数十年前に訪れた場所の現状を（ある程度都会のほうは）3Dで視点を自由に動かして見られるようにもなっている。こうした書籍とインターネットの関係、あるいは過去と現在、地上と俯瞰の関係には、なにか面白いものがある。

2017-03-03

Googleマップで色んな場所を3Dで眺めるのは楽しい。いわく言いがたい爽快さがある。人間が太古の昔から鳥の視点を持ちたがってきたという歴史を実感する。僕は世代的に空を飛ぶ視点といえば『ドラゴンボール』で、子どもの頃に見たその夢の感触を思い出したりする。

『建築のポートレート』に載る建築や都市でも3Dで見て面白いところは色々あったけど、まあ分かりやすいかなと思って、昨日の日記ではテンピエット（1502-10年）の画像を掲載した。香山先生が訪れた50年前と、現地の状況はほとんど変わっていないに違いない。建物の中庭に小さな記念堂が立っているのが見えて、先生が本のなかで書かれていたこともよく説明する。その時代の建築を扱った本ならどんな本にでも載っているくらいの有名な建築だけど、ああいう視点で見られる本はまずないだろう。テンピエットの写真を見慣れている人ほど、昨日の画像（あれはやはり「写真」とは呼べないだろうか）には新鮮さを感じると思う（ちなみにテンピエットは僕も学生の頃に訪れたことがある）。

俯瞰の画像は単にその場所の物理的な環境を示すだけでなく、あの建築の当時の在り方まで想像させる。ローマの街の中心から離れた丘の上、それも別の建物に囲われたごくごく小さな建築が、当時なぜ「ルネサンスの代表作」とされ、絶対的な評価を得ることができたのか。それまでの偉大な建築は、神殿なり教会なり宮殿なり、基本的に人々の目に付くところに立っていて、社会的に有効な機能をもち、人々の生活のなかで存在感を放つものだったはずだけど、実際上の機能はほとんどなく、日常生活とも関わらないようなテンピエットの建築が絶賛されるというのは、それだけ建築というものが作品として自律し、社会的な文脈とは別のところで価値が認識されるようになっていたことを示すのかもしれない、といったようなことを視覚的に直観させる。本当のところは知らないけれども。

また、Googleマップ上でもっと視点を引いて見れば、同じローマのパンテオン（125-128年）、サント・ステファノ・ロトンド教会（467-483年）、サン・カルロ・アッレ・クワトロ・フォンターネ聖堂（1641/68年）などとの位置関係がリアリスティックに把握できる。ローマの街に馴染みがない人間にとっては、それも貴重な体験になる。さらにもうすこし離れたところには別荘地としてのヴィラ・アドリアーナ（118-138年）もある。建築史の通史では時代ごとに間にたくさんの（別の都市に立つ）建築を挟んで何ページも離れて掲載される建築同士が、一続きの都市空間のなかで同時に把握される。3Dの俯瞰で自由に視点を動かして都市を移動するのは、これまでの平面の地図で見るのともなにか決定的に異なる体験のような感じがする。模型で見る体験のほうに近いかもしれないけど、しかしそれともやはり違っている。

ローマのことを考えていたら、以前このブログ2010-02-13で引用した文をふと思い出した。

ローマという都市の像において、目的をめざす人間の営みが幸運な偶然によって一つに結ばれ、予期せぬ新たな美を生み出すさまが、この上ない魅惑を獲得しているように思われる。ここでは数限りない世代また世代が、連なり合い重なり合って、仕事にいそしみ建設に励んだ。そのいずれもが、自分の眼の前にあるものには何の顧慮も払わず、それどころか、時には何の理解も持たずに、ひたすらその時々の必要と当代の趣味なり気まぐれなりに献身していた。古いものと新しいもの、荒れはてたものと元のままに維持されたもの、調和的なものと不調和なもの、そこからどんな全体的形式を生ぜしめるかは、もっぱら、まったくの偶然の決定に委ねられていた。にもかかわらず、全体は測りがたい統一性をそなえ、さながら明確な意志がその諸要素を美のために結集したかのように見える。そのことから考えると、この魅惑の力は、部分の偶然性と全体の美的な意味とのあいだに大きな距離があり、しかもこれが宥和されているところから生ずるのかもしれない。世界を構成する要素がどれほど無意味かつ不調和であろうと、合一して美しい全体の形式を形作るのにいささかの支障もないということに、喜ばしい保証がここで与えられている。ローマの印象は、ここに痕跡をとどめている時代や様式や個性や生活内容の距離が、世界のどこにも見当たらぬほど遠くかけへだてており、しかもそれらが、これまた世界のどこにも見当たらぬほど、一つの調子に統合され諧和しているという点で、まことに比類を絶している。
＊ゲオルク・ジンメル「ローマ　ひとつの美学的分析」1898年（『芸術の哲学』川村二郎訳、白水uブックス、2005年、pp.26-27）

2017-03-05
『建築家・坂本一成の世界』が刊行され、今日で早半年。その後はあまり開いてみることもなかったのだけど、このあたりで一度じっくり読み直しておいたほうがいいような気がしている。本を作っているときは、かなり意識を集中させて各部分に入り込んでいたので、それをもっと客観的に眺めてみたい。

本でも雑誌でも、作ったあとに自分で開きたくなる本と開きたくならない本がある。それは必ずしも本の出来不出来と関係しない。『建築家・坂本一成の世界』が開きたくならない本であることは、それを作っている最中から分かっていた。例えば単純明快な構成で収まりのいい『建築のポートレート』と比べ、要素が断片化して複雑に集合している『建築家・坂本一成の世界』は、「ここは本当はこうすべきだったのではないか」という疑念を思い浮かばせる個所がふんだんに目につき、僕の気分をざわつかせる。その生々しさが薄らぐまで、すこし時間をおく必要がある。『建築家・坂本一成の世界』刊行後、ある媒体で《代田の町家》（1976）が紹介されている記事を見た。以下、その記事で1階の間室の写真に付けられたキャプション。

1階の「間室」。一般的には玄関や廊下と呼ばれるスペースだが、幅が広く、用途が限定されないつくり方をしている。

これはほぼ間違いなく、『建築家・坂本一成の世界』のp.61に掲載された以下の文を下敷きにして書かれていると思う。

間室1。一般には玄関や廊下ないし階段室と呼ばれる複合的・補助的な場所だが、室のプロポーションの調整や直方体的な輪郭線の明示、隣接する室との床高の差異などによって、他の室と同レベルの独立した空間単位であることを印象づける。

別に著作権の侵害ということを言いたいわけではまったくない。たぶんそれが当てはまる事例でもないだろう。ただ、「一般には～と呼ばれる～だが」という言い回しは、《代田の町家》についてそれまでに書かれたテキストほぼすべてに目を通した上で、あの間室がもつ意味をどうすれば的確に表現できるか、僕自身が考えて書いたものなので、読んだ瞬間に見覚えがある感じがした。たまたま言葉遣いが一致したとは考えにくい。

こんなふうに参照されるのは、ある意味で想定していたことでもある。たとえこの記事のように文章化されて直接的に世に出てくることはないとしても、『建築家・坂本一成の世界』という集大成的な大部の作品集に掲載される解説文が（誰が書いたどんな文であろうが）、この先、坂本建築に対する多くの人の認識の下敷きになっていくだろうことは、望むと望まざるとに関わらず、想定しないわけにはいかなかった。そしてなるべく正確な下敷きを提供するような意識で解説文を執筆した。

『SD2016』（鹿島出版会）に掲載された塩崎太伸さんによる書評「関係が宙吊りなことをひとつの主題とした物語り行為としての建築と書籍」も含めて、『建築家・坂本一成の世界』を読んだ人からは、作品集の構成についての感想は聞いても、解説文の内容についての感想はほとんど聞いていない。そもそも僕自身、このブログ2016-10-17／2016-10-18や青山ブックセンターのトーク（http://10plus1.jp/monthly/2016/11/pickup-01.php）で、構成についてはくどいほど多くを語ったけれど、解説文についてはほとんど何も語っていない。たぶん形式的に構成のほうが語りやすいのだと思う。また、もともと解説文自体が特別になにかを主張するようなものになることは避けるつもりでいたから、それがことさら語られないのは、ある程度意図どおりとも言えるかもしれない。しかし、一見して特徴的であるあの本の構成も、本当はそうした解説文と不可分というか、僕が自分で作品の解説文を書くこともできるという前提条件がなかったら、決してああいう構成にはならなかった。実際、各作品ページにおいて紙面の構成と解説文の内容は同時的に組み立てられていったし、構成はあくまで漫画のコマ割りのようなものであって、より労力がかかっているのは断然に解説文のほうだ。

解説文はなるべく正確かつ客観的に書くことを心掛けていた。不確かな自分の解釈は含ませない。けれども、むしろなんらかの解釈やレトリックに基づかないと、事実あるいは本質を正確に伝えられないと思われる個所も少なからずあった。

例えばデビュー作の《散田の家》（1969）は、発表時の文章以来ずっと〈閉じた箱〉だと言われてきたけれど、近年になって建築家自身が、「これほど大きな開口を持つという矛盾のなかで成立している」（坂本一成「自由で開放的な、そしてニュートラルな建築の空間」『建築に内在する言葉』TOTO出版、2011年）といったように、「意外と開いている」という見方を提示するようになった。確かに例えば《住吉の長屋》や《中野本町の家》の閉じ方と比べてみるようなとき、それは事実に違いない。坂本建築の重要な特質（常識性）を示していると言える。だとするなら今回の作品集の解説文も、単純に「閉じている」とするのではなく、「閉じているけどそこまで閉じてはいない」というニュアンスで書くべきなのか。そんな選択肢が浮かんでくる（しかし結局そういうふうには書かず、あくまで「閉じている」というニュアンスで書いた）。また、藤森さんは《散田の家》について、「屋根は付いているが、プロポーションは直方体に近い」（藤森照信「奇妙な不在感」『藤森照信の原・現代住宅再見3』TOTO出版、2006年）と書いているけれど、「直方体に近い」というのは「直方体に近いけれども完全に直方体にしようとはしていない」とも捉えられる。このふたつの言い方も、どちらも事実であることは間違いない。しかし、どちらがより今回の作品集の文脈において本質的かと考えて、僕は後者のニュアンスを選択した。

解説文を執筆するなかで、こういった主観的な操作を多々繰り返している。その都度、自分自身の坂本建築の経験や認識に基づく直観に従った判断をしている。目立たないけれどもその細かい方向づけは案外大事なところだと思うので（とりわけ両義性や曖昧性を旨とする坂本建築において）、そのあたりの思考をまだ生々しさのあるうちに、もう一度客観的になぞってみたい。

2017-03-06
「厳しいご批評をいただきました」というような言葉が、世間では残念なことであるかのように言われる場合が多い。しかしもし批評が厳しくなければどうなるだろう。厳しくない批評は、それが肯定的なものならばお世辞やおべっかだろうし、否定的なものならば中傷や恨み言だろう。僕はもし自分のしたことが批評の対象になるなら、それはなるべく厳しい批評であってほしいと率直に思う。

2017-03-23
大相撲の三月場所が終盤戦に入っている。ふと考えてみると、僕が好きになる力士というのは、単に相撲の内容で好きというよりも、顔つきや人格みたいなところまで含めて好きなのだという気がする。それはこのまえ映画について書いた2017-02-06、物（作品）よりも人（監督）のほうを見がちであるということと通じるかもしれない。僕が好きな力士は、もしも小学校

や中学校の同級生だったら自然と友達になっている、そう思えるような人が多い。

おそらく大相撲は他のスポーツと比べても、それぞれの人間の個性を感じさせやすいのではないかと思う。体重による階級差がなく、大きい人もいれば小さい人もいて、その個人個人がまさに裸同然で身をさらけ出す。シンプルなルールで一瞬のうちに決まる勝負は、各力士の生を凝縮していると言えるかもしれない。大相撲全体を規定する伝統の様式も、力士たちの個性を消すのではなく、むしろその様式との対比で、それぞれの存在を際立たせるほうに働いているように思える。例えば仕切りの際の動作にしても、基本的には大相撲の細かい様式に則りつつ、しかし各力士において様々な独自の動作がある（分かりやすいところでは、日馬富士の土俵すれすれまで体を沈める仕切りや、琴奨菊の体を大きく反らせて胸を張る仕草など）。それらのなかには長年夢中に相撲を取るなかで自ずとかたちづくられてきたように見える動作もあれば、より意識的に、伝統的な全体性に対して自己主張しているように見える動作もあり、そうした態度によってもそれぞれの人間がよく示される。

2017-07-11
テアトル新宿で、城定秀夫『方舟の女たち』（2016）と、いまおかしんじ『夫がツチノコに殺されました。』（2017）を観た。ピンク映画２本立て。成人映画館での公開時のタイトルは、それぞれ『痴漢電車　マン淫夢ごこち』と『感じるつちんこ　ヤリ放題！』。

いまおかしんじは、先日 2017-06-02 観た『ろんぐ・ぐっどばい 〜探偵 古井栗之助〜』（2017）よりも、やはりこちらのほうが本領発揮という感じがする。10年越しの企画らしい。わりと支離滅裂なストーリーに加えて、随所であからさまに観客に対するウケ狙い（笑い的にもエロ的にも）のカットがあるにもかかわらず、それによって作品世界が分裂し破綻するということはない。混沌としたなかに内的な秩序を感じさせる。これはいかにも入念に構成を組み立てたという印象の『方舟の女たち』とは対照的だ。各部分がネタ的で断片的であり、それでいてその断片が有機的に響き合うような作品世界のあり方。それはもしかしたら、低予算のピンク映画を次から次へと撮らなければならないという現実の条件のなかで、その都度より充実した作品をつくっていくために導き出された実践的な方法でもあるのかもしれない（それほど多くの作品を観てはいないので確信はない）。そして役者や演出や撮影の確かな仕事が、その作品世界のリアリティを成り立たせている。

2017-10-21
「スマートフォンや携帯電話を操作しながらの歩行は大変危険ですからおやめください」というアナウンスを駅でよく聞く。「危険」ではなく「大変危険」。しかし意図は理解できるものの、この「大変」という形容詞はむしろ「危険」の警告を弱めてしまっている気がする。もちろん言葉の意味としては「危険」よりも「大変危険」のほうが危険性が強調されているわけだけど、それを実際にメッセージとして声で伝える場合、「〜しながらの歩行は大変危険ですからおやめください。」と言うよりも、「〜しながらの歩行は危険ですからおやめください。」と言ったほうが、余計な言葉がなくてストレートに耳に届くのではないだろうか。どちらかというと「大変危険」の「大変」は、実際のメッセージをマイルドに和らげる働きをしているように思える。

2017-11-17
わりと混んだ電車の中。イヤホンから流れてくる音量が大きくて、すこし小さくしたほうがいいかと思いつつ、その動作をするには体勢が若干窮屈だった。イヤホンは耳の穴をすっぽりふさぐタイプだから、まあ音漏れは大丈夫だろうと思ってそのまま音楽を聴きつづけた。フィッシュマンズの最後のライヴを収録したアルバム『98.12.28 男達の別れ』（1999）。8曲目の「IN THE FLIGHT」の高音で伸びるところで不意に忌野清志郎を感じた（例えば同じく歌詞に「空」という言葉を含む「ヒッピーに捧ぐ」や「うわの空」）。仮にその直感が確かなものだとして、清志郎からの影響があるのだとすると、その影響がフィッシュマンズ（佐藤伸治）にとってのキャリアの初期にではなく、すでにバンドとしての確固たるオリジナリティを獲得した最後期に表れているのが興味深い。あるいは清志郎の音楽がそれだけ根本にあったのか、あるいはその時期にあらためて必要とされたのか、あるいはと、考えるに足る問題だ。

2017-11-20

国立新美術館「安藤忠雄展－挑戦－」を観た（〜12/18）。安藤さんのこれまでの活動を包括的に示そうとする内容で、たいへんな物量と情報量。会場の混雑具合もあって、（微視的なレベルで）すべてを満足に見尽くすことは不可能だとさえ思える。一方、（巨視的なレベルで）その活動の総体や変遷を捉えようとしても、初期の住宅と近年の大規模建築とでは、建築のあり方や建築をめぐる環境の複雑さも違えば設計業務に対するご本人の関わり方も異なっているだろうから、作品同士がどう関係づけられるのか、どこに作家の核心があるのか、容易には判断できない。あるいは安藤さんは別格だとしても、建築家の仕事とは多かれ少なかれそうやって全体の輪郭がぼんやりとしていて、抽象化した理解を拒むものなのかもしれない（例えば画家や小説家の仕事と比較して）。

そんな原理的な分かりにくさのなか、ある程度の規模をもった最近の建築展で、体験可能な原寸模型の「分かりやすさ」が積極的に採用されているのは納得できる。とりわけ今回の安藤展では、実物以上の建設費で増築申請までして建てられた《光の教会》（1989）の原寸模型が話題になっていた（上写真）。しかしこの模型については、そうしたリアルさの追求にどうも違和感があって（その前段には、先の東京国立近代美術館「日本の家」展での《斎藤助教授の家》（1952）の原寸模型があるかもしれない）、展覧会が始まる前にツイッターで以下のツイートをしていた（僕は実際の《光の教会》は訪れたことがない）。

> 建築と日常【公式】
> @richeamateur
> ある場所に立つ教会を様々な環境から切り離してリアルな見世物として再現するというのは、教会への信仰がある人にはどう感じられるのだろうか。
> 23:57 - 2017年9月26日
> 2件のリツイート 6件のいいね

そしてその後、この疑問がなんとなく頭の片隅にあるなかで豊田啓介さんによる「フェイクの価値」（http://www.archifuture-web.jp/magazine/253.html）という論評を読み、それをきっかけに次のようなツイートをあらためて投稿したのだった。

豊田啓介さんによる論評。今回の展覧会用の原寸模型が「光の教会2.0」だとするなら、その時点で元の大阪の建物は「光の教会」から「光の教会1.0」に変質することになる。唯一無二だったはずの建築が、論理的には無数にありえるバージョンのひとつに位置づけ直される。
例えばメッカのカーバ神殿の原寸模型をパリのルーヴルのピラミッドの隣に建てたり、伊勢神宮の正殿の原寸模型をお台場のガンダムの隣に建てたりすれば、多くの人は直感的に「そりゃまずいだろ…」と思うだろうけど、同じ宗教建築の原寸模型である今回の光の教会が問題視されないのはなぜだろうか。
テロや右翼の標的にならないからだろうか。その複製行為によって虐げられるような信仰の存在を想像できないからだろうか。建築の著作権者が率先して行なっているからだろうか。建築関係者の間では、実物と比べた建物の違い（構造形式や施工の精度など）に難色が示されているようだけど、
むしろより積極的に実物と変えたほうが（例えば1/2の縮尺にしたり、すべて木で作ったり）、上述のような「アウラの喪失」の程度は軽かったと思う。ガラスを外した十字のスリットを指して「こちらのほうが理想だった」と言われることを、実際の教会に通う信者の人たちはどう受けとめるのだろうか。
＊ https://twitter.com/richeamateur/status/928273650897240065

今日実際に展示を観たところでは、上記のツイートを修正するような必要は特に感じなかった（そもそも上記のツイートは展示を観なくても書ける範囲で書いたつもりだった）。たしかに今回の原寸模型は、他の展示物と比べて段違いの「分かりやすさ」がある。しかし、やはりそれは上記の疑問を霧散してくれるような質の体験ではない。安藤さんはこの模型を作るに当たって「こんな途方もないことをやる人間がいるのか」と思ってほしかったということだけど（http://shuchi.php.co.jp/voice/detail/4500）、残念ながら僕にはそういった印象も持てなかった。たしかに本来ならこれだけのものを現実に建てるのは「途方もないこと」であるはずなのに、そうは感じない自分がいる。おそらく今の世の中ではこうしたアトラクションを提供されることに、観客のほうが慣らされてしまっているのだと思う。そしてこのような建築の意味の希薄化は、なにも美術館という場や宗教建築というビルディングタイプに限らず近代以降の社会全般で進行してきたことであり、安藤忠雄という建築家はその流れに抵抗してきたのではなかったかとも思う。

ちなみに以前すこし触れた 2017-08-07 来年の森美術館の「建築の日本展」でも、《待庵》の原寸模型が作られるらしい。ただし、こちらには別に違和感はない。実物が現存する点では《光の教会》と共通するけれど、《待庵》のほうは建てられてから長い年月を経て、すでに日常的な存在ではなくなっているし、宗教建築の永続性に対して、茶室はもともとが仮設的なもので、移築や複製が普通に行なわれてきた文化を持っているからだろうと思う。

2017-12-05

福岡では〈fca〉の見学 2017-12-03 をして最寄りの室見駅に戻るところで福岡国際マラソンに遭遇し、電車で移動して千早駅から〈ネクサスワールド〉へ向かう途中にまた遭遇した。マラソンや駅伝の類を路上で観戦することにはまるで関心がなかったけれど、実際に見てみるとやはりそれなりの魅力を感じる。普段は自動車が走っている道が選手たちのために空けられ、そこを鍛えられた身体が駆け抜けていく祝祭性。それは単に自分の目の前の空間で起きている現象というだけでなく、都市のなかに始点から終点まで42.195kmのラインが通っていることを想像させ、凝縮された都市の全体のイメージをもたらす。

2017-12-19

アキ・カウリスマキ『希望のかなた』(2017)をユーロスペースで観た。いつものカウリスマキ。難民を描いている点で前作の『ル・アーヴルの靴みがき』(2011)と共通するけれど、今回のほうが中心的な題材として、より現実味を帯びた描写がされている。ただ、そのことで映画がもつ社会的な意味は変わったとしても、観客個人個人に対する意味はそれほど変わらないような気もする。仮にいま難民状態である人がこの映画を観て、この映画がその人の心の支えになるとするなら、その人にとっては難民を描いていないカウリスマキの他の映画も心の支えになるのではないだろうか。むしろカウリスマキの映画が一貫してそのような性質を持っているからこそ、『希望のかなた』もまた人々の心に響きうるのではないかと思う。現実味が強いとはいえ、『希望のかなた』もカウリスマキらしく意図的に作為性を感じさせるファンタジーであり、その作為は生身の観客のほうを向いている(というか現実味を強くしているぶん、それに対する作為性もメッセージとして際立ってくる)。

2018-01-12

僕が学生の頃、わりと近い時期に出版されたミースに関する2冊の本を評して、ある先生がこういうことを言っていた。一方はミースを使って自分が言いたいことを言っているだけ、もう一方はミースにきちんと向き合って、そこから論を立てている。

以来十数年、僕は未だにその2冊の本のどちらも読んではいないのだけど、そうした些細な雑談のなかの一言を覚えているというのは、自分なりに何かしら本質的なことをそこに感じたからなのだろうと思う。やはり評論でも歴史研究でも、その文が扱う対象そのものへの関心よりも、その対象を著者が自分でどう解釈し料理してみせるかという関心のほうが先に立って書かれているものは、読んでいてどうしても身構えてしまう。福田恆存は「考える」という言葉の語源は「かむかう」、すなわち物事を「考える」というのはその物事に「向かう」ことであったという説を紹介して論じている(「考へるといふ事」『婦人公論』1961年3月号)。対象と向き合わなければものを考えたことにはならず、確かな主体も存在しえないというわけだ。これはかつて引いた 2013-06-23 前田英樹さんの言葉にも繋がっていく。

　畳の上の水練が面白い人はいない。空っぽのプールで魚釣りの真似をして面白がる人はいない。これは誰でもわかるが、言葉を操るだけの仕事となるとそうはいかない。水がないところで泳ごうとする人は、幾らでも出てくる。畳の上ならぬ一般観念の寝床の上で水泳の真似をする。どんな泳ぎの型でも自由自在、やりたい放題に泳いでみせられる。むろんこんなことは、それ自体として面白くはないが、それに拍手喝采する人がいるとなると話は別だ。当人もほんとうに泳いでいる気になる。面白くもない本心を隠して、架空の泳ぎを続けることになる。これはこれで苦しいことに違いない。

　架空の泳ぎに拍手喝采する人々が生まれるのは、どうしてだろう。言うまでもない。彼らもまた、自分たちの架空の泳ぎに一生懸命だからである。ここでは、何もかもが抵抗物のない虚構で成り立っている。泳ぎの巧拙を決める尺度は、水の抵抗でもそれに応じる身体でもない。互いの称賛や罵倒である。この世界は単に滑稽なだけではなく、人々を強く圧するやりきれない機構になる。この機構のなかに、さまざまな支配や服従や憎悪や嫉妬が生産される。するとこのことから、偽の楽しみ、架空の快楽さえ生まれてきて、もう私たちは苦しんでいるのか喜んでいるのか、自分でもわからなくなる。これは危険極まりないことではないか。

＊前田英樹『倫理という力』講談社現代新書、2001年、pp.133-134

2018-01-15

東京国立近代美術館「没後40年 熊谷守一 生きるよろこび」展(〜3/21)。展示のほうも充実していた。作品セレクトの良し悪しについては僕にはなんとも言えないけれど、こちらも熊谷の世俗的なイメージをなぞるのではなく、とくに作品の技術的な面や(海外も含めた)美術史的な面を照らすようなアプローチがされており、岡﨑さんも「百点満点とは言えないけれど」高く評価しているようだった。

ただ実際のところ、例えば「〜にマティスの影響が見られる」といったテキストが作品の横に掲げられているのは、作品の鑑賞体験にどういう効果をもたらすのだろうとも思う。反知性主義を標榜するつもりはないけれど、はたしてそのテキストは、その作品自体をより良く鑑賞してもらうことを最優先にして書かれているのだろうか。それとも熊谷守一のこれまでの受容のされ方や今回の展覧会のコンセプトないしオリジナリティへの意識が先に立っているのだろうか。後者の意義も当然理解できるものの、あくまで素人の立場としては、展覧会の作品に付されるテキストは、ある種の専門的な文脈を踏まえて視点が限定されたものよりも、目の前にある作品の存在に触れるための最適な助けとなるものであってほしい。もっとも仮に「最適な助け」を目指したところでそれを現実に万人に対して達成することは至難の業だろうから、結局それは永遠に解決されないジレンマのようなことだろうけれども。どちらかといえば『建築と日常』はなるべく専門的な文脈なしにその建築や建築家を感じられるものにしたいというつもりで作っているから、そういうことが気になるのかもしれない。

いつもそうするように、展示作品の全体を一度じっくり観てからまた最初に戻ってざーっと早足で眺めていった。そのときふと、熊谷守一の作品はあまり近づきすぎずに2〜3メートル程度の距離をおいたほうがよく見えると思った。どれもそれほど大きい作品ではないからつい近づいて観てしまいがちだけれども(作品への接近を制限する線が床に引かれていると、逆にそこまで近づいて観なければ損をするような気がしてしまう)、考えてみれば「小さい作品だから近づいて観る」「大きい作品だから離れて観る」というのは単なる思い込みに基づく習性に過ぎない。それは写真を撮るようなつもりで作品を観ているとも言えるかもしれない。別に画家のほうでは、必ずしも近づいて観てほしくて小さい絵を描いているわけではないだろう。むしろ絵の中にあまり細かい要素を発生／認識させないために小さいサイズで描いているのかもしれず、だとすればそういう絵は離れて観たほうがよいことにもなる(熊谷守一の絵がそういうものかどうかは断言できない)。ある距離をおいて絵を観ることは、美術館などの展示空間以外での日常の場における絵の体験に近いとも言えるかもしれない。

2018-02-08

今度の『建築と日常』No.5のインタヴュー原稿は、Googleドキュメント (https://docs.google.com) の音声入力機能(無料)で文字起こしをすることにした。音声入力の性能がだいぶ上がっていて、もうすこし早く取り入れてもよかったかもしれない。録音を自動的に文字化するまでには至らないのだけど、録音された言葉を聴きながらそれをもう一度パソコンの前で発声して入力するというやり方でも、これまでのようにタイピングするよりはいくらかテンポよく進められるように思われる(個人差や録音の内容による差もあるかもしれない)。しかしこれもきっと過渡期の作業であって、遅かれ早かれ音声をそのまま文字化するような技術が実用化されるのだろう。

技術は確かに進歩しているはずなのに、一度話された言葉をもう一度声にして記録するという行為はかつての口伝のようであり、むしろ原始的なほうへ戻っているようで妙な気がする。正確な入力のためになるべく滑舌よく喋ろうとするのも、日常から離れた儀式のような趣きを生む。とはいえある種の教典のように、語られた言葉を一字一句そのとおりに語り直すというわけではない。やはり原稿をまとめやすくするために、この段階でも多少の言い換えや整理をしながら語り直す。しかしそれはそれで、口伝の過程で生じる内容の変質とはこのようなことだったのではないかと、一人で歴史を追体験しているかのような思いが湧いてくる。

2018-03-16

去年の5月に『建築と日常の写真』を刊行した後、初対面の建築家に「この写真のどこが日常なのか」と問いただされたことがあった。その人は『建築と日常』のことも知らなかったらしく、僕としては素人の余技である写真によって〈日常〉というテーマを追求しているわけでもないので、答えに窮してしまった。

その人は《世田谷区民会館・区役所》(設計=前

川國男、1959/60年竣工）の写真 2016-10-14 を手でトリミングする仕草をして、「例えばこの親子をもっと大きく切り取ったほうが日常になるでしょ」と、真理を諭すように言った。しかしその写真に関してもともと僕は、もしシャッターを切るのが遅れて、手前に歩いてくる親子がもっと大きく写っていたらこの写真は使えなかったなと思っていたので（別に顔がはっきり写って肖像権が問題になるとかいう意味ではなく）、たぶんその人とは写真を見る目が根本的に異なるのだと思う。むしろその親子にクローズアップすることは、どちらかと言うと僕がなんとなく想定している〈日常〉というものから離れてしまう。

またその人は《コモンシティ星田》（設計＝坂本一成、1991/92年竣工）の写真 2016-02-27 を指して、「これだと普通の建築写真の撮り方と変わらないじゃないか」と言った。これについても僕自身はそう思っていなかったのだけど（写真の良し悪しはさておき）、ただ一般的に見れば、定型的な建築写真の撮り方と同じに見えるかもしれない。いわゆる建築写真が几帳面に水平垂直を揃えることに対し、世間で批判や揶揄がされることがたまにあるけれど、僕も水平垂直は大事だと思っている。自分で撮った写真が微妙に傾いているときは、多少フレーミングのバランスが崩れるとしても、傾きを補正してそのぶん周囲をトリミングすることは多い（例えば一昨日 2018-03-14 の写真もそうしている）。

僕が水平垂直を大事だと思うのは、たぶんその形式が、「物がそこに在る」ということを表現するのに有効と思えるからだと思う。そこに建物が在る、木が在る、植木が在る、カーブミラーが在る、そういうそれぞれの存在の自律性を、水平垂直の秩序は表しやすい気がする（この感覚は例えば僕がウォーカー・エヴァンスの写真に魅力を感じることとも繋がっているかもしれない）。裏を返せば、水平垂直の建築写真でも、その形式自体が目的化して形式主義になり、物の実在がなおざりにされているような場合、その水平垂直は特に良いものだとは思えない。

2018-06-07

『映画空間400選』（INAX出版、2011年）を共同で編集した結城秀勇さんのツイート。結城さんが言わんとすることは定かではないけれど、「建築は存在するだけでありがたい」というのは我ながらよい着眼だと思っている。これは平凡をめぐって建築と衣服を比較しながら考えていたときに思い付いた。人間の生活に不可欠なものを指して衣食住と言われるけれど、たとえば一般に「平凡な服の良さ」は、「平凡な料理の良さ」や「平凡な家の良さ」ほど積極的に主張されることはないと思う。つまり衣食住のような類似性の強い領域でさえ、平凡の意味合いは異なっている。これはどういうわけか。それで思ったのは、平凡（＝並）であるということは即ち無難でもあって、建

築の場合、少なくとも雨風が吹き込んだり震度3で倒壊したりすることはないわけだから、それはそれで建築にとっての立派な価値と言えるのではないかということ。それに対して衣服は、そういった生命や生活の危機に関わるような機能性が建築ほどシビアには求められていないので（耐久性より装飾性が優先されることも多い）、現代において平凡であることの価値も自然と低く見積もられてしまうのだと思う。また、衣も食も住もそれがなければ人間は生きていけないという意味では同じだとしても、極端な話、現実には「食べる物がないこと」や「住む家がないこと」は今でも世界中で深刻な問題である一方、「着る服がないこと」が問題化することはあまりないわけだから、そうした実質的な所有のレベルでも、それぞれのものに対する「ありがたさ」の実感は異なってくる。

建築における平凡を考えるとき、衣服のことを手がかりにするのは有効だと思っていた。多くの人にとって建築よりも衣服のほうが自分の選択の問題として身近だし、僕自身、日常のなかで実際にどういう建築を建てるかの選択をした経験はなくても、どういう服を着るかの選択をした経験は無数にある。衣服との共通点と相異点を踏まえながら考えを進めることで、建築の特質もより深く見えてくるような気がしていた。たとえば下の引用文などは「平凡建築」に対しても示唆に富んでいると思う。

> ぼくらの衣服は着る人の性格の刻印を受けて、日ごとにぼくら自身に同化していき、やがては脱ぎ捨てるのがつらくなってくる。自分の体同様になかなか別れがたく、薬でも与え、まさかのときには葬儀のようなことさえしてやりたくなる。衣服に継ぎが当たっていても、それでぼくはその人を低く見るようになったことなど一度もないが、しかし世間では、流行にかなった服か、せめて汚れも継ぎも見当たらぬ服を着ることに、良心をすこやかにすることよりも熱心だと断定していい。［…］衣服を着る新しい人間をではなく、むしろ新しい衣服を要求するようないっさいの営みには、警戒を怠るなかれ。新しい人間がいないのに、新しい衣服がぴったり合うはずもない。もしも何か仕事を始めようとしているのなら、まず古い衣服でやってみることだ。誰もが必要としているのは、何かをするための手段ではなく、なすべき仕事であり、と言うよりむしろ、生きることそれ自体だ。おそらくぼくらは、行動し、構想を実行に移し、あるいはなんらかの方向に船出し終えて、そういう自分を古い衣服を着た新しい人間であり、この服を着たままでいると、なんだか新しい酒を古いびんに入れておくようなものだと感じるまでは、どんなに古い衣服がぼろぼろで汚れていても新しい衣裳を新調するべきではない。ぼくらの衣替えの季節は、鳥たちの場合同様、生活の危機でなければならない。

*ヘンリー・デイヴィッド・ソロー『ウォールデン』酒本雅之訳、ちくま学芸文庫、2000年（原著1854年）、pp.33-36

2018-06-30

今日で終了の白井晟一の原爆堂展、気になりながらも結局行かなかったのだけど、たまたま人から勧められ、ネットでインタヴュー動画（https://www.youtube.com/watch?v=E_55TGP-r6Y）を観てみた。今回の展覧会に際して作られたもので、4人の人が白井晟一のことにとどまらず幅広いテーマで語っている。ただ、編集で

かなり切り貼りがされているため、それぞれの人の話の重心がどこにあるのか今一捉えきれない。

原爆堂計画は今でも言及されることが少なくない伝説的なプロジェクトだけど、僕はどう位置づけていいのかずっと確信を持てずにいる。例えば白井晟一が求める「かつて人々の眼前に表われたことのない造型のピュリティ」が実際の平和にどう繋がるのか、その道すじがよく分からない。あるいは有名なドローイングに衝撃を受けたとして、その「衝撃」が人類を戦争から遠ざけるのかどうかも分からない。もし仮に遠ざけるとすれば、それは別に戦争や原爆をテーマにしたものに限らず、力がこもった芸術作品にはそういう効果があるのではないかとも思う（と同時に、芸術作品における「衝撃」は、人間を平和とは逆の方向に向ける効果を持つ場合もあると思う）。

平和を実現する道すじという意味では、『建築と日常』No.3-4で引いた吉田健一の言葉、「戦争に反對する唯一の手段は、各自の生活を美しくして、それに執着することである。」2015-08-14 のほうが、僕にはリアリティを感じられる。作品ということで考えるなら、原爆堂のように衝撃的で唯一無二のものよりも、柳宗悦がいう民藝のように穏やかで日常に遍在するもののほうが、平和と通じていそうな気がする（柳宗悦がいう「民藝」と白井晟一がいう「豆腐」「めし」は意味としてかなり近そうなのだけど、両者の文体は大きく異なっていて、その文体の差異が両者の思想の決定的な差異を示しているように思える）。

2018-07-02

先日某先生が、歴史家同士は確執が起きやすいと言っていた。建築家同士だと互いに考えが相容れなくてもそれはそれとして各自の日々の仕事は成り立つが、歴史家は互いの考えの違いがより普遍的なレベルで衝突してしまうので深刻な対立や派閥争いになりやすい、という持論をいくつかの実例とともに。

まあ、それは僕もなんとなく分かる気がする。僕自身、誰かが出鱈目な建築を作っていることに対してよりも、誰かが歴史に関して出鱈目なことを言っていることのほうが、妙に憤慨してしまいやすい。それはやはり、歴史にはある程度の真実が存在するということを僕が信じているからだろう。

2018-07-05

ある大学関係の冊子の制作で、学生が書いた文章をチェックしている。学生には駆け出しの専門家としてではなく、成熟した素人の感覚で文章を書いてもらいたい。専門の道に進み始めてからはまだほんの数年だけど、素人としてはこれまで生きてきた20数年の確かな経験があるのだから。

2018-07-31

ホン・サンス『正しい日 間違えた日』（2015）をヒューマントラストシネマ渋谷で観た。ある男女の刹那的な出会いを2つのパターンで描く。Aのパターンが終わった後、そのまま話が最初の時点に戻り、Bのパターンが始まる。登場人物の言動や気分のわずかな違いによって、物語の展開が変わっていく。

観客はあらかじめ2つのパターンが直列になっているとは知らされていないから、ホン・サンスの映画を観慣れている人には、ある程度映画が進んだ段階でも、もっと複雑に時空間が組み立てられているのではないかと疑わせるけれど（僕自身がそうだったわけだけど）、この作品はAとBが特に干渉しな

いまま併置されるという、比較的シンプルな構成だった。前作の『自由が丘で』2014-12-29 がかなり複雑だったので、それと対照的なものとして、こういう構成になったのかもしれない。即興的に撮られるホン・サンスの映画で、各シーンの撮影の順番はどうだったのか、役者はこの構成を知っていたのか、考えると色々興味深い。

観客はまず単純に2つのパターンのずれや響き合いを楽しむことができる。ただ、こういう「同じ時を繰り返す」タイプの映画は必ずしも少なくないだろうけど、その多くは、例えば『恋はデジャ・ブ』（1993）や『うる星やつら2 ビューティフル・ドリーマー』（1984）のように、時間の繰り返しを登場人物が自覚し、複数のパターンが全体の物語の内部に位置づけられたものであるような気がする。それに対してこの『正しい日 間違えた日』では、2つのパターンはあくまで別々に存在し、投げ出される。登場人物はその世界の複数性に気づいておらず、それを見通せるのは観客だけ、という点にホン・サンスの創作の特質が見いだせるかもしれない。登場人物たちによって繰り広げられる出来事の世俗性と、それを眺める観客の視点の超越性。その知る者と知らざる者の非対称性が、観客自身もまた現実では「知らざる者」であるという気づきをもたらすというか。複数の世界の併置によって一個の絶対的な世界を相対化させることが、皮肉や虚無や達観につながるというより、ある種の安心や開放感を人生にもたらすというような。作品を語ろうとすると同時にその実体からずれていってしまっているという感覚を否めないけれど。

ところで監督ホン・サンスと主演女優キム・ミニはこの作品をきっかけに不倫関係になったらしい。それを知って観ると、ある時期のゴダールとアンナ・カリーナの映画、ウディ・アレンとダイアン・キートンの映画のような、多幸感に溢れた作品のように見える。そしてウディ・アレンといえば、『正しい日 間違えた日』には出演女優に手を出す映画監督が出てきて、実際に彼がホン・サンスの分身として意図されているかどうかは分からないけれど、それがウディ・アレン的に自分の存在を作品に重ねていくような身ぶりとして、もともと重層化されているホン・サンスの作品にさらなる重層性を加えているように思える。

以上、このまえ 2018-07-01 観た『それから』（2017）よりもずいぶん長く書いてしまったけれど、実は作品としては『それから』のほうがより優れていると思っている。なぜ『正しい日 間違えた日』のほうが長くなったかといえば、この作品のほうが構成が明快で書きやすかったからだろう。ホン・サンスの映画は一義的ではなく観る者に様々な言葉を浮かび上がらせるような質をもつ反面、その映画の存在は映画を観ている時間の中にしかなく、事後的に対象化しづらいという質ももっている。

2018-09-09

2009年9月8日に『建築と日常』No.0を発行してから昨日で9年が過ぎた。数えてみると本誌・別冊・号外合わせて、9年でちょうど9タイトルを刊行したことになる。雑誌を創刊したとき、大学のころの先生に「10冊出せれば伝説の雑誌になる」と言われたのを覚えているけれど、今のところその気配はとくに感じられない。No.3-4を出したときに「これは歴史に残る」と言ってくれた人（年下）がいたけれど、それもあやしいなと思う。

2018-09-24

中山英之×柴崎友香×長島明夫「交差する思考――建築・小説・映画・写真」(http://10plus1.jp/monthly/2018/08/pickup-02.php) の4ページ目に掲載されているこのホームドアの写真は（取るに足らないものだからクレジットの表記はしなかったけれど）、記事の原稿をまとめているとき、僕が最寄りの駅でそそくさと撮影したものだ。もちろんなるべく良い写真を撮りたいとは思っていたものの、駅のホームのように周囲に不特定多数の人がいる、しかも一般に写真に撮るべきものがあるとは思われていない場所で一眼レフのカメラを構えていると、なんとなく誰かに咎められそうな気がして及び腰になってしまう（都心のありふれた地下鉄の駅なので「撮り鉄」を装うわけにもいかない）。

これがもし自分一人ではなく誰かと一緒だったら、ずいぶん気が楽になっていただろう。それは撮影を注意してくるような人に対して単純に数的優位に立てるというすこし嫌らしい心理に基づいてもいるけれど、反対にホームにいる人たちにとっても悪いことではないように思われる。中年の男が一人で一眼レフを構えて目的不明のままなんらかの写真を撮っているという状況より、その横に誰かが一緒にいたほうが（それが明らかにやばそうな人でない限り）不審に感じる度合いは小さいはずだ。なにかを撮影しているらしい男の得体の知れない印象が、その男と同行者との人間的な関係を垣間見ることで和らぐのではないかと思う。

2018-09-28

以前から気になっていた東武ワールドスクウェアへ初めて行った。「栃木県日光市の東武ワールドスクウェアは、世界の建造物や世界遺産を25分の1のスケールで再現した世界建築博物館です。」「47の世界遺産を含む、世界の有名建築物102点。一日でめぐる世界一周の旅。」というもの (http://www.tobuws.co.jp/)。

去年『建築と日常の写真』を刊行してから写真を撮る意欲が妙に湧いてきて、それがここに足を運ぶ大きな動機にもなっていると思う。このところ日光も雨が続いていたようだけど、今日は晴れて良かった。全体で「現代日本ゾーン」「アメリカゾーン」「エジプトゾーン」「ヨーロッパゾーン」「アジアゾーン」「日本ゾーン」とあるうち、やはり「ヨーロッパゾーン」がもっとも面白い。たくさんの写真を撮影した。いわゆる西洋建築は他と比べて地域的・時代的な範囲が広く、かたちもそれだけヴァラエティに富んでいるわけだけど、あるいは建築そのものの性質として、オブジェクトとしての自律性が高く、縮減模型にしたときにも写真映えするという傾向があるのかもしれない。

ただ、いま振り返ってみると、3時間くらいの滞在で写真を撮ることばかりに気が行って、それぞれの模型を通して元の建築のことを考えるのがおろそかになってしまったと思う。容易には訪れることができない世界の名建築が集まっているなかで（僕が行ったこともないのに講義で話しているような建築も含まれる）、もったいないことをした気がする。通常の建築展ならば、展示されている模型からその建築の空間性や全体構成の意味を読み取ろうとするのに、ここではそういう意識がほとんどなかった。しかし自分の怠惰を棚に上げていうと、これはもしかしたら東武ワールドスクウェアの模型の有り様にも関係しているかもしれない。一般的な建築展の模型では素材感や装飾などの要素が捨象され、建築が抽象的に表現されるのに対し、ここの模型は可能な限り精密で具体的な再現が目指されている。建築模型における抽象性はその模型を通して元の建築への想像を促すけれど、ここの模型の具体性はそれ自体が完結した物として鑑賞者を充足させるのではないか、そんなことを考えた。まあいずれまた忘れたころに訪れてみたい。以下、写真6点。

今日はこの後、小学校の修学旅行以来になる日光東照宮へと向かった。

2018-10-19

映画分野におけるインディペンデントの代名詞のようなカサヴェテスだけど、単に「自分がやりたいからやる」ということではなく、「ぼくにはこの映画を作る権利がある」と、ある種の社会的な意識を持っていることが興味深い。彼がそれをする必然性、使命感とも言えるだろうか。むしろインディペンデントだからこそ、そこが重要になるのかもしれない。「映画監督には映画を撮る権利がある」「クリエイターには表現をする権利がある」と抽象化するのではなく、あくまで自分と対象の固有性に基づいていること。

全号目次

個人雑誌『建築と日常』：2009年、編集者・長島明夫によって創刊。文学や写真、美術、映画などさまざまな表現ジャンルを横断しながら、日常の地平で建築を捉える。
[HP] http://kentikutonitijou.web.fc2.com/
[online shop] http://richeamateur.theshop.jp/
[E-mail] richeamateur@gmail.com

No.0 建築にしかできないこと【完売】
A5判／白黒／80頁／857円＋税／2009年9月8日刊行
[インタヴュー] 香山壽夫、坂本一成【HP公開】
[アンケート] 伊東豊雄、内田青蔵、奥山信一、鈴木恂、鈴木了二、田路貴浩、富永讓、中山英之、西川祐子、西澤英和、長谷川豪、日埜直彦、藤森照信、松隈洋、水上優、宮城俊作、鷲田清一
[表紙写真] アンダース・エドストローム

No.1 物語の建築【完売】
A5判／白黒／128頁／1143円＋税／2010年5月17日刊行
[座談] 個人と世界をつなぐ建築｜伊東豊雄×坂本一成×中山英之×長谷川豪
[特集] ある写真家とその住居の物語｜大辻清司×篠原一男
[写真と文] 住まいができたら（1976）｜大辻清司
[建築] 上原通りの住宅（1976）｜篠原一男（文＝塩崎太伸）【HP公開】
[インタヴュー] 大辻清司との日常｜大辻誠子【HP公開】
[対談] リアリティのありか｜保坂和志×塚本由晴【HP公開】
[エッセイ] 個人と世界をつなぐ家──正岡子規邸／楳図かずお邸｜長島明夫
[エッセイ] 砂の上に、海の上に──物語と建築｜堀江敏幸
[レヴュー] 建築と日常と映画30作｜結城秀勇＋長島明夫
[インタヴュー] 物語られる建築｜藤森照信
[インタヴュー] 建築が思想をもつ条件｜岡﨑乾二郎
[建築] Blockhouse Sunagawa（2010）｜岡﨑乾二郎＋エンガワ
[装画] ギュスターヴ・ドレ（セルバンテス『ドン・キホーテ』より）

No.2 建築の持ち主
A5判／白黒／112頁／1143円＋税／2011年12月1日刊行
[アンケート] 建築は誰のものか｜石上純也、井上章一、大月敏雄、岡啓輔、小野田泰明、鯨井勇、篠原雅武、たかぎみ江、長田直之、中村良夫、馬場正尊、平山洋介、藤森照信
[年表] 近現代日本の建築と所有｜長島明夫
[創作] 保留の場所｜利部志穂
[解説] 所有（『政治学事典』弘文堂、2000）｜立岩真也
[インタヴュー] 建築と所有｜立岩真也
[写真] 人間の位置｜qp
[対談] 〈建てること〉の射程｜坂本一成×塚本由晴
[多木浩二氏追悼企画] 『生きられた家』再読｜長谷川豪・能作文徳・長島明夫
[装画] qp

別冊 窓の観察
A5変型判／カラー＆白黒／64頁／900円＋税／2012年9月8日刊行
[写真] 窓32｜qp
[小説] 見えない｜柴崎友香
[建築] 窓のあっちとこっち｜中山英之
[表紙写真] qp
[裏表紙広告] 坂本商会（写真：Y邸｜中山英之）

別冊 多木浩二と建築
A5判／白黒／240頁／1800円＋税／2013年4月30日刊行
[著作目録] 多木浩二の仕事 1955-2013 書籍編／網羅編
[アンケート] 私のこの1作｜石堂威、八束はじめ、伊東豊雄、鈴木明、沖健次、長谷川逸子、上野俊哉、入江経一
[論考] 多木浩二を読む──建築論｜中井邦夫、建築評論｜安森亮雄、家具論｜安森亮雄、都市論｜青井哲人、建築写真｜阿野太一
[インタヴュー] 坂本一成による多木浩二──創作と批評の共振｜坂本一成

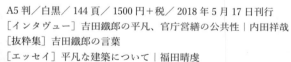

[主要評論再録] 多木浩二による坂本一成（7編）｜多木浩二
[表紙写真] 多木浩二肖像（提供＝青土社）
[裏表紙写真] 多木浩二（代田の町家｜坂本一成）

号外 日本の建築批評がどう語られてきたか
A2判両面／カラー／500円＋税／2013年11月4日刊行
[年表] 建築批評論年表（20世紀日本編）｜長島明夫
[批評論] 建築物の批評に就て（1928）｜長野宇平治

No.3-4 合併号 現在する歴史
A5判／白黒／208頁／1800円＋税／2015年3月31日刊行
[インタヴュー] 歴史としての建築｜香山壽夫
[アンケート] あなたがとりわけ歴史を感じる建築とその理由を教えてください｜槇文彦、藤森照信、井上章一、畠山直哉、後藤治、島村菜津、鈴木理策、小川次郎、古谷利裕、速水清孝、石上純也、桑木野幸司、結城秀勇、斧澤未知子
[抜粋集] 建築家・大江宏の言葉（付録：現在する大江建築｜石井翔大【HP公開】）
[インタヴュー] 伝統とモダニズム──大江宏の言葉から｜富永讓
[小説] 化けもの屋敷（1977）｜吉田健一
[建築] 4 episodes（2014）｜atelier nishikata（小野弘人＋西尾玲子）｜写真＝山岸剛
[批評] 建築は演算によってのみ出現する（演算過程においてしか、建築は存在しない）。｜岡﨑乾二郎
[批評] 《代田の町家》の危機（2013）｜長島明夫【HP公開】
[インタヴュー] 建築をめぐるいくつかの時間｜坂本一成
[エセー] 歴史の現在（4編）｜長島明夫
[表紙図版] 大江宏による歴史年表（部分）

号外 建築と日常の写真
A4判／中綴じ／カラー／24頁／1200円＋税／2017年5月7日刊行
[写真＆文章] 建築と日常の写真｜長島明夫

No.5 平凡建築
A5判／白黒／144頁／1500円＋税／2018年5月17日刊行
[インタヴュー] 吉田鐵郎の平凡、官庁営繕の公共性｜内田祥哉
[抜粋集] 吉田鐵郎の言葉
[エッセイ] 平凡な建築について｜福田晴虔
[アンケート] あなたにとって飽きない建築とはどういうものですか？｜連勇太朗、林剛平、彌田徹、関口奈央子、能作文徳、増田信吾、藤本貴子、川添善行、小岩正樹、笹倉洋平、大野博史、大松俊紀、島田陽、豊田啓介、高田知永、長坂常、福島加津也、藤原学、南泰裕、坂本政十賜、磯達雄、田所辰之助、比嘉武彦、千葉学、藤森照信、室伏次郎、吉田研介、香山壽夫
[写真] 佐賀県歯科医師会館（2017）｜坂本一成｜写真＝長島明夫
[エッセイ] 個人作家の使命（1931）｜柳宗悦
[エッセイ] 非作家性の時代に（1998）｜みかんぐみ
[対談] 最近の非作家性をめぐる状況｜曽我部昌史×中井邦夫
[建築] fca（2017）｜堀部安嗣
[インタヴュー] 建築の役割を思い出す｜堀部安嗣
[建築] 河井寬次郎記念館（旧河井寬次郎自邸、1937）｜河井寬次郎
[インタヴュー] 河井邸の尽きせぬ魅力｜坂本一成
[エッセイ] 垣はいつ作られるか（1962）｜河井寬次郎
[装画] 小泉癸巳男「淀橋区新宿街景」（『昭和大東京百図絵』第61景、1935）

号外 建築と日常の文章
A4判／中綴じ／白黒／56頁／1200円＋税／2018年11月25日刊行
[文章＆写真] 建築と日常の文章｜長島明夫

[雑誌ロゴ＆表紙デザイン] 大橋修（thumb M）